명심보감
다시 읽기

# 명심보감

## 다시 읽기

추적 원저 · 추호경 편역

## 머리말

제가 『명심보감』을 처음 접한 것은 중학생 시절이었습니다. 우리 추 씨의 선조 되시는 분이 편찬하신 책이라기에 남다른 관심을 가지고 독파하려고 했습니다. 그런데 맨 처음 나오는 것부터 '착한 일을 하라, 그렇지 않으면 벌 받는다'는 식으로 너무 뻔한 내용이어서 몇 장 보다가 집어던졌습니다. 그 뒤에도 '필독서'라는 부담 때문에 여러 번 다시 시도하였으나 역시 같은 이유로 통독은 못 하고 말았습니다. 대학에서 철학을 전공하여 『중용』과 『맹자』 강독 강의를 들었고 그 뒤 나름대로 중국 고전을 제법 많이 읽은 편이긴 한데 유독 『명심보감』과는 친해지지 못했습니다.

그렇게 오랜 세월이 지나 제 나이 오십 가까이 되었을 때입니다. 그때 저는 사법연수원 교수로 부임하여 예비법조인들에게 '검찰실무' 과목을 가르칠 준비를 하게 되었는데 검찰檢察의 '察'이란 것이 과연 무슨 뜻일까 하고 몇몇 문헌을 뒤져 보았습니다. 그러다가 『명심보감』 「성심편」에서 그 유명한 "水至淸則無魚 人至察則無徒"를 접하고서는 '유레카!'를 외쳤습니다. 답을 찾은 저는 검찰실무 첫 시간에 칠판에 위 글을 쓰고 검사 노릇을 제대로 하려면 고기가 없든, 따르는 무리가 없든 숙명적으로 淸하고 察할 수밖에 없다고 열강을 했죠. 그러고 나서 저는 바로 『명심보감』을 통독하였으며, 또 몇 차례 거듭 읽었는데, 읽으면 읽을수록 더 새로워지는 것 같기도 하고 한편 깊은 맛이 느껴지기도 하였습니다. 그 전에는 너무 뻔하고 아무것도 아니라고 생각한 문구 속에 숨어 있던 참뜻을 그제서야 어느 정도 알 수 있었고, 또 어떤 깨달음 비슷한 것도 생기게 되었습니다. 무하마드 알리가 "쉰 살이 되어서도 세상을 보는 눈이 스무 살 때와 같다면 삼십 년을 허송 세월한 셈이다."라고 말했다는데, 『명심보감』을 보는 눈이 달라졌으니 저는 그동안 그렇게 헛살았던 것은 아니라는 위안도 생겼습니다. 그 뒤 『명심보감』은 거의 항상 제 곁에 있고 멀리 떠나지 않았습니다.

한편 어린 시절부터 유독 책 읽기를 좋아했던 저는 제가 읽은 각종 책들의 내용 중 '괜찮은' 부분은 따로 메모해 두었습니다. 세월이 감에 따라 그 분량이 상당히 늘어났고, 컴퓨터를 상용하게 된 이후에는 가정·사랑·우정·희망·고독·선택 등 200여 개의 항목으로 분류를 해서 정리하였는데 그 것이 얼마 전 520쪽을 넘기게 되었습니다. 그러다 보니 그것이 무슨 '명언집' 같은 모습을 띠게 되었고, 저는 그것을 그냥 무명無名으로 두기가 미안해서 〈나를 이끌어준 한마디 말〉이라고 이름까지 붙여주었습니다. 이 자료는 기관장으로서 훈시를 하거나 대학에서의 특강을 하게 될 때, 또 어떤 특정한 주제로 이야기를 나누는 모임에 나가거나 칼럼을 쓸 때에 참고자료로 많은 도움이 되었습니다. 어떤 인사는 이러한 〈나를 이끌어준 한마디 말〉을 책으로 출간하자고 적극 권유하였으나 저는 원래 그런 목적으로 정리한 것은 아니라며 정중히 고사하였습니다.

제 나이가 육십 넘어가고부터는 『명심보감』을 접하는 빈도가 더욱 늘어 났는데, 이제는 착한 일을 하라는 정도가 아니라 '끊임없이' 착한 일을 하라繼善고 한 뜻도 알 만하게 되었습니다. 그러다가 우리 추 씨의 3세조이신 노당霉堂 추적秋適 할아버지께서는 '마음을 밝게 비춰주는 보배로운 거울'인 『명심보감明心寶鑑』을 왜, 어떻게 편찬하셨을까 하는 것을 곰곰이 생각해 보았습니다.[물론 『명심보감』의 원 편저자에 대해서는 아직 논란이 계속됩니다만, 저는 여기서 굳이 논박 같은 것은 하지 않겠습니다. 안향安珦과 더불어 정주학程朱學을 도입하신 유학자였던 노당 할아버지께서는 도덕적으로 완성된 인격을 갖추기 위해 끊임없이 자기수양에 정진하시면서 평소 읽으셨던 경서經書·사서史書와 공자·맹자·노자·장자·순자 등 제자백가의 여러 문집과 시부詩賦에서 그 실천에 도움이 되는 글들을 모아 정리하신 것이라고 추론이 되었습니다. 『명심보감』이 편찬된 것은 노당 할아버지께서 시랑侍郎 겸 국학 교수國學敎授로 재임하실 때인 1305년경으로 추정되는데, 국가에서 세운 학교의 학생들에게 심성 수양의 기본서로 삼기 위함이었기에 평소 모아 놓으신 자료 가운데서 비교적 쉽고 실천이 가능한 생활에 기본이 되는 내용만을 골라 엮으신 것으로 보입니다.

또 한편 제가 정리해 온 〈나를 이끌어준 한마디 말〉 중에도 이 세상에 한 인간으로 태어나서 정도正道를 걷는 올바른 인물이 되려면 어떻게 해야 하는가 하는 내용도 많이 있기에 『명심보감』의 각 편 각 장에 〈나를 이끌어준 한마디 말〉의 관련 부분을 연계시켜 보았습니다. 그랬더니 묘한 '화학적' 반응이 일어났습니다. 『명심보감』에서 말하고자 하는 취지가 더욱 명확해지고 그 호소력도 배가되는 느낌이 드는 것이었습니다. 그래서 이 작업을 좀 더 체계적으로 하여 책으로 출간, 요즘 젊은이들에게 세상을 살아가는 바른길을 일러주는 것도 나름 보람 있는 일이 될 거라는 욕심까지 생겼습니다.

『명심보감』과 관련하여 이미 수많은 역서와 주해서 등이 발간되었습니다[NAVER에서 '명심보감'을 검색해보면 998건의 책이 나옴]. 그러니 거기에 또 하나를 추가하려면 그것이 꼭 나와야 하는 당위성이 있어야만 합니다. 그래서 저는 이 책이 종전의 책들과는 구별되는 몇 가지 특성을 갖추도록 했습니다.

첫째, 오늘을 사는 젊은이들이 별다른 거부감 없이 『명심보감』의 삶의 지혜를 잘 받아들일 수 있도록 '현대화'하였습니다. 즉, 번역문의 기조를 가능한 한 '해라' 식의 일방적 명령이 아니라 함께 이렇게 해 보자는 권유로 느껴지도록 해 보았고, 현재 우리가 쓰는 언어 습관에 맞는 일상어日常語를 택해 친근감이 들게 하려고 노력했습니다.

둘째, 종래의 역서들은 대부분 한 장이 끝날 때마다 해설을 실어 독자의 이해를 돕는 방식을 취했는데, 그 해설이라는 것이 너무 일방적인 해석만을 주입시키는 듯하다는 생각이 들었습니다. 그래서 이 책에서는 별도의 해설을 달지 않고 관련된 다른 '명언'들을 소개하여 독자로 하여금 함께 대조해 보면서『명심보감』의 참뜻이 무엇인지 스스로 깨닫도록 해 보았습니다.

셋째, 음과 토는 불필요하다는 느낌이 들어 생략하였습니다. 현토懸吐는 한문에 우리말 식으로 토를 달아 친근감을 갖게 하는 좋은 장점이 있어 끝까지 고민했으나, 요즘 젊은이들에게는 다소 낯설기도 하고 원문을 너무 고루하게 해석하도록 이끄는 등 문제점도 있다고 생각하여 뺀 것입니다. 대신 한문 원문의 해석에 필요한 만큼의 한자 풀이를 하였으며, 주석을 비교적 상세히 달아 각 장의 내용에 대한 배경적 설명을 충실히 함으로써 깊이 있는 이해에 도움이 되도록 배려를 하였습니다.

넷째, 기왕에 나온 여러 판본들에서 발견된 많은 오각誤刻과 오식誤植 등 잘못과 번역상의 오류를 최대한 많이 찾아내어 이를 바로잡음으로써 독자들이 불필요한 혼란에 빠지지 않도록 최선을 다했습니다.

이 책을 만들면서 수많은 판본들을 참조하였는데 그 중 대표적인 것은 다음과 같습니다.

『明心寶鑑』, 己巳新刊 大邱仁興齋舍本, 1869(경상북도 유형문화재 제196호)
『明心寶鑑』, 한국서화작가협회, 1993(大邱仁興齋舍本 印影 및 譯註)
『明心寶鑑』, 金赫濟 校註, 明文堂, 1957
『명심보감』, 추적 원저, 김종국 옮김, 대동문화연구원, 1959

『명심보감해제』, 이민수, 을유문화사, 1969
『명심보감』, 박찬수 역주, 삼중당, 1983
『에세이 명심보감』, 이규호 편저, 장원, 1995
『명심보감』, 秋適 編著, 성균관, 1995
『명심보감』, 황병국 역해, 혜원출판사, 2002
『명심보감』, 추적 엮음, 백선혜 옮김, 홍익출판사, 2005
『명심보감: 하루 한 번 마음 다잡기』, 이종찬 해제, 새문사, 2008
『명심보감의 명구 191』, 이웅백 옮김, 범우사, 2010
『시인이 들려주는 明心寶鑑 이야기』, 박정규 강해, 이담북스, 2012
『마음을 열어 하늘의 소리를 듣다-명심보감 바로 읽기』, 이종호 지음, 북코리아, 2012
『教授用 指導書 明心寶鑑』, 李明洙, 傳統文化研究會, 2015
『한글 명심보감』(4판), 장기근 옮김, 범우사, 2015

이 책은 대구인흥재사본과 성균관본을 저본으로 하되 각 편·장의 배열 등은 가장 보편적으로 쓰고 있는 김혁제 교주본과 전통문화연구회 지도서 등의 체계를 따랐습니다. 원전에는 없던 제21편 증보편에서부터 제25편 권학까지는 후대에 집어넣은 것이지만 빼자니 다소 서운하기도 하여 모두 실었습니다. 그리고 제가 모은 〈나를 이끌어준 한마디 말〉에 빠진 중요한 명언들을 『세계의 명언 1·2』[이동진 편역, 해누리, 2006], 『세계명언백과사전』[박동규 엮음, 자유문학사, 2000], 『위대한 모순어록』[마디 그로스 지음, 하남경 옮김, 고즈윈, 2005], 『좋은말 사전』[경동호 편저, 지문사, 1992], 『중국고전 명언사전』[모로하시 데쓰지 편저, 김동민 역, 솔, 2004]과 위 『에세이 명심보감』 등에서 찾아 보충했음을 밝힙니다.

저는 철학과 출신이기는 합니다만 사실 한학에 대한 깊은 지식은 없습니다. 이렇게 여러 가지로 부족한 제가 이런 책을 낸다는 것이 참으로 무모한 일 일지도 모른다는 생각이 들어 여러 차례 '중도 포기의 유혹'에 빠지기도 하였습니다. 그러나 세계 여러 나라 현인賢人들의 명언들과 대조해 가면서 독자 스스로 『명심보감』의 참뜻을 깨닫게 하는 접근법이 상당히 유익할 수도 있을 것이라고 자위하면서 끝까지 밀고 나갔습니다.

이 조그만 책을 내는 데도 참으로 많은 분들이 도와주셨습니다.

『명심보감』의 현대적 의의와 출판의 당위성에 대한 좋은 의견을 주신 권두환 서울대학교 명예교수님[전 대학원장], 저에게 『논어』와 친숙해질 좋은 기회를 주시어 『명심보감』에 다가가게 해주신 고 정요일 전 서강대학교 교수님[『논어강의 天·地·人』의 저자이기도 함], 법학 전공이면서도 한학과 중국고전에 대한 해박한 지식으로 저에게 충실하게 일러주시고 잘 이끌어주신[忠告而善道之] 석희태 연세대학교 초빙교수님, 저와 저의 글을 깊이 신뢰하고 이 책이 출판될 수 있도록 적극 주선해주신 이지수 명지대학교 교수님, 이미 수많은 『명심보감』이 출간되어 수익에는 도움이 안 될 것임에도 '이 시대에 꼭 필요한 책'이라면서 흔쾌히 '작품'을 만들어주신 도서출판 선의 김윤태 사장님….

이분들이 아니었다면 위와 같은 저의 시도는 또 하나의 '미완未完의 업적'이 되고 말았을 겁니다. 제 인생에서 이렇게 하나의 마무리를 할 수 있도록 도와주신 이분들께 깊이 감사드립니다.

또 지금은 어리지만 제 손자들과 손녀가 커서 나중에 이 책을 읽고 할아버지가 훌륭한 일을 하나 하셨다고 생각해주었으면 하는 바람이 있습니다. 저는 이 책이 완성된 것이라고는 생각하지 않습니다. 잘못된 점과 개선해야 할 점에 대하여 좋은 의견을 주시면 계속 수정·보완하여 나가겠습니다.

감사합니다.

2016. 4.

양평 남산마을길 효란재曉蘭齋에서

추 호 경

명심
보감
다시읽기

# 제1편
# 끊임없이 착한 일을 하자
## [繼善]

선(善)이란 무엇인가? 인간은 과연 선한 존재인가?

이 편의 제목은 '계선(繼善)'이다. 『주역(周易)』「계사상(繫辭上)」에 "도(道)를 잇는 것을 선(善)이라 하고 도를 이루는 것을 성(性)이라한다[繼之者善也 成之者性也]."라고 한 것에서 비롯된 것으로 보인다.

사실 우리는 항상 착할 수만은 없다. 그러기에 생활 속에서 끊임없이 선한 뜻을 행동으로 실천하도록 노력해야만 그 선함을 지킬 수 있다. 아예의식하지 않아도 행해지는 선행의 습관화가 바로 '계선'이라 할 것이다.

공자(孔子)[1]가 말했다.
"선한 일을 하는 사람에게는 하늘이 복으로 갚아주시고,
선하지 않은 일을 하는 사람에게는 하늘이 재앙으로 갚아주신다."

子曰
爲善者 天報之以福
爲不善者 天報之以禍

- 天(천) : 하늘, 하느님, 절대자
- 之(지) : 그(지시대명사), 즉 착한 일을 하는 사람을 가리킴. '之'는 무엇을 지칭하는 대명사라기 보다는 문장의 균형감을 유지하고 어조(語調)를 고르기 위한 어조사로 보아야 한다는 견해도 있다.

- 남에게 선을 베푼 사람은 자기 자신에 대해서도 선을 베푼 사람이다. / L. A. 세네카
- 음공(陰功)과 음덕을 많이 쌓아라. 선을 행하되 자기 이름을 드러내지 말라. 홀로 처해서도 악을 짓지 말라. 그리하면 남모르는 사이에 하늘이 도와주어 복(福)과 녹(祿)과 수(壽)를 내릴 것이다. / 문창제군(文昌帝君)『음즐문(陰騭文)』
- 하늘의 도리는 선한 사람에게는 복을, 악한 사람에게는 재앙을 주며, 사람의 도리는 선한 사람에게는 상을, 악한 사람에게는 벌을 준다. / 정도전(鄭道傳)
- 선은 자신을 유익하게 하고 악은 자신을 손해나게 한다. 그러므로 군자는 유익함에 힘써 손해를 방지할 것이니, 이는 명예를 추구하기 위함이 아니라 장차 치욕을 멀리하기 위함이다. / 안회(顔回)
- 악인이 받는 주된 벌은, 그들 악인이 착한 사람으로 되돌아간 순간에 잘해 보려고 노력해도 이미 선의 길로 돌아올 수가 없다는 점에 있다. / C. 힐티『행복론』

한(漢)나라 소열(昭烈)황제[2]가
죽음을 앞두고 뒤를 이을 임금[3]에게 단단히 타일러 말했다.
"악한 일은 작다고 하더라도 해서는 안 되고,
선한 일은 작다고 해서 안 해서는 안 된다."

漢昭烈 將終 勅後主曰
勿以惡小而爲之
勿以善小而不爲之[4]

- 將終(장종) : 죽으려 할 때. 일부 판본에는 '終'이 '崩'(무너질 붕)으로 되어 있다
- 勅(칙) : 조칙(詔勅; 임금의 명령을 일반에게 알릴 목적으로 적은 문서)을 내리다, 신칙(申飭)하다(단단히 타일러서 경계하다)
- 勿(물) : 말다, 하지 아니하다
- 以(이) : 이유 · 까닭 · 수단 · 방법을 나타내는 전치사 겸 후치사. 여기서는 '~라는 이유로', '~라고 해서'라고 새기는 것이 좋다.

---

- 선행을 하는 데 지치지 말자. / 플루타르코스
- 하나의 선한 행위는 다른 선행을 부른다. / J. 헤이우드
- 계속 오랫동안 선행을 하다 보면 자신도 모르는 사이에 선량한 사람으로 변해 있을 것이다. / L. 오친클로스
- 잘하였다, 착하고 성실한 종아! 네가 작은 일에 성실하였으니 이제 내가 너에게 많은 일을 맡기겠다. 와서 네 주인과 함께 기쁨을 나누어라. / 마태오 25:21

장자(莊子)⁵가 말했다.
"하루라도 선하기로 마음먹지 않으면
모든 악이 다 저절로 일어난다."

莊子曰
一日不念善 諸惡皆自起

- 念(념) : 생각하다, 마음에 두다. 단순히 생각하기만 하는 것이 아니라 언제나 그 일을 마음속에 두고 잊지 않는 것을 뜻한다.
- 諸(제) : 모두. 주로 명사 앞에 붙여서 한정어로 쓰인다(예: 諸君·諸國·諸侯 등).

- 선한 마음을 지니는 것으로는 충분하지 않다. 그 마음을 잘 사용하는 것이 중요하다. / R. 데카르트
- 선과 악은 같이 자라나고 서로 팽팽하게 묶여 있어 떼어낼 수 없다. 우리가 최대한 할 수 있는 일은 균형을 선 쪽으로 기울게 하는 것이다. / E. 호퍼 『인간의 조건』
- 악이란 무엇인가? 연약한 것에서 유래하는 모든 것이다. / F. 니체 『권력에의 의지』
- 악은 사람의 마음에서 나와서 도로 사람의 몸을 망친다. 마치 녹이 쇠에서 나와서 그 쇠를 먹는 것처럼. / 법구(法救) 『법구경(法句經)』
- 참으로 이상한 일이다. 사람들은 외부, 즉 타인에게서 받는 악에 대해서는 성을 내고 싸우지만 자기 자신 속의 악과는 싸우려 하지 않는다. 타인의 악은 아무리 애써도 고칠 수 없지만, 자신 속의 악에는 이길 수 있는 법이다. / M. 아우렐리우스

태공(太公)[6]이 말했다.
"선한 것을 보거든 목마른 듯이 하고,
악한 것을 듣거든 귀머거리인 것처럼 하라.
아울러 선한 일은 모름지기 탐내어야 하며,
악한 일은 결코 즐겨하지 말라."

太公曰
見善如渴 聞惡如聾
又曰
善事須貪 惡事莫樂

• 如(여) : 같다, 같게 하다, 문맥에 따라 '~처럼 하다'로 새기는 것이 매끄러울 때가 많다.
• 聾(롱) : 귀머거리
• 須(수) : 모름지기, 마땅히 ~해야 한다
• 莫(막) : ~하지 마라

---

• 선을 실행에 옮기는 것은 바람의 빠름과 같이 하라. / 주자(朱子)
• 선을 행하는 데는 나중이라는 말이 필요 없다. / J. W. v. 괴테
• 사람의 선악은 그의 의지에 달려 있다. / 에픽테토스
• 무한한 선은 오직 하나, 그것은 오직 하나다. 착한 의지다. 이것 이외에는 아무것도 생각할 수 없다. / I. 칸트
• 선의 가장 중요한 본질은 착하게 되려는 의지다. / L. A. 세네카
• 어진 사람을 보거든 그 사람과 나란히 되기를 생각하고, 어질지 못한 사람을 보거든 안으로 스스로를 돌아보라. / 공자 『논어』 「이인(里仁)」

마원(馬援)[7]이 말했다.

"평생토록 선한 일을 해도 선은 오히려 부족하고,

단 하루 악한 일을 해도 악은 그것만으로도 남음이 있다."

馬援曰

終身行善 善猶不足

一日行惡 惡自有餘

• 終身(종신) : '몸을 마치다'이므로 '죽을 때까지', '평생토록'의 뜻이다.
• 猶(유) : 오히려

---

• 선한 것은 버리지 말고 악한 것은 키우지 말라. / 좌구명(左丘明) 『춘추좌씨전(春秋左氏傳)』
• 선한 일은 빨리 하고 악한 일은 늦추어라. / 영국 속담

---

사마온공(司馬溫公)[8]이 말했다.
"돈을 모아 자손에게 물려준다 해도
자손이 반드시 다 간직할 수 있는 것은 아니며,
책을 모아서 자손에게 남겨준다 해도
자손이 반드시 다 읽을 수 있는 것은 아니다.
차라리 남모르게 음덕을 쌓아서
자손을 위하는 계책으로 삼는 것이 낫다."

司馬溫公曰
積金以遺子孫 未必子孫能盡守
積書以遺子孫 未必子孫能盡讀
不如積陰德於冥冥之中 以爲子孫之計也

- 未必(미필) : 반드시 ~하는 것은 아니다(부분 부정)
- 不如(불여) : 차라리 ~하는 것이 낫다. 'A不如B'는 'A는 B보다 못하다'의 뜻이다.
- 陰德(음덕) : 남에게 알려지지 않게 행하는 착한 일
- 冥冥之中(명명지중) : 어두워 나타나지 않는 가운데, 즉 남모르게

- 인간의 진정한 재산은 그가 이 세상에서 행하는 선행인 것이다. / 마호메트
- 몰래 선행을 하고 그것이 유명해지면 부끄러워하라. / A. 포프
- 우리 가문에 대하여 자랑할 수 있는 것은, 정직하고 도덕적으로 모범적이던 양친이 내게 재산을 물려주진 않았으나 한 가지 가르침을 주신 점이다. 그 가르침이란 도덕적인 면에서 그 이상은 있을 수 없는 최상의 것이었다. 나는 이것을 기억할 때마다 깊은 감은(感恩)의 정을 금치 못한다. / I. 칸트 『서한집』

『경행록(景行錄)』⁹에서 말했다.
"은혜와 의리를 널리 베풀며 살아라.
사람이 살다 보면 어디에서건 서로 만나지 않겠는가.
다른 사람과 원수지간이 되지 말라.
길 가다 좁은 곳에서 만나면 피하기 어려운 법이다."

景行錄曰
恩義廣施 人生何處不相逢
讐怨莫結 路逢狹處難回避

• 恩義(은의) : 갚아야 할 은혜와 의리
• 讐(수) : 원수
• 狹(협) : 좁다

---

• 사업 성공에서 가장 중요한 것은 친구를 많이 만들고 적을 적게 만드는 것이다.
  / 레이쥔(雷軍)
• 선의로 말하고 행동하면 물체에 그림자가 따르듯 행운과 즐거움이 저절로 따라온
  다. / 법구『법구경』
• 인생은 진정 부메랑과 같다. 당신이 준 만큼 받는다. / D. 카네기
• 아름다운 질문을 하는 사람은 언제나 아름다운 답을 얻는다. / E. E. 커밍스
• 원수는 외나무다리에서 만난다. / 한국 속담

---

장자가 말했다.
"나에게 잘해주는 사람에게 나 또한 잘해주고,
나에게 나쁘게 해주는 사람에게도 나 또한 잘해줄 것이다.
내가 먼저 남에게 나쁘게 한 바 없다면
그 사람도 나에게 나쁘게 하지 않을 것이다."

莊子曰
於我善者 我亦善之 於我惡者 我亦善之
我旣於人無惡 人能於我無惡哉

• 旣(기) : 이미, 벌써, 이전에
• 哉(재) : 어조사로서 주로 구(句)의 끝에서 영탄(詠歎)·의문·반어(反語)·강조·완료의 뜻으로 쓰인다

---

• 남을 부정하게 대하지 말 것이며, 남이 나를 부정하게 대하지 못하게 하라. / 마호
메트
• 선한 사람은 다른 사람들을 선하게 만든다. / 메난드로스
• 악의는 자신이 품은 독을 대부분 마신다. / T. 풀러
• 사악함과 싸우는 데는 모든 수단이 허용된다고 사람들이 결정하자마자 그들의 선
은 그 사악함과 구별이 되지 않게 된다. / C. 도슨
• 원한은 은덕으로 갚아라[以德報怨]. / 노자(老子)『도덕경(道德經)』63장
• 원한은 곧은 도리로써 갚고, 은덕은 은덕으로 갚아라[以直報怨 以德報德]. / 공자
『논어』「헌문(憲問)」

---

동악성제(東岳聖帝)[10]가 수훈(垂訓)[11]으로 말했다.
"어느 하루 선한 일을 했다고 해서
복이 바로 오지는 않겠지만 화는 저절로 멀어질 것이요,
어느 하루 악한 일을 했다고 해서
화가 바로 닥치지는 않겠지만 복은 저절로 멀어질 것이다.
선한 일을 하는 사람은 봄 동산의 풀과 같아서
자라는 것이 보이지는 않으나 날로 더해지고 있고,
악을 저지르는 사람은 칼을 가는 숫돌과 같아서
닳아 없어지는 것이 보이지는 않아도 날로 이지러질 것이다."

東岳聖帝 垂訓曰
一日行善福雖未至 禍自遠矣
一日行惡禍雖未至 福自遠矣
行善之人如春園之草 不見其長日有所增
行惡之人如磨刀之石 不見其損日有所虧

• 雖(수) : 비록 ~이라도(하더라도)
• 矣(의) : ~일 것이다(추측, 약한 단정 또는 미래)
• 磨(마) : 갈다
• 虧(휴) : 닳다, 이지러지다

• 착한 사람은 자신의 삶을 두 배로 늘린다. 과거를 즐겁게 회상할 수 있다는 것은 인생을 두 번 사는 것과 같기 때문이다. / 마르티알리스
• 악행은 그것을 저지른 자에게 기쁨을 주지 않는다. / 유베날리스
• 선은 삶에 이바지하는 모든 것이고 악은 죽음에 이바지하는 모든 것이다. 선은 삶을 존중하는 것이고 삶의 성장과 전개를 드높이는 모든 것이다. 악은 삶을 질식시키고 삶을 옹색하게 만들고 삶을 조각나게 하는 모든 것이다. / E. 프롬『인간의 마음』

공자가 말했다.
"선한 것을 보거든 자신은 아직 거기에 못 미친 듯이 하고,
선하지 않은 것을 보거든 끓는 물에 손을 넣은 듯이 하라."[12]

子曰
見善如不及
見不善如探湯

- 不及(불급) : 미치지 못하다('如不及'은 부족하다고 느껴 애써 따르려 함을 뜻함)
- 探湯(탐탕) : 끓는 물을 손으로 만지다('如探湯'은 끓는 물에 손을 넣었을 때 즉시 손을 빼 버리듯이 재빨리 피하는 것을 뜻함)

---

- 선을 행하는 데는 노력이 필요하다. 그러나 악을 억제하는 데는 더 많은 노력이 필요하다. / L. 톨스토이
- 선한 사람은 자신의 선행을 자랑하지 않고 다른 선행에 착수한다. / M. 아우렐리우스
- 선을 안다는 것은 악에 대항하는 것이다. 무관심은 선의 결핍을 나타낸다. / M. 맨스
- 하느님은 우리에게 선을 사랑하게 하기 위하여 양심을, 선을 알게 하기 위하여 이성을, 선을 선택하게 하기 위하여 자유를 주셨다. / J. J. 루소
- 선한 사람이 다쳤을 때 선하고자 하는 사람은 누구나 그와 함께 아파해야 한다. / 에우리피데스
- 세상은 악을 행하는 자들 때문이 아니라, 악을 보고도 아무 것도 하지 않는 사람들 때문에 파괴될 것이다. / A. 아인슈타인
- 자유는 우리가 하고 싶은 것을 하는 권력이 아니라, 우리가 해야 하는 것을 할 수 있는 권리이다. / J. D. 액튼

---

# 제1편 주(註)

### 1
**공자(孔子)**

공자(BC 551~479)는 유가(儒家) 사상의 시조로 추앙되는 고대 중국의 정치가 · 사상가 · 교육자임. 춘추시대 말기에 노(魯)나라의 무관인 흘(紇; 자가 叔梁이어서 '숙량흘'이라고도 불린다)의 둘째 아들로 태어났고, 이름은 구(丘), 자는 중니(仲尼)다. 정치적으로는 요(堯) · 순(舜) · 우(禹)의 이상적 정치와 조카를 왕으로서 성실하게 보필한 주공(周公) 단(旦)의 정치 철학을 지향했다. 일찍이 사학(私學)을 열어 여러 제자들을 가르쳤으며, 벼슬길에도 나아가 노정공(魯定公) 때는 사구(司寇)에 오르기도 했으나 당시의 정치 현실에 불만을 품고 노나라를 떠나 뜻을 펴려고 여러 나라를 주유(周遊)하였다. 그러나 그의 논설에 귀를 기울여 경륜을 펴려는 군주가 없어 말년에 고향으로 돌아와 후학 양성에 전념하다 생을 마쳤다. 공자의 호칭에서 '자(子)'는 부자(夫子)의 준말로 스승을 높여 부르는 존칭이다('Confucius'는 '孔夫子'의 중국 발음을 라틴어화한 것임). 그는 수양을 위해 부모와 연장자를 공손하게 모시는 효제(孝悌)의 실천을 가르치고, 최고의 덕을 인(仁)이라고 보았다. 인에 대한 공자의 가장 대표적인 정의는 '극기복례(克己復禮)', 즉 자기 자신을 이기고 예에 따르는 삶이 곧 인이라는 것이다. 후에 그의 제자들이 그의 언행을 정리하여 『논어(論語)』를 펴냈다.

### 2
**한(漢)나라 소열(昭烈)황제**

중국 삼국시대 촉한(蜀漢)의 초대 황제인 유비(劉備; 161~223)를 말함. 자는 현덕(玄德)이며, 묘호(廟號)가 소열제(昭烈帝)다. 그는 황손이기는 하나 일찍이 아버지를 여의고 짚신을 파는 등 어려운 환경에서 자랐으며, 학문은 별로 즐겨하지 않고 호협들과 교유하는 한편 관우(關羽) · 장비(張飛)와 의형제를 맺었다. 후한 말기 황건적의 난이 일어나자 무리를 모아 토벌에 참가하여 벼슬길에 올랐다. 그 뒤 공손찬(公孫瓚)과 도겸(陶謙) · 조조(曹操) · 원소(袁紹) · 유표(劉表) 등에게 의탁했는데, 적벽대전(赤壁大戰) 중에 손권(孫權)과 연합하여 조조를 대파하고 형주(荊州)에 거점을 마련했다. 건안(建安) 24년(219) 자립하여 한중왕(漢中王)이 되었으며, 다음 해 칭제(稱帝)하고, 한(漢)을 국호로, 성도(成都)를 도읍으로 삼았다.

### 3
**뒤를 이을 임금**

유비의 아들 선(禪)을 말함. 유비의 뒤를 이어 황제가 되었고, 당시 나이가 어려 국정은 제갈량(諸葛亮)이 보필했으며, 이후 제갈량이 사망하자 환관을 총애하여 점차 환락에 빠져들어 부패정치를 초래했고, 결국 위(魏)에 항복하여 나라가 멸망했다.

### 4
**勿以惡小而爲之 勿以善小而不爲之**

일부 판본에는 순서가 바뀌어 '勿以善小而不爲之 勿以惡小而爲之'로 되어 있기도 한데, 원본 격인 『삼국지(三國志)』 「촉지(蜀志) 선주유비전(先主劉備傳)』에는 본문과 같이 되어 있다.

## 5
### 장자(莊子)

중국 전국시대의 사상가 장주(莊周; BC 369~289?), '장자'는 그를 높여 부르는 존칭. 제자백가(諸子百家) 중 도가(道家)의 대표자로 도(道)를 천지만물의 근본원리라고 보았다. 이는 도는 어떤 대상을 욕구하거나 사유하지 않으며[無爲], 스스로 자기 존재를 성립시키며 절로 움직인다[自然]고 보는 일종의 범신론(汎神論)으로서, 유가나 법가와 같이 난세에 적극적으로 대처하기보다는 차라리 소극적인 자세를 취하여 억지로 꿰맞추는 인위(人爲)를 버려야 세상이 평화로워진다는 주장이다. 저서 『장자』를 펴냈으나 일부만 전해진다. 이 장뿐만 아니라 『명심보감』에서 장자가 말한 것이라고 인용된 부분은 『장자』에는 보이지 않고 다른 전거도 찾기 어려운 것이 대부분이다.

## 6
### 태공(太公)

중국 주(周)나라 초기의 현자 강상(姜尙; BC 1156~BC 1017)을 말함. 그의 선조가 여(呂)나라에 봉해졌으므로 '여상(呂尙)'이라고도 불렸고, '강태공'으로 널리 알려져 있다. 주나라 문왕(文王)의 초빙을 받아 그의 스승이 되었고, 무왕(武王)을 도와 상(商)나라 주왕(紂王)을 멸망시켜 천하를 평정하였으며, 그 공으로 제(齊)나라 제후에 봉해져 그 시조가 되었다. 그는 동해(東海)에서 늙도록 가난하게 살았는데, 하루는 웨이수이[渭水]에서 낚시를 하고 있다가 인재를 찾아다니던 주나라 서백(西伯; 후에 주나라 문왕이 됨)을 만났다고 한다. 서백은 그와의 문답을 통해 범상치 않은 인물됨을 알아보고 주나라 재상으로 등용했다고 전해진다. 그에 대한 전기는 대부분이 전설적이지만, 전국시대부터 경제적 수완과 병법가(兵法家)로서의 그의 재능이 회자(膾炙)되었다. 병서(兵書) 『육도(六韜)』(6권)는 그의 저서라고 하며, 뒷날 그의 고사를 바탕으로 하여 한가하게 낚시하는 사람을 '강태공'이라고 부르게 되었다.

## 7
### 마원(馬援)

중국 후한(後漢)의 저명한 장군(BC 14~AD 49)으로 자는 문연(文淵). 광무제를 도와 티벳족을 정벌하는 등 외민족을 토벌에 큰 공을 세웠다. 후에 복파장군(伏波將軍)에 임명되어 교지(交趾; 북베트남) 지방의 반란의 평정하여 신식후(新息侯)가 되었다. 일찍이 "사나이는 응당 변방 들녘에서 죽어 말가죽으로 시신을 싸가지고 돌아와 장사지내야 한다."고 말한 바 있는데, 과연 그는 뒷날에 군중(軍中)에서 병사했다.

## 8
### 사마온공(司馬溫公)

중국 북송(北宋) 때의 학자·정치가인 사마광(司馬光; 1019~1086)을 가리킴. 자는 군실(君實)이고 호는 우부(迂夫)이며, 온국공(溫國公)에 봉해졌으므로 흔히 '온공'으로 불려진다. 신종(神宗)이 왕안석(王安石)을 발탁해 신법(新法)을 시행하자 이에 반대해 사퇴했다. 역사서 『자치통감(資治通鑑)』을 편찬했고, 철종(哲宗)이 즉위한 후 재상이 되자 구법당(舊法黨)의 수령으로 크게 수완을 발휘했으나, 그가 죽자 다시 신법 추종자가 득세했다.

**9**
『경행록(景行錄)』
송나라 때의 저작으로, '경행(景行)'은 '큰 길', 더 나아가 '본받을 만한 밝은 행실'을 뜻하므로 모범이 될 만한 선인들의 행적을 기록한 책으로 보이는데, 전해지지 않아 저자나 그 밖의 자세한 내용은 알 수 없다.

**10**
동악성제(東岳聖帝)
도교에서 받들어 모시는 신선으로 '태산부군(泰山府君)'이라고도 함. 동악은 오악(五岳)의 하나로 태산을 말한다.

**11**
수훈(垂訓)
후세에 남길 가르침을 말함. 예: 마태오복음 5~7장의 산상수훈(山上垂訓)

**12**
"선한 것을 보거든 자신은 아직 거기에 못 미친 듯이 하고, 선하지 않은 것을 보거든 끓는 물에 손을 넣은 듯이 하라."
선은 끝이 없는 법이라며 언제나 아직 부족하다는 느낌으로 선을 행할 것을 권하고 있는 이 대목은 『논어』 「계씨(季氏)」 11장에 나오는 것이다. 공자는 이와 같이 행동하는 사람을 직접 보았고 또 들었다고 했는데 『논어』 전편을 통해 볼 때 아마도 안회를 지칭한 것으로 보인다.

# 제2편
# 하늘의 명령을 알자
## [天命]

천명(天命)은 글자 그대로 '하늘의 명령'이다.

이 편에서는 유가(儒家)의 천명사상(天命思想)을 설명하고 있다. 인간이 제아무리 위대한 듯해도 하늘의 뜻을 어길 수 없는 불완전한 피조물일 뿐이다. 여기에서 하늘은 절대자, 즉 인간의 삶을 다스리는 눈에 보이지 않는 존재로서의 하늘이다. '대자연의 섭리'라고도 할 수 있다.

우리가 매일매일 살아가면서 하늘의 뜻이 무엇인가 생각하면서 그에 따른다는 마음가짐을 갖는다면 그것은 지혜로운 순리(順理)의 삶이 될 것이다.

맹자(孟子)[1]가 말했다.
"하늘을 따르는 사람은 살아남고,
하늘을 거스르는 사람은 죽는다."

子曰
順天者存 逆天者亡

- 順天者(순천자) : 하늘을 따르는 사람, 즉 천명에 순종하는 사람
- 存(존) : 있다, 살아남다
- 亡(망) : 없어지다, 죽다. 고대에는 '亡'과 '無'가 통용되어 亡도 '무'로 읽었다.

---

- 운명은 순응하는 사람들은 인도하고 거역하는 사람들은 끌고 간다. / 클레안테스
- 운명을 피할 수 없을 때, 도망칠 수 없을 때, 그리고 취소할 수 없을 때, 비로소 우리는 우리의 운명에서 긍정적인 면을 발견하고자 한다. / D. 길버트 『행복에 걸려 비틀거리다』
- 운명으로부터 도망치려 애쓸수록 오히려 그 운명으로 이끌려 들어간다. / W. 블레이크
- 사람은 땅을 본받고, 땅은 하늘을 본받으며, 하늘은 도(道)를 본받고, 도는 '스스로 그러함[自然]'을 본받는다[人法地 地法天 天法道 道法自然]. / 노자 『도덕경』 25장
- 성인은 하늘을, 현자는 성인을, 선비는 현자를 숭상한다. / 주돈이(周敦頤)

---

강절 소(康節 邵)[2] 선생이 말했다.
"하늘은 듣고 살피지만 고요하여 소리가 없으니,
멀고도 아득한 저 어느 곳에서 이를 찾을 것인가.
이것은 높지도 않고 또 멀지도 않으니,
그 모두가 다만 사람의 마음속에 있노라."

康節邵先生曰
天聽寂無音 蒼蒼何處尋
非高亦非遠 都只在人心

- 聽(청) : 듣다. 여기에서 '聽'은 '聽訟'에서처럼 옳고 그름을 가리기 위하여 듣고 살피는 것을 말한다. '임금의 귀' 또는 '임금의 귀에 어떤 말이 들어감'을 '天聽'이라고도 함. 일부 판본에는 '聽'이 아니라 '聞'으로 되어 있다.
- 寂無音(적무음) : 고요하여 아무 소리가 없다
- 蒼蒼(창창) : (바다·하늘·호수 등이) 매우 푸르다. 멀고도 아득하다

- 우리의 머리 위에는 별이 빛나는 하늘이 있고, 우리의 마음속에는 도덕률이 있다. 그것을 생각하는 것이 길면 길수록 사람은 항상 새로워지고 마음의 충족감을 느끼게 된다. / I. 칸트 『실천이성비판』
- 양심의 명령은 운명의 목소리다. / F. v. 실러
- 도는 가까운 곳에 있건만 먼 데서 구하려고들 한다[道在邇而求諸遠]. / 맹자 『맹자』 「이루상」
- 아침에 도에 대하여 들으면 저녁에 죽어도 좋다[朝聞道 夕死可矣]. / 공자 『논어』 「이인」
- 하느님은 사랑이십니다. 사랑 안에 머무르는 사람은 하느님 안에 머무르고 하느님께서도 그 사람 안에 머무르십니다. / 요한1서 4:16
- 마음자리가 밝으면 어두운 방 안에도 푸른 하늘이 나타나고, 생각이 어두우면 밝은 대낮에도 귀신이 나타난다. / 홍자성(洪自誠) 『채근담(菜根譚)』

현제(玄帝)[3]가 수훈으로 말했다.
"사람들 사이의 사사로운 말도
하늘의 귀에는 우레와 같이 크게 들리며,
어두운 방 안에서 마음을 속여도
신령의 눈에는 번개 칠 때처럼 밝게 보인다."

玄帝 垂訓曰
人間私語 天聽若雷
暗室欺心 神目如電

• 私語(사어) : 사사로운 말, 즉 '너만 알고 남에게 말하지 말라.'고 비밀스럽게 하는 말
• 欺心(기심) : 마음을 속이다, 즉 '아무도 없으니 이렇게 한들 누가 알랴.'는 식으로 혼자 있을 때 자신의 본마음을 속이는 행동

---

• 하늘은 높으면서도 낮은 것을 듣는다[天高聽卑]. / 사마천(司馬遷)
• 간장에 병이 들면 눈이 보이지 않게 되고, 신장에 병이 들면 귀가 들리지 않게 된다. 병은 남이 보지 못하는 곳에서 생기지만 남들이 볼 수 있는 곳에서 드러난다. 그러므로 군자는 밝은 곳에서 죄를 얻지 않으려면 먼저 어두운 곳에서 죄를 짓지 말아야 한다. / 홍자성『채근담』
• 양심은 우리 내면에 있는 하느님의 음성이다. / 서양 격언
• 귀신이 존재하는 이유는 선량한 사람에게는 상을 내리고 난폭한 사람에게는 벌을 내리기 위함이다. / 묵자(墨子)

---

『익지서(益智書)』⁴에서 말했다.
"악의 두레박⁵이 가득 차면
하늘이 반드시 벌을 줄 것이다."

益智書 云
惡鑵若滿 天必誅之

- 鑵(관) : 두레박. '鑵'이 아니라 '罐'으로 되어 있는 판본도 있는데, 역시 두레박이라는 뜻이다.
- 誅(주) : 베다, 벌주다. 일부 판본에는 '戮'(죽일 륙)으로 되어 있기도 하다.

---

- 악에의 충동은 처음에는 대단히 달콤하다. 그러나 그것이 끝나고 나면 매우 쓰다.
  /『탈무드』
- 악은 행하기 쉽고 또 얼마든지 있다. 그러나 선은 오직 하나뿐이다. / B. 파스칼
- 불행하여라, 좋은 것을 나쁘다 하고 나쁜 것을 좋다 하는 자들! 어둠을 빛으로 만들고 빛을 어둠으로 만드는 자들! 쓴 것을 단 것으로 만들고 단 것을 쓴 것으로 만드는 자들! / 이사야서 5:20

---

장자가 말했다.
"만약 어떤 사람이 선하지 않은 짓을 해서
이름을 세상에 드러내고 잘 산다면
다른 사람이 비록 그를 해치지 않는다 하더라도
하늘은 반드시 그를 벌줄 것이다."

莊子曰
若人作不善 得顯名者
人雖不害 天必戮之

- 者(자) : '~하는 사람'으로 보는 것이 일반적이나 해석상 '~하면'의 의미의 조건절로 보는 것이 매끄러울 때도 있다.
- 戮(륙) : 죽이다. 여기서는 '벌주다' 정도로 풀이하는 것이 좋겠다. 일부 판본에는 '誅'(벨 주)로 되어 있다.

- 하늘이 개인에게 지혜를 주는 것은 그것으로 많은 사람의 어리석음을 깨우치려는 것인데, 사람들은 오히려 자기 장점을 내세워 남의 단점을 들추어낸다. 참으로 천 벌을 받아 마땅한 죄이다. / 홍자성 『채근담』

"오이씨를 심으면 오이를 따고 콩을 심으면 콩을 거둔다.
하늘의 그물은 넓고 넓어 성글어 보이지만 새지는 않는다."[6]

種瓜得瓜 種豆得豆
天網恢恢 疎而不漏

- 瓜(과) : 오이
- 天網(천망) : 하늘의 그물, 곧 하늘의 섭리를 이름
- 恢恢(회회) : 넓고 넓다
- 疎(소) : 성글다
- 漏(루) : 새다, 빠뜨리다

- 콩 심은 데 콩 나고, 팥 심은 데 팥 난다. / 한국 속담
- 운명은 그 사람의 성격에 의해서 만들어진다. 그리고 성격은 그 사람의 일상의 습관에서 만들어진다. 그러기 때문에 오늘 하루 좋은 행동의 씨를 뿌려서 좋은 습관을 거두어들이도록 하지 않으면 안 된다. 좋은 습관으로 성격을 다스린다면 운명은 그때부터 새로운 문을 열 것이다. / T. 데커

공자가 말했다.
"하늘에 죄를 지으면 빌 곳이 없다."[7]

子曰
獲罪於天 無所禱也

- 獲罪(획죄) : 죄를 얻다, 악한 일을 하여 죄를 짓다
- 無所禱(무소도) : 빌 곳이 없다, 호소할 데가 없다

---

- 사람들이 어떠한 죄를 짓든, 신성을 모독하는 어떠한 말을 하든 다 용서받을 것이
  다. 그러나 성령을 모독하는 말은 용서받지 못할 것이다. / 마태오 12:31
- 하늘의 칼은 서둘러 내려치지는 않지만 시간을 끌지도 않는다. / A. 단테
- 귀신도 빌면 듣는다. / 한국 속담

---

# 제2편 주(註)

### 1 맹자(孟子)

원본에는 '子曰'로 되어 있으나, 『맹자』「이루상(離婁上)」에 맹자의 말로 되어 있다.

맹자(BC 372?~289?)는 중국 전국시대의 추(鄒)라는 지방 출신 유교 사상가로서 이름은 가(軻), 자는 자여(子輿) 또는 자거(子車)이다. 일찍 아버지를 여의고 교육에 열심인 어머니 슬하에서 자란 맹자는 공자의 손자인 자사(子思)의 제자에게서 가르침을 받았다. 맹자의 사상과 학설에서 가장 중요한 것이 왕도론(王道論)과 성선설(性善說)이라고 하지만, 인의(仁義)야말로 그 둘을 뒷받침하고 연결 짓는 축에 해당한다. 인의의 정치를 행해야 할 필요성을 논하는 것이 왕도론이며, 인의의 마음을 모든 사람이 본래부터 갖추고 있다는 것을 지적하는 게 성선설이다. 인간의 본성과 마음에 관한 맹자의 주장은 인간의 마음이 인의예지(仁義禮智) 각각의 실마리에 해당하는 측은(惻隱)·수오(羞惡)·사양(辭讓)·시비(是非)의 마음을 본래부터 갖추고 있다는 것이다. 맹자는 공자와 마찬가지로 여러 나라를 돌아다니며 자신의 정치사상을 군주들에게 설파하는 유세(遊說)를 했지만 자신의 정치사상을 실현할 기회를 얻지는 못했다. 그러나 대체로 평탄한 삶을 살았으며, 말년의 그는 고향에서 제자들을 가르치며 자신의 가르침을 기록으로 남기는 데 전념했다. 그 때 만들어진 책이 오늘날 전해지는 『맹자』 7편이다.

### 2 강절 소(康節 邵)

중국 북송(北宋) 시대의 철학자이자 역학자인 소옹(邵雍; 1011~1077)을 말함. 자는 요부(堯夫)이고, 강절은 그의 시호이다. 그는 도가사상의 영향을 받고 유교의 역철학(易哲學)을 발전시켰는바, 우주의 본원은 태극(太極)으로서 영구불변이며, 만물은 태극으로부터 변화하여 형성된다고 보았다. '북송5자(北宋五子)' 중의 한 사람으로 추앙되고, 저서로는 『황극경세서(皇極經世書)』·『이천격양집(伊川擊壤集)』 등이 있다.

### 3 현제(玄帝)

도교에서 받들어 모시는 신선인 '현천상제(玄天上帝)'를 줄여서 부르는 이름임. 노자(老子)를 가리킨다는 설도 있다. 당 고종(高宗) 건봉(乾封) 원년(666)에 노자를 태상현원황제(太上玄元皇帝)로 추존하였는데, 간략히 '현제'라고도 불린다.

### 4 『익지서(益智書)』

중국 송나라 때 지어진 교양서라고 하는데, 단편적으로 『명심보감』 등에 인용될 뿐 온전하게 전해지지 않아 그 내용을 확실히 알 수가 없다.

### 5 악의 두레박[惡鑵]

그냥 '나쁜 마음'의 비유적인 표현으로 볼 수도 있는데, 근원적으로는 중국의 민간신앙과 결부되어 있다. 즉, 부엌을 맡는 조신(竈神)이 선관(善鑵)과 악관(惡鑵)에 식구들의 선행과 악행에 대한 기록을 담아 두었다가 세밑에 이를 총계해서 천제(天帝)에게 보고한다는 것이다.

**6**
하늘의 그물은 넓고 넓어 성글어 보이지만 새지 않는다."

노자의 『도덕경』 73장 「임위편(任爲篇)」에는 '천망회회 소이불실(天網恢恢 疏而不失)'이라는 내용이 있다. 하늘의 그물은 넓고 광대하여 그 그물의 눈이 성글지만 자연의 이법(理法)은 빠뜨림 없이 반드시 시행되고 절대로 빠뜨리는 일이 없다는 뜻이다.

**7**
"하늘에 죄를 지으면 빌 곳이 없다."

이 대목은 위(衛)나라의 실권자인 왕손가(王孫賈)가 '아랫목 신(안방마님)보다 부엌 신(부엌데기)에게 알랑대는 것이 밥 얻어먹기는 낫다.'는 위나라 속담을 들어 힘없는 영공(靈公)을 제쳐놓고 자기를 먼저 찾아주었어야 하는 게 아니냐고 에둘러 공자를 힐난하자 단호하게 '아니오!'[不然] 하면서 차서(次序)를 어기는 것은 하늘의 이치를 거역하는 행위라고 일축하는 대답이다(『논어』「팔일(八佾)」).

# 제3편
# 천명을 따르자
## [順命]

하늘의 뜻을 따르는 것이 순명(順命)이다.

자신의 어려운 삶을 하나의 숙명으로 받아들이고 이를 이겨내려는 노력을 하지 않는 것도 나약한 모습이지만, 모든 것을 자신이 해낼 수 있다는 교만도 부질없는 안간힘이다.

이 편에서는 사람으로서 할 수 있는 바 최선을 다하고 하늘의 뜻을 기다리는 겸허한 삶이 올바른 삶이라고 가르친다.

또한 자신에게 주어진 것에 불만스러워하지 않고 항상 감사하는 마음을 가질 필요가 있다고도 일러준다.

공자가 말했다.
"삶과 죽음에는 명(命)이 있고,
부귀를 누리게 되는 것은 하늘에 달려 있다."[1]

子曰
死生有命
富貴在天

- 死生(사생) : 생사, 삶과 죽음(중국말과 우리말이 어순이 거꾸로 된 경우가 다수 있다)
- 有(유)·在(재) : 'A+有+B'는 'A에 B가 있다'로, 'A+在+B'는 'A는 B에 달려 있다'로 새긴다.
- 命(명) : 일반적으로 '목숨', '명령'을 뜻하나, 나아가 '운수', '하늘의 뜻', '자연의 이법(理法)'의 뜻으로도 쓰인다.

---

- 천명에 따르고 지혜와 기교를 버려라. / 한비(韓非)『한비자(韓非子)』
- 천명을 지혜로, 민심을 힘으로 얻을 수는 없다. / 이곡(李穀)
- 하느님에 대한 사랑으로 자신을 희생하며, 자유의지를 가지고 기쁨으로 명령에 따르는 덕이 바로 순명(順命, obedience, oboedientia)이다. /『미디어 종사자를 위한 천주교 용어 자료집』(한국천주교중앙협의회)

"모든 일에는 분수가 이미 정해져 있는데
덧없는 인생은 부질없이 스스로 바쁘구나."

## 萬事分已定
## 浮生空自忙²

- 萬事(만사) : 모든 일. '萬'은 '百花'의 '百'처럼 '온갖'이나 '모든'의 뜻이다.
- 浮生(부생) : 덧없는 인생
- 空(공) : 부질없이, 쓸데없이

---

- 모든 인간의 일생은 신의 손으로 그려진 동화다. / H. C. 안데르센
- 일을 꾸미는 것은 사람이지만 그 일이 이루어지는 것은 하늘에 달려 있다[謀事在人 成事在天]. / 제갈량(諸葛亮)
- 내일 무슨 일이 일어날지 묻지 말라. 하루하루를 운명이 네게 허락하는 이익으로 여겨라. / 호라티우스
- "당신이 등지지 않는 한, 운명은 언젠가는 당신이 꿈꾸고 있는 대로, 고스란히 당신의 것이 될 것입니다." / H. 헤세 『데미안』
- 물이 모여 도랑을 이루고 참외가 익으면 꼭지가 떨어지니, 도를 깨닫고자 하는 사람은 하늘의 작용에 모두 내맡겨야 한다. / 홍자성 『채근담』
- 사람의 운명이 실제로 어떻게 존재하고 있느냐 보다도 자기 운명을 어떻게 생각하느냐 하는 편이 중요하다는 것은 의심할 여지가 없다. / W. v. 훔볼트
- 사람의 운명이란 어떤 기회를 얻었는가의 문제가 아니라 어떤 선택을 했는가의 문제에 따라 달라진다. / 김병완 『48분 기적의 독서법』
- 운명아 비켜라. 내가 간다! / M. 메테를링크

---

『경행록』에서 말했다.
"다가오는 화(禍)는 요행으로는 면할 수 없고,
하늘이 내린 복(福)은 두 번 다시 구하지 못한다."

景行錄 云
禍不可倖免
福不可再求

• 不可(불가) : ~할 수 없다, ~ 못 한다, ~해서는 안 된다
• 倖免(행면) : 요행히 면하다

---

• 간사한 사람은 재앙을 피하는 데 집착하니, 하늘이 그의 집착하는 마음을 찾아가
정신을 빼놓는다. / 홍자성『채근담』
• 행복을 전적으로 추구하는 사람들은 행복을 얻기 어렵다. / B. 러셀『행복의 정복』
• 행복의 문 하나가 닫히면 다른 문들이 열린다. 그러나 우리는 대개 닫힌 문들을
멍하니 바라보다가 우리를 향해 열린 문을 보지 못한다. / H. 켈러

---

"때가 당도하니 바람이 등왕각(滕王閣)³으로 보내고,⁴
운이 물러나니 벼락이 천복비(薦福碑)⁵를 때린다."

時來風送滕王閣
運退雷轟薦福碑

- 時(시) : 때, 기회, 시운(時運). 옛사람들은 십간(十干)과 십이지(十二支)가 착행(錯行)할 때 그에 응하여 길흉(吉凶)이 생겨난다고 생각했다.
- 雷轟(뢰굉) : 천둥소리가 크게 울리다, 벼락이 치다

---

- 하늘 아래 모든 것에는 시기가 있고 모든 일에는 때가 있다. / 전도서 3:1
- 바보는 시간을 묻지만 지혜로운 사람은 자기 때를 안다. / 서양 속담
- 올바른 시기를 선택하는 사람이 올바른 사람이다. / J. W. v. 괴테
- 때를 아는 것이 중요하니, 때를 알지 못하면 비록 올바르게 행하더라도 이룰 수가 없다. / 박수(朴銖)
- 적절한 시기는 얻기 어렵고 기회는 놓치기 쉽다. / 조광조(趙光祖)

---

열자(列子)[6]가 말했다.

"어리석고 귀가 먹고 고질병이 있고 벙어리인 사람이라도
집은 큰 부자일 수 있고,
지혜롭고 총명한 사람이라도 도리어 가난할 수 있다.
해와 달, 날과 시, 이 모두가 처음부터 정해져 있으니,
헤아려보면 부귀는 명(命)에 달려 있지
사람에 달려 있는 것이 아니다."

列子曰
痴聾痼啞 家豪富 智慧聰明 却受貧
年月日時 該載定 算來由命 不由人

- 痴聾(치롱): 어리석은 사람과 귀머거리
- 痼啞(고아) : 고질병자와 벙어리. '痼'가 아니라 '瘖'으로 돼 있는 판본도 있다. '음아(瘖啞)'는 말 못하는 벙어리라는 뜻
- 却(각) : 도리어
- 年月日時(연월일시) : 태어난 해와 달, 날과 시, 즉 타고난 사주(四柱)를 말함
- 載(재) : '싣다' 또는 '쌓다'의 뜻으로 많이 쓰이나, 여기서는 '비롯하다'[始]의 뜻으로 부사적으로 쓰여 '처음부터', '이미'로 새기는 것이 자연스럽다.
- 算來(산래) : 따져보다, 헤아려보다. '來'는 어조사로서 구체적은 뜻은 없지만 구(句) 중에 쓰여 어기(語氣)를 조절하는 기능을 한다.

---

- 운명은 우리들을 행복하게도 불행하게도 만들지 않는다. 다만 그 재료와 씨를 우리들에게 제공할 뿐이다. / M. 몽테뉴
- 운명에는 우연이라는 것이 없다. 인간은 어떤 운명에 부딪히기 전에 이미 자신이 그것을 만들고 있는 것이다. / W. 윌슨
- 사람은 각자 자기 운명의 건축가다. / A. 클라우디우스 카에쿠스

---

# 제3편 주(註)

**1**
"죽음과 삶에는 명(命)이 있고, 부귀를 누리게 되는 것은 하늘에 달려 있다."

이 부분은 『논어』 「안연 5장」에 나오는데, 자하(子夏)가 형제 없음을 한탄하는 사마우(司馬牛)에게 공자의 말씀을 일러주는 있는 대목이다.

**2**
**萬事分已定 浮生空自忙**

같은 취지로 김병연(金炳淵; 1807~1863 '김삿갓')은 '萬事皆有定 浮生空自忙'으로 변형해 쓰기도 했다.

**3**
**등왕각**

당 고조(高祖) 이연(李淵)의 막내아들 원영(元嬰)이 홍주자사(洪州刺史)로 있을 때 강서성(江西省) 남창현(南昌縣)에 지었다는 전각으로서, 원영이 등왕에 봉작(封爵)되어 있었기에 '등왕각'이라 부른다.

**4**
**때가 당도하니 바람이 등왕각으로 보내고**

당대(唐代)의 젊은 천재 시인 왕발(王勃; 650~676)이 아버지를 뵈러 가는 길에 동정호(洞庭湖) 부근에 머물렀는데, 꿈속에서 강신(江神)이 나타나 말하기를 "9월 9일 등왕각을 중수한 낙성식이 있으니 참석해 글을 지어 이름을 내라."고 하기에, 그날이 9월 7일이고 그곳에서 등왕각이 있는 남창까지는 7백 리라 도저히 제때에 당도할 수 없는 거리였지만 꿈이 너무나 생생하여 왕발이 일단 배에 오르니 그때부터 순풍이 불어 배는 날다시피 빠르게 가 하룻밤 사이에 남창에 이르렀고, 그리하여 왕발은 홍주자사 염백서(閻伯嶼)가 베푼 등왕각 중수 연회에서 오늘날까지도 회자되는 「등왕각서(滕王閣序)」를 지어 문명을 크게 떨치게 되었다는 것이다.

**5**
**천복비**

강서성 요주(饒州)의 천복사(薦福寺) 경내에 있던 비석을 말함. 구양순(歐陽詢)이 그 비문을 썼는데 그의 서체(書體)가 크게 존중받아 그 비문의 탁본이 비싸게 팔렸다고 한다. 송의 범중엄(范仲淹)이 요주 태수로 있을 때 가난한 서생(북송의 재상 구래공(寇萊公)의 문객으로 있던 문정(文正) 또는 단지 가난한 시골 서생인 서조(西朝)라는 설도 있음)이 찾아왔기에 천복사 비문을 탁본하여 팔아 보라며 밑천을 대 주었다. 그 서생은 멀고 먼 길을 달려가 간신히 주지승의 허락을 받아 종이와 먹물을 마련해서 천복사의 비문 탁본하러 갔더니 그날 밤 벼락이 쳐서 비석이 깨져버리는 바람에 뜻을 이루지 못했다는 일화가 전해 내려온다.

'등왕각'은 행운의 상징으로, '천복비'는 불운의 상징으로 여러 사람의 입에 오르내린다.

6
**열자(列子)**

중국 전국시대의 사상가 열어구(列禦寇)의 존칭이자 그에 관한 저서를 말함. 『열자』는 그의 사상을 정리하여 지었다는 도가서(道家書) 8권을 말하는데, 이 책이 편찬된 것은 열어구에 관한 행적과 자료가 단편적으로 전해져 내려오다가 한(漢)나라 때 유향(劉向)이 중복된 것을 정리하여 책으로 엮으면서부터이다. 후에 그 책은 일실되어 현재 우리들이 보는 『열자』는 위진(魏晉)시대에 장담(張湛)이 주석을 달아놓은 것에 근거한 것이라고 한다.

# 제4편
## 효도를 하자
### [孝行]

효(孝)란 우리를 낳아주시고 키워주시고 제대로 사람 노릇을 하게 만들어주신 어버이의 은혜에 보답하려는 애씀이다.

이 효행편에서는 다양한 형식으로 효도 할 것을 권하고 있다.

그 기본은 "아버지의 훈계를 지키고 어머니의 타이름을 거스르지 말라."고 한 그리스도의 말씀과도 통한다.

효도에 관하여는 '이미 늦었다'고 뒤늦게 뉘우치게 되는 경우가 많은데, 후회하지 않도록 늦기 전에 우리의 일상이 바로 효행이 되도록 해야 할 것이다.

『시경(詩經)』¹에 씌어 있다.
"아버님 나를 낳으시고 어머님 나를 기르셨네.
아아, 애달프다, 내 부모님!
나를 낳아 기르시느라고 애쓰시고 수고하시었네.
그 은덕을 갚으려 해도 하늘처럼 높고 넓어 끝이 없어라."

詩曰
父兮生我 母兮鞠我
哀哀父母 生我劬勞
欲報之德² 昊天罔極

- 兮(혜) : ~여, ~인가(어조를 고르거나 잠시 말을 멈추었다가 다시 어세를 높이는 어조사로 쓰임)
- 鞠(국) : 기르다. '鞠養(국양)' - 양육하다
- 劬勞 (구로) : ① 애쓰고 수고하다. ② 자식을 낳아 기르는 수고. '劬勞之恩(구로지은)' - 자식을 낳아 기른 어버이의 은덕
- 昊天罔極(호천망극) : 어버이의 은혜가 넓고 큰 하늘과 같이 다함이 없음을 이르는 말. 부모 제사의 축문(祝文)에 많이 쓴다.

- 나무는 조용히 있고자 하나 바람이 그치지 않고, 자식은 잘 봉양하려 하나 어버이가 기다려 주지 않는다[樹欲靜而風不止 子欲養而親不待]. / 한영(韓嬰) 『한시외전(韓詩外傳)』
- 부모를 왕위에 오르게 하여도 그 은혜를 다 갚았다고 할 수는 없다. / 석가모니
- 이 세상에 옳지 않은 부모는 없다. / 나종언(羅從彦) 『소학(小學)』「가언(嘉言)」

공자가 말했다.

"효자가 어버이를 섬긴다고 하는 것은,

함께 기거할 때에는 공경을 다하여 모시고,

봉양함에는 기꺼운 마음으로 정성을 다해 드리며,

병드신 때에는 지극히 걱정을 하며 보살펴 드리고,

돌아가셨을 때에는 마음속 깊이 애통해하며,

제사 지낼 때에는 지극히 엄숙하게 함을 말한다."

子曰
孝子之事親也 居則致其敬 養則致其樂
病則致其憂 喪則致其哀 祭則致其嚴

- 之(지) : 가, 이(주격어조사)
- 事親(사친) : 어버이를 섬기다
- 致(치) : 다하다
- 其(기) : 그, 그의. 여기서는 효자를 지칭하는 소유격 대명사로 쓰였다.

---

- 아버지와 어머니를 공경하여라. 그러면 너는 주 너의 하느님이 너에게 주는 땅에서 오래 살 것이다. / 탈출기(출애굽기) 20:12
- 공경으로 효도하기는 어렵고 사랑으로 효도하기도 어렵다. 사랑으로 효도하기는 쉬워도 부모를 잊기는 어렵다. 부모를 잊기는 쉬워도 부모 때문에 나를 잊기는 어렵다. / 장자
- 하느님께는 영광을, 부모님께는 공경을. / 솔론

공자가 말했다.
"부모님이 계실 적에는 멀리 가서 놀면 안 되고,
놀러 가더라도 반드시 가는 곳이 일정해야 한다."

子曰
父母在 不遠遊 遊必有方

• 方(방) : 곳, 장소, 방위, 방향

• 무릇 사람의 자식 된 사람은 밖에 나갈 때는 반드시 부모님에게 행선지를 말씀드
리고, 집에 돌아와서는 반드시 부모님의 얼굴을 뵙고 돌아왔음을 알려드려야 한다
[夫爲人子者 出必告反必面]. / 『예기(禮記)』「곡례(曲禮)」
• 아, 나의 아들이여, 네가 만일 부모의 근심을 모른다면 아무도 너의 벗이 되지 않
을 것이다. / 소크라테스

공자가 말했다.
"아버님께서 부르시면
머뭇거리지 말고 공손하게 '예'라고 대답하라.
음식이 입 안에 있으면 바로 뱉어야 한다."

子曰
父命召 唯而不諾 食在口則吐之[3]

• 召 : 부르다, 불러들이다
• 唯(유) : '예' 하고 공손하게 대답하는 말
• 諾(낙) : 느린 가락으로 마지못해 하는 대답

---

• 부드럽게 대답하는 말은 노여움을 가시게 한다(A soft answer turneth away wrath). / 서양 격언

---

태공이 말했다.
"부모에게 효도하면 자식 또한 그에게 효도한다.
자신이 이미 부모에게 효도하지 않았는데
자식이 어찌 그에게 효도하겠는가?"

太公曰
孝於親 子亦孝之
身旣不孝 子何孝焉

• 之(지) : 그(지시대명사), 즉 '부모에게 효도하는 사람'을 가리킴
• 子何孝焉(자하효언) : 자식이 어찌 그에게 효도하겠는가. '焉'은 '於此'(이 사람에게) 또는 '於
之'(그 사람에게)의 뜻을 갖는 종결어조사임.

---

• 자식들이 자기에게 해주기를 바라는 그것을 부모에게 해 드려라. / 이소크라테스
• 부모가 온 효자가 되어야 자식이 반 효자. / 한국 속담
• 자식을 키워봐야 부모님의 사랑을 안다. / 왕양명(王陽明)『전습록(傳習錄)』

"부모에게 효도하고 순종하는 사람은
역시 효도하고 순종하는 자식을 낳을 것이고,
오역(五逆)⁴하는 사람은 역시 오역하는 자식을 낳을 것이다.
믿어지지 않거든 오직 처마 끝의 물을 보라.
한 점 한 점 떨어지는 물방울들이 조금도 어긋나지 않는 것을."

孝順還生孝順子 五逆還生五逆兒
不信但看簷頭水 點點滴滴不差移

- 還(환) : 다시, 또한, 역시
- 簷頭水(첨두수) : 처마 끝의 낙숫물
- 不差移(불차이) : 어긋나지 아니하다

---

- 자기에게서 나온 것은 자신에게로 되돌아온다[出乎爾者反乎爾]. / 증자(曾子)(『맹자』
  「양혜왕하」)
- 어버이를 사랑하는 사람은 남을 미워하지 않고 어버이를 공경하는 사람은 남에게
  오만하지 않으니라. / 『효경(孝經)』
- 아버지 자리에 자식이 앉으면 안 된다. / 『탈무드』
- 섬김 중에서 어느 일이 가장 중요한가 하면 부모를 섬기는 일이다. 지켜야 할 일
  중에서 어느 것이 가장 중요한가 하면 몸을 지키는 일이다. 자기 몸을 잃지 않고
  부모를 잘 섬긴다는 사람은 보았지만, 몸을 잃고서 부모를 잘 섬긴다는 말은 아직
  들어보지 못했다. / 맹자 『맹자』 「이루상」

## 제4편 주(註)

[1] 『시경(詩經)』
고대 중국의 시가를 모아 엮은 시집으로 오경(五經)의 하나임. 본래는 3,000여 편이었다고 하나 공자에 의해 311편으로 간추려졌다고 한다(현재 305편만 전해진다). 시경은 풍(風)·아(雅)·송(頌) 셋으로 크게 분류되고, 다시 아(雅)가 대아(大雅)·소아(小雅)로 나뉘어 전해진다. 풍('국풍(國風)'이라고도 함)은 여러 나라의 민요로 주로 남녀 간의 정과 이별을 다룬 내용이 많고, 아는 공식 연회에서 쓰는 의식가(儀式歌)이며, 송은 종묘의 제사에서 쓰는 악시(樂詩)이다. 『시경』에는 상고인(上古人)의 유유한 생활을 구가하는 시, 현실의 정치를 풍자하고 학정을 원망하는 시들이 많은데, 내용이 풍부하고, 문학사적 평가도 높으며, 상고의 사료(史料)로서도 귀중하다. 고대 제왕들은 먼 지방까지 채시관(採詩官)을 파견해 거리에 나돌고 있는 노래와 가사들을 모아 민심의 동향을 알아보고 정치에 참고로 삼았다고 하며, 조정의 악관(樂官)에게 곡조를 붙이게 해 다시 유행시킴으로써 민심의 순화에 힘썼다고 한다. 공자는 만년에 제자를 가르치는 데 있어 육경(六經) 중에서 『시경』을 첫머리로 삼았는데, 그것은 시는 인간의 가장 순수한 감정에서 우러난 것이므로 정서를 순화하고 다양한 사물을 인식하는 데는 그만한 전범(典範)이 없다고 생각하였기 때문이라고 한다.

[2] 欲報之德
'欲報深恩(욕보심은)'이라고 되어 있는 판본이 다수 있는데, 『시경』 「소민(小旻)」에는 '欲報之德'으로 되어 있다.

[3] 父命召 唯而不諾 食在口則吐之
일부 판본에는 원전인 『예기』 「옥조(玉藻) 17장」에서와 같이 '父命呼 唯而不諾 手執業則投之 食在口則吐之 走而不趨'이라고 되어 있다. 즉, '손에 일감을 잡고 있다면 던져 버리고[手執業則投之]'와 '달려가야지 종종걸음으로 가서는 안 된다[走而不趨]'가 더해져서 행동 지침이 좀 더 구체적이다.

[4] 오역(五逆)
원래 불교에서 무간지옥에 떨어지는 다섯 가지 큰 죄를 말하는 것이나, 유교에서는 임금·아버지·어머니·할아버지·할머니 등 다섯 어른을 죽이는 것을 말함. 그런데 무왕(武王)과 태공(太公)의 문답에서 부모를 봉양하지 않는 것을 '다섯째 거스름[五逆]'이라고 했는데(입교편 15장 참조), 이 장에서의 '오역'도 '효도하지 않는 것'을 지칭하는 것으로 보는 것이 좋을 듯하다. '忤逆(오역)'으로 되어 있는 판본도 있는데, 이는 '거스르고 거역하다' 즉 '인륜에 어긋나고 나라에 반역함'을 뜻함.

# 제5편
# 자기 몸을 바르게 하자
## [正己]

나를 올바르게 하는 것, 자기 자신을 지켜낸다는 것은 참으로 어려운 일이다. 그러나 참다운 삶의 출발점이 바로 여기에 있다.

유교에서 '나를 올바르게 한다'는 것은 군자가 되기 위해 자신을 수양하고 깨우치는 것을 말한다. 마음을 밝고 맑게 하고[明心], 부질없는 욕심과 방탕을 경계하며, 남을 탓하기보다는 자신부터 돌이켜보고 근신하는 것이 바로 '정기(正己)'라 할 것이니, 이를 통하여 올바른 자아에 도달하게 되는 것이다.

『성리서(性理書)』에서 말했다.
"다른 사람의 착한 점을 보면
나에게도 그런 착한 점이 있나 찾아보고,
다른 사람의 나쁜 점을 보면
나에게도 그런 나쁜 점이 있나 살펴보라.
이렇게 해야만 비로소 이로움이 있을 것이다."

性理書 云
見人之善而尋己之善
見人之惡而尋己之惡
如此方是有益

- 尋(심) : 찾다
- 如此(여차) : 이렇게 하다, 이와 같다
- 方(방) : 비로소, 바야흐로

---

- 세 사람이 함께 길을 가면 거기에는 반드시 나의 스승이 있다. 그 가운데 나보다 나은 사람의 좋은 점을 골라 그것을 따르고, 나보다 못한 사람의 좋지 않은 점을 골라 그것을 바로잡는다. / 공자 『논어』 「술이(述而)」
- 만나는 사람 모두에게서 무언가를 배울 수 있는 사람이 세상에서 제일 현명하다. / 『탈무드』
- 전심전력으로 자기 자신을 충실히 하기 위해 힘써라. 우리는 남의 마음과 성격을 바꿀 수는 없지만 자기 자신은 고칠 수 있다. 자기 의사에 복종시킬 수 있는 것은 자기 자신뿐이다. / 아우구스티누스
- 자기도 오히려 자기의 뜻에 맞아떨어질 수 없는데 어떻게 남이 모두 내 뜻에 쏙 맞아떨어지기를 바라겠는가[自家猶不能快自家意 如何要他人盡快我意]. / 주자 『하학지남(下學指南)』

---

『경행록』에서 말했다.
"대장부는 마땅히 남을 용서할지언정
남으로부터 용서받는 사람이 되지 말아야 한다."

景行錄 云
大丈夫當容人 無爲人所容

- 大丈夫 : 큰 어른 남자라는 말로, 참으로 남자다운 남자를 가리키는 말
- 當(당) : 마땅히 ~해야 한다
- 容(용) : 품다, 포용하다, 용서하다
- 爲人所容(위인소용) : 남으로부터 용서받다. '爲A所B(술어)'는 'A의 B하는 바 되다', 즉 'A에게 B를 당하다'의 피동형 구문이다.

---

- 당신이 다른 사람의 잘못을 한 가지 용서하면 신이 당신의 잘못을 두 가지 용서해 주신다. / 김수환
- "세상에 정말로 용서받지 못할 일이 있다면 그건 바로 용서하지 못하는 것 아니겠어요?" / 이문열 『젊은 날의 초상』
- 용서는 인간이 가진 최고의 능력이다. 용서는 아픈 과거로부터 우리를 자유롭게 해주며 모든 악을 이겨내게 만들어주기 때문이다. 또한 용서하는 사람과 용서받는 사람 둘 다 회복시켜 준다. / J. C. 아놀드 『용서, 치유를 위한 위대한 선택』
- 인생은 용서를 전제로 한 모험이다. / N. 커즌스
- 우리는 사랑을 하고 있는 한 용서한다. / 라 로슈푸코 『잠언과 성찰』
- 약한 사람은 복수하고, 강한 사람은 용서하며, 현명한 사람은 무시한다. / A. 아인슈타인
- 남이 나를 업신여기더라도 내가 포용하여 응대하면 업신여긴 사람이 도리어 공경하고, 남이 나를 박대하더라도 내가 포용하여 대접하면 박대하던 사람이 두터운 정으로 대하며, 남이 나에게 성을 내더라도 내가 포용하여 참고 말을 조심하면 그 사람이 반드시 감복을 한다. / 노경임(盧景任) 『경암집(敬菴集)』

태공이 말했다.
"자기를 귀하게 여기면서 남을 천하게 여겨서는 안 되고,
자기가 크다고 해서 작은 사람을 업신여겨서는 안 되며,
자기의 용맹을 믿고 적을 가볍게 보아서는 안 된다."

太公曰
勿以貴己而賤人
勿以自大而蔑小
勿以恃勇而輕敵

- 勿以A而B : 'A하다고 하여 B하지 말라'의 구문임
- 恃勇(시용) : 용맹을 믿다. '恃'는 마음속으로 의지한다는 뜻으로 어머니를 여의는 것을 '失恃(실시)'라고 한다
- 輕敵(경적) : 적을 가벼이 보다

- 오만은 모든 죄의 어머니, 용서받지 못할 죄이다. / A. 단테 『신곡(神曲)』

- 거만한 사람은 타인과 거리를 둔다. 그런 거리에서 보면 타인이 자신에게는 작게 보이기 때문이다. 그러나 결국 자기 자신도 그들에게 작은 크기로 비춰진다는 것은 잊고 있다. / C. C. 콜튼

- 천사는 자신을 가벼운 존재로 낮추므로 날 수 있다. 악마는 제 무게에 못 이겨 추락한다. / G. K. 체스터턴

- 자신이 많은 사람들 가운데 단지 한 사람일 뿐이라는 사실을 명심하라. 현명한 사람은 현재 자신의 모습에 겸손한 태도를 견지함으로써 다른 사람으로부터 인정받고 존경받는 것이다. / L. 톨스토이

- 예란 스스로를 낮추어 남을 존중하는 것이다[禮者 自卑而尊人]. / 『예기』 「곡례상(曲禮上)」

- 우선 겸손을 배우려 하지 않는 자는 아무것도 배우지 못한다. / O. 메러디드

- 사나운 새는 다른 동물을 잡으려 할 때 이외에는 그 머리를 숙이고 있다. / 유협(劉勰) 『신론(新論)』

- 겸손은 칭찬을 낚는 유일하고 확실한 미끼이다. / P. 체스터필드

- 겸손은 가장 얻기 어려운 미덕이다. 자기 자신을 높이 생각하려는 욕망만큼 여간해서 가라앉지 않는 것은 없다. / T. S. 엘리엇

- 스스로를 소중하게 생각하지 않는 사람은 치욕을 받게 되고, 스스로 조심하지 않는 사람은 화를 부르게 되며, 스스로 교만하지 않는 사람은 이익을 받게 되고, 스스로 옳다고 생각하지 않는 사람은 그 견문이 넓어진다. 『경행록』

- 군자는 태연하고 교만하지 않은데, 소인은 교만하기만 하고 태연하지 못하다. / 공자 『논어』 「자로(子路)」

- 생각 없이 적을 얕보는 사람은 반드시 적의 포로가 된다. / 손자(孫子)

- 재앙 중에서도 적을 업신여기는 것보다 더 큰 것은 없다. / 노자 『도덕경』 69장

마원이 말했다.
"남의 허물을 듣거든 부모님의 이름을 들은 것같이 하여
귀로 듣기는 해도 입으로 말해서는 안 된다."


馬援曰
聞人之過失 如聞父母之名
耳可得聞 口不可言也

• 如(여) : 마치 ~처럼 하다(조동사)

---

• 유언(流言)은 지자(智者)에게서 그친다. 소문이란 일반 백성에게는 전해지나 성인
  은 침묵할 뿐 다시 전하지 않는다. / 순자(荀子)
• 길에서 듣고 바로 길에서 말하는 것은 덕을 버리는 것이다[道聽而塗說 德之棄也].
  / 공자 『논어』「양화(陽貨)」
• 험담은 그것을 퍼뜨리는 자의 더러운 담뱃대에서 나오는 연기와 같다. 그것은 흡
  연자의 비열한 취미를 드러낼 뿐이다. / G. 엘리엇
• 남의 흉이 한 가지면 제 흉이 열 가지 / 한국 속담

강절 소 선생이 말했다.
"남이 나를 헐뜯는 말을 들어도 바로 성내지 않았고,
남이 나를 칭찬하는 말을 들어도 바로 기뻐하지 않았다.
남이 나쁘다는 말을 듣더라도 바로 이에 맞장구치지 않았고,
남이 착하다는 말을 듣고는 곧 그렇다고 하고 따라 기뻐하였노라.
그의 시²에 이렇게 씌어 있다.
착한 사람 보기를 즐겨하고, 착한 일 듣기를 즐겨하라.
착한 말 하기를 즐겨하고, 착한 뜻 행하기를 즐겨하라.
남의 나쁜 점을 듣거든 가시를 등에 진 것같이 하고
남의 착한 점을 듣거든 난초를 몸에 지닌 것같이 여겨라."

康節邵先生曰
聞人之謗 未嘗怒 聞人之譽 未嘗喜
聞人之惡 未嘗和 聞人之善 則就而和之 又從而喜之
其詩曰
樂見善人 樂聞善事 樂道善言 樂行善意
聞人之惡 如負芒刺 聞人之善 如佩蘭蕙

• 謗(방) : 헐뜯는 말, 비방
• 嘗(상) : 일찍이, 맛보다, 경험하다
• 未嘗(미상) : 일찍이 ~한 적이 없다, 바로 ~하지 않다
• 譽(예) : 기리다, 칭찬
• 和(화) : 화답하다, 맞장구치다
• 芒刺(망자) : 가시
• 佩(패) : 차다. 佩用(패용) : 몸에 차고 다니면서 쓰다

- 관대한 마음은 비방하는 혀를 치료한다. / 호메로스
- 비방은 비방하는 사람을 한층 더 악인으로 만들지만 비방당하는 사람은 결코 그렇게 만들지 못한다. / C. C. 콜튼
- 칭찬은 선한 사람을 더욱 선하게, 나쁜 사람을 더욱 나쁘게 만든다. / T. 풀러
- 부족한 사람도 완전한 사람인 듯이 대우해주면 그것은 그가 좀 더 나은 사람이 되도록 돕는 것이다. / J. W. v 괴테
- 나를 칭찬하는 사람이라면 누구든지 나도 칭찬할 것이다. / W. 셰익스피어
- 상대방이 칭찬을 어떻게 받아들이는지 잘 관찰하면 그를 평가하는 척도를 얻게 된다. / T. 버크
- 착한 일도 하지 않고 칭찬받는 것은 나쁜 짓을 하지 않았는데 비난받는 것만 못하다. / 홍자성 『채근담』

"나의 좋은 점만 말해주는 사람은 곧 나를 해치는 사람이요,
나의 잘못된 점을 말해주는 사람이 곧 나의 스승이다."

道吾善者 是吾賊
道吾惡者 是吾師

- 道(도) : 말하다, 가르치다
- 是(시) : 그래서 ~이다, 곧 ~이다
- 賊(적) : 도둑, 훔치다, 해치다, 속이다

- 좋다는 칭찬은 위대함의 적이다(Good is the enemy of great). / J. C. 콜린스 『좋은 기업을 넘어 위대한 기업으로(Good to Great)』
- 자기를 해치는 칭찬보다 자기에게 유익한 비난을 더 좋아할 만큼 매우 현명한 사람은 거의 없다. / 라 로슈푸코 『잠언과 성찰』
- 좋은 약은 입에 쓰나 몸에는 좋다. / 한국 속담
- 믿음성 있는 말은 아름답지 않고, 아름다운 말은 믿음성이 없다[信言不美 美言不信]. / 노자 『도덕경』 81장
- 모든 사람이 너희를 좋게 말하면, 너희는 불행하다! / 루카 6:26
- 상사의 과실을 결코 드러내지 않는 부하는 믿지 말라. / J. C. 콜린스
- 차라리 소인들의 시기와 비방을 받는 것이 낫지, 소인들이 아첨하고 좋아하는 대상이 되지 마라. / 홍자성 『채근담』

태공이 말했다.
"부지런함은 더 없이 귀중한 보배이고,
삼감은 몸을 지켜주는 부적이다."

太公曰
勤爲無價之寶
愼是護身之符

- 爲(위) : ~이다. 是와 같이 계사임
- 無價之寶(무가지보) : 값을 매길 수 없을 만큼 귀한 보배
- 愼(신) : 삼가다
- 符(부) : 부적(符籍 ; 잡귀를 쫓고 재앙을 물리치기 위하여 붉은색으로 글씨를 쓰거나 그림을 그려 몸에 지니거나 집에 붙이는 종이)

━━━━━━━━━━━━━━━━━━━━━━━━━━━━━━━━━

- 근면은 습관이다. 서서히 근면의 습관을 들인다면 태만의 저항은 차차로 약해지고 마침내는 근면한 생활이 필요불가결한 것이 된다. / C. 힐티
- 모든 여타의 죄악들이 생기는 두 가지 기본적인 죄악이 있다. 즉, 조바심과 게으름이 그것이다. / F. 카프카
- 게으른 사람의 머리는 악마의 일터이다. / 영국 속담
- 게으른 사람은 아무것도 해내지 못한다. 바쁘기만 한 사람도 그보다 특별히 나을 게 없다. / H. 오길비
- '이걸 어떻게 해? 이걸 어떻게 해?'라며 고민하지 않는 사람이라면 나는 그 사람을 어떻게 할 수가 없다[不曰如之何如之何者 吾末如之何也已矣]. / 공자 「논어」 「위영공(衛靈公)」
- 장수하는 방법은 말을 삼가고 음식을 절제하며 탐욕을 줄이고 잠을 적게 자며 기쁨도 분노도 지나치지 않는 것이다. / 김시습(金時習)

━━━━━━━━━━━━━━━━━━━━━━━━━━━━━━━━━

『경행록』에서 말했다.
"삶을 잘 보전하려는 사람은 욕심을 적게 해야 하고,
몸을 잘 보전하려는 사람은 이름나는 것을 피해야 한다.
욕심을 없게 하기는 쉬우나
이름 내려는 마음을 없게 하기는 어려운 법이다."

景行錄曰
保生者寡慾 保身者避名
無慾易 無名難

- 寡慾(과욕) : 욕심이 적다 ↔ 과욕(過慾)
- 避名(피명) : 이름을 피하다, 명예를 탐하지 않다
- 無(무) : 없이하다, 없애다

---

- 명예는 밖에 나타난 양심이며, 양심은 안에 잠기는 명예이다. / A. 쇼펜하우어
- 명예와 명예욕은 함께하기가 쉽지 않다. 명예욕이 강한 사람일수록 진실로 명예스러운 사람은 드물다. / 무명씨
- 가장 고귀한 것은 작위(爵位)를 버리는 것이고, 가장 부유한 것은 재산을 버리는 것이며, 가장 바람직한 것은 명예를 버리는 것이다. / 장자
- 사람은 종종 명예를 경멸하는 일에 명예로움을 느낀다. / 아우구스티누스
- 덕을 닦으면서도 성공이나 명예에만 마음이 쏠린다면, 참된 경지에는 결코 도달하지 못하고 만다. 홍자성『채근담』
- 명예는 위대한 인물의 목적이 아니라 그의 행동의 결과다. / W. 올스턴
- 소인은 물욕으로, 군자는 명예욕으로 파멸한다. / 장자

---

공자가 말했다.
"군자에게는 경계할 것이 세 가지 있다.
젊을 때는 혈기가 아직 안정돼 있지 않으니 여색을 경계해야 하고,
장성하고 나면 혈기가 한창 강성한지라 싸움을 경계해야 하며,
늙으면 혈기가 이미 쇠약해졌으니
탐하여 얻고자 함[老慾]을 경계해야 한다."

子曰
君子有三戒
少之時 血氣未定 戒之在色
及其壯也 血氣方剛 戒之在鬪
及其老也 血氣旣衰 戒之在得

- 之(지) : 주격어조사로서, '戒之在色'은 직역하면 '경계할 것이 여색에 있다'의 뜻임
- 方剛 : 바야흐로 강성하다, 한창 왕성하다
- 得(득) : '탐하여 얻고자 함', 즉 노욕(老慾)으로 풀이하였으나 단순히 '재물을 탐함'으로 보아도 무방할 것이다.

- 군자는 젊고 번성할 때 더욱 조심한다. / 홍자성 『채근담』
- 군자는 어려운 처지를 염려하지 않지만, 즐겁게 노는 것을 걱정한다. / 홍자성 『채근담』
- 노인은 오래 사는 것보다 이제 인생을 어떻게 마무리 지을 것인지에 대하여 생각해야 한다. / T. 브라운

손진인(孫眞人)[3]이 「양생명(養生銘)」[4]에서 말했다.
"심하게 성을 내면 기가 쏠리어 상하게 되고,
지나치게 생각이 많으면 정신을 크게 해친다.
정신이 피로하면 마음이 쉽게 지치고,
기가 약해지면 그에 따라 병이 생기게 마련이다.
지나치게 슬퍼하거나 기뻐하지 말 것이며,
음식은 마땅히 고르게 먹어야 한다.
밤에 술 취하는 것은 거듭 막아야 하며,
무엇보다도 새벽에 성내는 것을 경계하라."

孫眞人 養生銘 云
怒甚偏傷氣 思多太損神
神疲心易役 氣弱病相因
勿使悲歡極 當令飮食均
再三防夜醉 第一戒晨嗔

- 偏(편) : 일반적으로 동사로서 '치우치다'의 뜻으로 쓰이나, 부사로서 '치우쳐', '특히', '오로지'의 뜻으로 풀이해야 할 때도 있다.
- 傷氣(상기) : 기가 상하다
- 太損神(태손신) : 정신을 크게 소모시키다
- 役(역) : 힘들다, 지치다, 고달프다
- 當令(당령) : 마땅히 ~하게 하다
- 晨嗔(신진) : 새벽에 화를 내다

- 분노에 더딘 이는 매우 슬기로운 사람이지만 성을 잘 내는 자는 제 미련함만 드러 낸다. / 잠언 14:29
- 화났을 때 입을 열면 최고의 연설을 하겠지만 언제나 나중에 후회할 것이다. / A. 비어스
- 마음의 고통은 화를 내게 된 원인으로부터 인한 것이 아니라, 화를 냈을 때 얻게 되는 결과이다. / M. 아우렐리우스
- 화가 풀리면 인생도 풀린다. / 틱 낫 한
- 다른 사람이 우리를 화나게 하는 이유를 살펴보면 우리 자신을 이해할 수 있다. / C. G. 융 「무의식 분석」
- 사물에게 화를 내는 것은 어리석은 짓이다. 사물은 그대가 화내는 것을 알지 못한 다. / 에우리피데스
- 어떤 일이 예의에 어긋나고 정도를 벗어났다 하더라도 곧 화를 내지 말라. 사람들 은 대개 큰일보다 잔일에 화를 내기 쉬운데, 그 순간 조금 방향을 돌려 유머러스하 게 응한다면 불쾌한 감정이 사라진다. 말을 유머러스하게 그 방향을 돌린다면 화 기애애한 기분을 돋우는데 큰 구실을 한다. / 알랭

『경행록』에서 말했다.
"먹기를 담백하게 하면 정신이 상쾌해지고,
마음을 깨끗이 하면 꿈자리도 편안해진다."

景行錄曰
食淡精神爽
心清夢寐安

• 爽(상) : 시원하다, 상쾌하다
• 夢寐(몽매) : 잠을 자며 꿈을 꿈, 잠을 자는 동안

─────────────────────────────

• 잘 익은 술, 살찐 고기, 매운 것, 단 것은 참된 맛이 아니고, 참된 맛이란 오로지 담백할 따름이다. / 홍자성 『채근담』
• 당신의 식습관을 들으면 나는 당신이 어떤 사람인지 알 수 있다. / A. 브리야사바랭
• 대식가와 잠꾸러기는 위대한 일을 할 수 없다. / 앙리 4세
• 어지러운 꿈자리를 걱정하지 말고 먼저 자기 마음을 깨끗하게 하라. / 지눌(知訥)
• 수면은 침묵의 동반자이다. 문제가 있으면 내일 생각하라. / B. 그라시안

"마음을 평온히 하여 모든 일에 잘 대응한다면
비록 글공부를 하지 않았더라도 덕 있는 군자라 할 수 있다."

# 定心應物 雖不讀書 可以爲有德君子

- 定心(정심) : 마음을 안정시키다
- 應物(응물) : 사물을 대하다, 일에 대응하다
- 讀書(독서) : 글을 읽다, 공부를 하다
- 以爲(이위) : ~으로 삼다, ~으로 여기다. '可以爲'는 '~라고 할 만하다', '~하는 것이 옳다'의 뜻이다.
- 君子(군자) : 덕과 학식이 높은 사람으로 유교에서 누구나 노력해서 도달할 수 있는 표준의 인격체를 말함

- 속박과 해탈은 오로지 자기 마음에 있는데, 마음이 깨달으면 푸줏간과 술집이 바로 극락이 된다. / 홍자성 『채근담』
- 지혜로운 사람의 마음은 맑은 물처럼 고요하다. / 카메룬 속담
- 자기 마음이 밝아져야 비로소 군자와 소인을 구별할 수 있다. / 조광조
- 독서를 하고 생각하지 않는 것은 식사를 하고 소화시키지 못하는 것과 같다. / E. 버크

『근사록(近思錄)』[5]에서 말했다.
"분한 마음 누르기를 불을 끄듯이 하고,
욕심 막기를 물 막듯이 하라."

近思錄 云
懲忿如救火
窒慾如防水

• 懲忿(징분) : 분하다는 생각을 그치다, 분한 마음을 누르다
• 救火(구화) : 불을 끄다
• 窒慾(질욕) : 욕심을 막다. 옛 선비들은 『주역』에 나오는 '징분질욕(懲忿窒慾)'을 덕을 쌓는 수행의 기본으로 삼았음.

• 분노와 어리석은 행동은 나란히 걷고 회한이 그 둘의 발꿈치를 문다. / B. 프랭클린
• 두 주먹을 쥐고 분노하기보다 두 손을 모으고 기도하는 자가 더 강하다. / 박광철
  『부끄런 A학점보다 정직한 B학점이 낫다』
• 인간은 천성적으로 필요한 것보다 더 많은 것을 바란다. / M. 트웨인
• 욕망의 본질은 만족이 없다는 것인데 대부분의 사람은 그것의 만족만을 위하여
  산다. / 아리스토텔레스

『이견지(夷堅志)』<sup>6</sup>에서 말했다.

"여색 피하기를 원수 피하듯이 하고,

바람 피하기를 날아오는 화살 피하는 것같이 하며,

빈속에 차를 마시지 말고,

밤중에는 밥을 조금만 먹어라."

夷堅志 云

避色如避讐 避風如避箭

莫喫空心茶 小食中夜飯

- 風(풍) : 바람. 남녀관계를 빗댄 것으로 볼 수도 있고, 허풍이나 비난을 뜻하기도 함.
- 箭(전) : 화살
- 喫(끽) : 마시다
- 空心(공심) : 빈 마음, 빈속

---

- 사람들은 성욕이라는 호랑이를 방목하고는 그 등에 올라타고 멸망의 골짜기로 추락한다. / 모리 오가이(森 鷗外)
- 허리띠 아래에는 지혜가 없다. / 서양 속담
- 창문으로 들어오는 바람은 석궁의 화살만큼 해롭다. / 서양 속담
- 빈속에 마시는 차는 내장을 훑고 마음의 여유까지 훑어 내린다. / 무명씨

---

순자(荀子)[7]가 말했다.
"쓸데없는 말과 급하지 않은 일은 버려두고 하지 말라."

荀子曰
無用之辯 不急之察 棄而勿治

• 辯(변) : 말씀, 옳고 그름을 가리는 말
• 察(찰) : 살핌, 조사, 따짐, 일
• 治(치) : 다스리다, 처리하다

---

• 사람은 잠자코 있어서는 안 될 경우에만 말해야 한다. 그리고 자기가 극복해 온 일들만을 말해야 한다. 다른 것들은 모두 쓸데없는 것에 지나지 않는다. / F. W. 니체
• 길가나 장터에서 친구를 만나거든 그대의 입술과 혀를 마음속에 있는 영(靈)으로 움직이도록 하라. 그리고 그대 목소리 속의 목소리로 그의 귓속의 귀에 말하라. / K. 지브란 『예언자』
• 사람은 하지 않는 일이 있은 뒤에라야 하는 일이 있을 수 있다[人有不爲而後 可以有爲]. / 맹자 『맹자』 「이루하」
• 명심하게. 하나를 선택하면 전부를 얻을 수 있지만, 모두를 선택하면 하나도 얻기 힘들다는 걸. / E. 시노웨이 『하워드의 선물』
• 꼭 해야 할 일부터 시작하라. 그다음은 할 수 있는 일을 하라. 그러다 보면 어느 순간 자신이 불가능하다고 생각했던 일을 해내고 있음을 알게 될 것이다. / 아시시의 프란체스코

---

공자가 말했다.
"많은 사람이 좋아하는 것이더라도
반드시 이를 잘 살펴야 하며,
또한 여러 사람이 싫어하는 것이더라도
반드시 이를 잘 살펴야 한다."

子曰
衆好之 必察焉
衆惡之 必察焉

- 衆(중) : 대중, 많은 사람
- 焉(언) : 이, 이것, 여기. 지시대명사로 사람·사물·처소 등을 가리키는데, '之'나 '於是'와 같게 보면 된다. 물론 단순히 종결형 어조사로 보아도 뜻은 통한다.
- 惡(오) : 미워하다, 싫어하다

---

- 우리가 좋아하는 사람은 모두 옳고 우리가 싫어하는 사람은 모두 옳지 않다고 생각하는 것이 보편적인 잘못이다. / G. S. 핼리팩스
- 님아 님아 별사람이 별의별 소리를 다 해도 곧이듣지 말고 짐작하여 들으소서. / 정철(鄭澈) 「송강가사(松江歌辭)」
- 사람들은 자기가 좋아하는 것은 신기한 것이고 싫어하는 것은 썩은 것이라고 하지만, 썩은 것이 신기한 것으로, 신기한 것이 썩은 것으로 변하고 만다. / 장자

---

"술 마시더라도 말을 늘어놓지 않는 사람이 참다운 군자요,
재물에 대하여 셈이 분명한 사람이 대장부다."

酒中不語 眞君子
財上分明 大丈夫

• 君子(군자)·大丈夫(대장부) – 모두 유교에서 지향하는 인격자를 말함

• 술이 들어가면 혀가 나오고, 혀가 나오면 말에 실수가 따르고, 말을 실수하면 몸을 망친다. / 유향 『설원(說苑)』
• 술을 마음껏 마시면 말을 실수하고, 즐거움이 극도에 이르면 슬픔이 온다. / 사마천 『사기』
• 부귀가 그 마음을 사악하게 하지 못하고, 빈천함도 그 절개를 흔들어놓지 못하며, 위세와 무력도 그 지조를 굽히게 할 수 없는 사람을 대장부라 이른다. / 맹자 『맹자』 「슬문공하(滕文公下)」
• 남는 재산이란 그 소유자가 공동체의 이익을 위하여 일생동안 관리할 의무가 있는 신성한 위탁물이다. / A. 카네기

"모든 일에 너그러움을 좇으면
그 복이 저절로 두터워진다."

萬事從寬
其福自厚

• 寬(관) : 너그럽다
• 厚(후) : 두텁다

---

• 지혜로운 사람이 되려면 무엇이든 너그럽게 볼 줄 알아야 한다. / W. 제임스

• 세상을 살아가는 데에는 한 걸음 양보하는 것이 최고이니, 물러서는 것이 곧 나아가는 바탕이 된다. 사람을 대함에는 조금이라도 너그러운 것이 바로 복이 되니, 남을 이롭게 하는 것은 실로 자기를 이롭게 하는 바탕인 것이다. / 홍자성 『채근담』

• 두 눈을 크게 뜨는 사람은 인생의 많은 부분이 잘될 것이다. 그런데 한 눈을 감을 줄 아는 사람은 더 잘된다. / J. W. v. 괴테

• 절영지회(絕纓之會) / 초(楚)의 장왕(莊王)은 전쟁이 끝나 부하들을 격려하기 위해 연회를 베풀었다. 주흥이 오르자 장왕은 애첩 허희를 시켜 장수들에게 술을 한 잔씩 따르게 했다. 절세미녀가 술을 따르자 장수들은 자신의 차례를 기다리며 술렁거렸는데 반쯤 돌았을 때 갑자기 큰 바람이 불고 불이 모두 꺼져 아무것도 보이지 않게 되었다. 그때 누군가 슬며시 허희를 뒤에서 끌어안았다. 불의의 추행을 당한 애첩은 왕에게 달려가 고하고 그 발칙한 놈의 갓끈을 잡아끊었으니 얼른 불을 켜 그 자를 찾아 혼내주라고 했다. 이에 장왕은 불을 켜지 않은 채 "오늘은 즐거운 날이니 격식을 벗고 모든 장수들은 갓끈을 끊어버리고 술을 마셔라." 하고 명령했다. 수년 후 진나라와의 전쟁터에서 장왕이 사로잡힐 위기에 처하게 됐다. 그때 한 장수가 목숨을 돌보지 않고 용맹스럽게 뛰어들어 장왕을 구하고 초의 군대는 승기를 잡았다. 장왕이 후한 상을 주려 하자 그 장수는 "저는 이미 큰 상을 받았는데 염치없이 어찌 또 받겠습니까?" 하며 전에 갓끈 끊긴 죄인이 바로 자신임을 밝혔다. 초나라는 계속 승승장구했고 장왕은 춘추시대의 5대 강자라 할 춘추오패(春秋五霸)의 한 사람으로 명성을 떨치게 됐다. 그 뒤 '갓끈을 끊고[絕纓] 격의 없이 즐기는 자리'가 남에게 너그러운 덕(德)을 베푸는 의미로 쓰이게 된 것이다. / 『열국지(列國志)』「초장왕편」

---

태공이 말했다.
"다른 사람을 알고 싶거든 먼저 자신을 헤아려보라.
남을 해치는 말은 도리어 자신을 해치게 된다.
피를 머금어 남에게 뿜으면 먼저 그 입이 더러워지는 법이다."

太公曰
欲量他人　先須自量
傷人之語　還是自傷
含血噴人　先汚其口

- 量(량) : 헤아리다
- 須(수) : 모름지기, 마땅히 ～해야 한다
- 還(환) : 도리어, 오히려. 환시(還是)- 도리어 ～이다

---

- 너 자신을 알라. / 소크라테스
- "너나 잘하세요." / 영화 「친절한 금자씨」에서 금자 씨가 출소하면서 교도소로 마중 나온 목사 등에게 한 말
- 남을 아는 사람을 지혜롭다 하지만 자기를 아는 사람이야말로 밝은 것이다. 남을 이기는 사람을 힘세다 하지만 자기를 이기는 사람이야말로 더욱 굳센 것이다 / 노자 「도덕경」 33장

"무릇 놀기만 하는 것은 삶에 도움이 안 되고,
오직 부지런해야만 공이 있게 된다."

凡戲 無益
惟勤 有功

- 凡(범) : 무릇, 모든, 범상하다
- 惟(유) : 보통은 '생각하다'의 뜻으로 쓰이나 '唯'와 마찬가지로 '오직'의 뜻으로 쓰이기도 한다.
- 功(공) : 이루어놓은 것, 애쓴 보람, 공로

---

- 인생은 자전거를 타는 것과 같다. 균형을 잡으려면 움직여야 한다. / A. 아인슈타인
- 근면은 행운의 어머니이다. / M. d. 세르반테스
- 근면은 빚을 갚고, 자포자기는 빚을 늘린다. / B. 프랭클린
- 일만하고 놀 줄 모르면 바보가 되고, 놀기만 하고 일은 안 하면 허수아비가 된다.
  / 영국 속담

---

태공이 말했다.
"오이 밭에서는 신을 고쳐 신지 말고
오얏나무 아래에서는 갓을 고쳐 쓰지 말라."

太公曰
瓜田不納履
李下不整冠

• 納履(납리) : 신을 신다. 일부 판본에는 '納' 대신 '躡'(밟을 섭, 신을 섭)으로 되어 있다.
• 整冠(정관) : 갓을 고쳐 쓰다. 일부 판본에는 '正冠'으로 되어 있다.
• 不(불,부) : '勿(물)'처럼 금지사로도 쓰인다

---

• 험담을 시작한 자로 오해받기 싫으면 험담을 피하라. / D. 카토
• 자기가 얼마나 자주 타인을 오해하는가를 자각하고 있다면 누구도 남들 앞에서
  함부로 말하지는 않을 것이다. / J. W. v. 괴테
• 그들의 모습을 보지 않으려고 내가 눈을 감으면 어떤 사람들은 내가 그들에게 윙
  크를 한다고 생각한다. / K. 지브란

『경행록』에서 말했다.

"마음은 편안히 해도 되지만 몸은 수고롭게 부리지 않으면 안 된다.
도(道)를 따라 즐겁게 살더라도 마음으로는 항상 염려해야 한다.
몸을 수고롭게 부리지 않으면 늘어져서 못 쓰게 되기 쉽고,
마음으로 염려하지 않으면 주색에 빠져서 불안정하게 된다.
그러므로 편안함도 수고로움을 통해서 얻어야 항상 좋을 수 있고,
삶의 즐거움도 마음고생을 해가며 얻어야 물리지 않게 된다.
참으로 편안하고 즐겁게 살고자 하는 사람이
어찌 걱정과 수고로움을 잊을 수 있겠는가."

景行錄曰
心可逸形不可不勞 道可樂心不可不憂
形不勞則怠惰易弊 心不憂則荒淫不定
故 逸生於勞而常休 樂生於憂而無厭
逸樂者憂勞 豈可忘乎

- 心可逸(심가일) : 마음을 편안히 해도 된다. 여기서 心은 주어가 아니라 逸의 목적어다. 이와 같이 목적어를 도치해서 '목적어+可+타동사'의 어순으로 쓰는 경우가 많이 있다. '可'와 '可以'는 모두 우리말로 '~할 수 있다'로 번역되지만, '可'는 '可以'와 달리 '~하는 것이 옳다'는 화자(話者)의 가치판단이 개입되어 있다.
- 形(형) : 육신, 몸, 형체. '心'은 보이지 않는 속마음을 말하고 '形'은 눈에 보이는 겉모습을 뜻한다.
- 不可不勞(불가불로) : 수고롭게 하지 않으면 안 된다. '不可不'을 붙여서 '수고롭게 하지 않을 수 없다'로 풀이할 수도 있다.
- 憂(우) : 근심하다, 걱정하다, 괴로워하다
- 怠惰(태타) : 몹시 게으르다
- 易弊(이폐) : 쉽게 허물어지다
- 荒淫(황음) : 함부로 음탕한 짓을 하다, 술과 여자에 빠지다
- 常休(상휴) : 항상 좋다. '休'에는 '좋다[善美]'의 뜻이 있음.
- 厭(염) : 싫어하다, 물리다
- 豈可忘乎(기가망호) : 어찌 잊을 수 있겠는가. 일부 판본에는 '其可忘乎'로 되어 있는데 '其'가 '豈'의 뜻으로 쓰이는 경우도 종종 있다.

---

- 걱정거리는 게으름에서, 힘든 일은 불필요한 안일에서 나온다. / B. 프랭클린
- 우리들의 게으름을 벌주기 위해 자기 자신의 실패 이외에도 타인의 성공이란 것이 만들어졌다. / J. 르나르
- 사람들은 게으름이 가장 큰 악덕 중의 하나임을 모르고 있다. 더러운 곳에 병균들이 들끓듯이 게으른 마음에 죄악이 스며드는 것이다. / 라 로슈푸코
- 삶에 대한 절망이 없으면 삶에 대한 애정도 없다. / A. 카뮈
- 재앙은 위험이 아니라 안일함 속에, 행운은 번영이 아니라 어려움 속에 있다. / 김시습

---

"귀로는 남을 비방하는 말을 듣지 않고,
눈으로는 남의 단점을 보지 않으며,
입으로는 남의 허물을 말하지 않아야 거의 군자라 할 수 있다."

耳不聞人之非
目不視人之短
口不言人之過
庶幾君子

• 非(비) : 비방(=誹), 그릇됨, 잘못
• 庶幾(서기) : 거의, ~와 가깝다, 바라건대

---

• 허물만 찾아내려는 자는 다른 것을 발견하지 못한다. / 서양 속담
• 남의 허물을 더러운 손가락으로 가리키지 마라. / 서양 속담
• 큰 업적을 남기는 사람들에게는 공통점이 있다. 곁에 늘 자신의 단점보다 장점을
  더 봐주고 격려해준 사람이 있다는 것이다. / 김주환 『그릿』

---

채백개(蔡伯喈)[8]가 말했다.
"기쁨과 노여움은 마음속에 있고 말은 입을 통해 나오는 것이다.
그러니 삼가지 않으면 안 된다."

蔡伯喈曰
喜怒在心 言出於口 不可不愼

- 不可不(불가불) : ~하지 않을 수 없다, ~하지 않으면 안 된다
- 愼(신) : 삼가다

---

- 한 마디 말을 내뱉기 전에 시간은 언제나 있다. 그러나 이미 쏟은 말을 돌이킬 시간은 없다. 말할 때는 유언을 하듯 하라. 말수가 적을수록 다툴 일도 적다. 비밀스러운 것은 항상 신(神)의 체취 같은 신비로움을 지니고 있다. 말할 때 경솔한 자는 결국 승복당하고 만다. / B. 그라시안
- 말을 하기 전에 다시 생각해 보라. 그리고는 그 말을 자신에게 해보라. / E. 허버드
- 네 마리 말이 끄는 빠른 수레도 사람의 혀에는 미치지 못한다[駟不及舌]. / 자공(子貢)(『논어』「안연」)
- 말은 영혼의 지표이자 거울이다. / T. W. 로버트슨

재여(宰予)<sup>9</sup>가 낮잠을 자는 것을 보고 공자가 말했다.
"썩은 나무로는 조각할 수 없고,
거름흙으로 만든 담은 흙손질로 다듬을 수가 없다."

宰予晝寢 子曰
朽木 不可雕也
糞土之牆 不可圬也

- 晝寢(주침) : 낮잠
- 雕(조) : 새기다, 조각하다
- 糞土(분토) : 더러운 흙, 거름흙
- 圬(오) : 흙손질하다. 오인(圬人) – 미장이. 『논어』 「공야장(公冶長)」에는 '杇'(흙손 오)로 되어 있다. '汚'로 되어 있는 판본도 있는데 이는 오식으로 보인다.

---

- 낮잠은 짧게 자거나 아예 자지 마라. / 라틴어 속담
- 지금 잠을 자면 꿈을 꾸지만 지금 공부를 하면 꿈을 이룬다. / 하버드대학교 도서관 표어
- 물이 흐르지 않으면 썩듯 게으름은 게으른 자의 몸을 망친다. / 오비디우스

---

자허원군(紫虛元君)[10]이 「성유심문(誠諭心文)」[11]에서 말했다.
"복(福)은 청렴하고 검소한 데서 생기고,
덕(德)은 자신을 낮추고 사양하는 데서 생기며,
도(道)는 평안하고 고요한 데서 생기고,
생명은 조화롭고 막힘이 없는 데서 자란다.
근심은 욕심이 많은 데서 생기고,
화(禍)는 탐냄이 많은 데서 생기며,
허물은 남을 업신여기고 교만한 데서 생기고,
죄악은 어질지 못한 데서 생긴다.

다른 사람의 그릇됨을 들춰보지 않도록 눈을 경계하고,
다른 사람의 단점을 떠벌리지 않도록 입을 경계하며,
탐내거나 성내지 않도록 마음을 경계하고,
나쁜 친구와 짝지어 다니지 않도록 몸을 경계하라.

유익하지 않은 말은 함부로 떠들어대지 말고,
나와 관계없는 일은 함부로 간여하지 말라.
임금을 우러르고 부모에게 효도하며,
웃어른을 공경하고 덕 있는 사람을 받들어라.

슬기로운 사람과 어리석은 사람을 분별하되
배우지 못한 사람을 너그러이 대하라.
순리대로 들어온 재물은 굳이 물리치지 말고,
이미 없어진 재물은 미련하게 뒤쫓지 말라.
자신이 좋은 때를 만나지 못했으면 바라지 말고,
이미 지나간 일은 생각하지 말라.

총명한 사람도 어리석을 때가 많이 있고,
잘 세워진 계획도 제대로 맞아떨어지지 않을 때가 있다.
남에게 손해를 입히면 결국 자기도 잃을 것이고,
권세에 의존하면 나중에 재앙이 함께 따르게 된다.

마음가짐을 삼가고, 원기를 잘 간직하라.
절제하지 않으면 집안을 망치게 되고,
청렴하지 않기 때문에 지위를 잃게 되는 것이다.

그대에게 평생을 두고 스스로 경계할 것을 권고하니,
가히 감탄하고 놀라고 두려워할 만하다.
위에서는 하늘의 거울이 내려다보고,
아래서는 땅의 신령이 살피고 있다.

밝은 곳에는 세 가지 법[12]이 서로 이어 있고,
어두운 곳에는 귀신들이 서로 따른다.

오직 바른 것을 지켜내야 하고 양심을 속여서는 안 되니,
이 점을 경계하고 또 경계하라.”

紫虛元君誠諭心文曰
福生於淸儉 德生於卑退 道生於安靜 命生於和暢
憂生於多慾 禍生於多貪 過生於輕慢 罪生於不仁
戒眼莫看他非 戒口莫談他短
戒心莫自貪嗔 戒身莫隨惡伴

無益之言 莫妄說 不干己事 莫妄爲
尊君王孝父母 敬尊長奉有德 別賢愚恕無識
物順來而勿拒 物旣去而勿追
身未遇而勿望 事已過而勿思
聰明多暗昧 算計失便宜 損人終自失 依勢禍相隨
戒之在心 守之在氣 爲不節而亡家 因不廉而失位

勸君自警於平生 可歎可警而可畏
上臨之以天鑑 下察之以地祇
明有三法相繼 暗有鬼神相隨
惟正可守 心不可欺 戒之戒之

- 淸儉(청검) : 청렴과 검소
- 卑退(비퇴) : 낮춤과 물러남(겸손)
- 和暢(화창) : 날씨나 바람이 온화하고 맑음, 조화롭고 막힌 데가 없음, 합치고 통함
- 憂(우) : 근심, 환난. '患'으로 되어 있는 판본도 있다.
- 輕慢(경만) : 교만한 마음에서 남을 하찮게 여김
- 不干己事(불간기사) : 자기에게 관계없는 일. 여기에서 '干'은 '간여하다', '관계되다'의 뜻임.
- 未遇(미우) : 때를 만나지 못하다, 불우한 처지에 놓이다
- 算計(산계) : 잘 세운 계획
- 地祇(지기) : 땅을 다스리는 신령

- 마음에 있지 않으면 보아도 보이지 않고, 들어도 들리지 않으며, 먹어도 그 맛을 알지 못한다. 그래서 몸을 닦는다는 것은 그 마음을 바르게 하는 데 달려 있다고 하는 것이다. / 『대학(大學)』「정심장(正心章)」
- 검소함은 편안하게 사는 길이고 사치는 재앙과 패망의 원인이다. / 정도전
- 자기가 서고자 하면 남을 먼저 서게 하고, 자기가 뜻을 이루고자 하면 남을 먼저 이루게 하라. / 공자 『논어』「옹야(雍也)」
- 자기보다 나은 사람에게서 받고 싶은 대접을 자기보다 못한 사람들에게 베풀어라. / L. A. 세네카
- 군자는 자기가 아는 것을 가지고 다른 사람이 모른다고 비웃어서는 안 된다. / 공자『공자가어』
- 이미 이루어진 일은 말하지 않고, 이미 끝난 일은 간(諫)하지 않으며, 이미 지나간 일은 탓하지 않는다. / 공자 『논어』「팔일(八佾)」
- 사람이 오래 살고자 하면 언어를 삼가며 음식을 절제하고 탐욕을 덜어내야 한다. 잠을 가볍게 여기고 희로애락도 절도를 벗어나선 안 된다. 대개 언어에 법도가 없으면 허물과 근심이 생기고 음식이 때를 잃으면 고달프고 수고스러우며 탐욕이 심하면 위태롭고 혼란한 일이 생긴다. 잠이 많으면 게으르고 희로애락의 기복이 심하면 그 성품을 보전하지 못한다. 이 다섯 가지 절도를 잃으면 참 원기(元氣)가 소모돼서 날로 죽음에 이르고 말 것이다. / 김시습
- 근심과 답답함 속에서도 대범한 도량과 기백을 가지고 있으면, 마음이 봄바람처럼 따사로움으로 가득하게 되어 근심이 다 사라지게 된다. 어두워 앞이 보이지 않는 상황에서도 밝은 세상을 볼 수 있으면 마음은 푸른 하늘의 해처럼 밝고 명랑할 것이다. / 왕영빈(王永彬) 『위로야화(圍爐夜話)』

# 제5편 주(註)

**1** 『성리서(性理書)』

중국 명(明)나라 때 호광(胡廣) 등이 어명을 받아 명 이전 왕조였던 송(宋)·원(元) 시대의 성리학자 120여 명이 논한 학설들을 모아 편찬한 책이다. '성리(性理)'란 정이(程頤)가 '본성은 곧 천리이다.'라고 말한 명제에서 비롯된 것인데, 송대의 유가철학사상이 인간의 심성과 하늘의 이치를 논하는 것을 위주로 하였기 때문에 '성리학'이라는 명칭이 생겼다.

**2** 그의 시

그의 시(其詩)의 '그'는 소옹(邵雍; 강절 소 선생)이 아니라 그가 쓴 「무명공전(無名公傳)」의 '무명공'이다. 소옹은 자연의 이치로서의 태극(太極)을 '무명공'으로 의인화하여 시(詩)의 형식을 빌려 사람들에게 선행을 하도록 촉구하였다. 결국 소옹이 무명공의 입을 통해 자기 말을 한 셈이다.

**3** 손진인(孫眞人)

손씨(孫氏) 성을 가진 진인(眞人)이라는 뜻인데, 진인은 도교에서 참된 삶을 깨달아 도를 깨우친 사람을 말한다. 당나라의 의술가 손사막(孫思邈)이라는 설도 있으나 전거가 명확하지 않다.

**4** 『양생명(養生銘)』

몸과 마음을 건강하게 보존하며 기르는 법을 적은 짧은 글을 말함. '명(銘)'은 기물에 글을 새겨 넣는다는 뜻을 의미하는 한문문체의 하나로서, 사적(史蹟)을 기록하고 동시에 그 사적을 이룩한 사람의 공로를 찬양한 경우가 많은데, 잠언(箴言)의 경우처럼 자신이나 혹은 다른 사람을 경계하는 뜻을 담은 글도 있다.

**5** 『근사록(近思錄)』

중국 송나라 때 주희(朱熹)와 여조겸(呂祖謙)이 주돈이(周敦頤)·정호(程顥)·정이(程頤)·장재(張載) 등 네 학자의 글에서 학문의 중심문제들과 일상생활에 요긴한 부분들을 뽑아 편집한 책으로서 새로운 유학의 생활 및 학문 지침이 되도록 한 것임. 제목의 '근사'는 『논어』의 "널리 배우고 뜻을 굳건히 하며, 간절하게 묻고 가까이 있는 것부터 생각해라[博學而篤志 切問而近思]. 인(仁)이 그 속에 있다."라는 구절에서 따온 것이다(제9편 1장 참조). 즉, 구체적 현실에서 도리를 생각해낸다는 의미이다.

**6** 『이견지(夷堅志)』

중국 송나라의 홍매(洪邁; 1123~1202)가 엮은 설화집이다. 송나라 초기부터 그의 생존 당시까지 민간에서 일어난 기이한 사건이나 괴담을 모은 책으로, 당시의 사회·풍속 따위의 자료가 풍부하다. 여기서 '이견'이란 옛날 박물군자(博物君子; 온갖 사물에 정통한 사람)의 이름이라고 한다.

**7** 순자(荀子)

중국 전국시대 말기의 사상가 순황(荀況; BC 298~238?)의 존칭이며, 그의 자는 경(卿)이다.

맹자의 성선설(性善說)을 비판하여 성악설(性惡說)을 내세웠다. 즉, 인간의 타고난 성품은 악한데, 그것을 예(禮)와 의(義)를 통하여 바로잡아야 선하게 된다고 주장했다(현대에 이르러서 순자의 '성악설'은 단순히 인간성을 불신하는 이론이라기보다 '주체의 실천의지', 즉 선해지려는 인간의 노력을 강조한 것으로 보는 경향이 있다). 예를 강조한 점에서 유학 사상의 발달에 큰 영향을 끼쳤고, 또한 순자는 실용주의자로서 실생활과 무관한 자연변괴 현상 등 불요불급한 사안에 관한 논변은 피하고자 했다. 한비·이사(李斯) 등이 그의 제자이고, 저서로는 『순자』가 있다.

**8**

### 채백개(蔡伯喈)

중국 후한(後漢) 말의 학자 채옹(蔡邕, 132~192)을 말함. 백개는 그의 자임. 하남(河南) 사람으로 영제(靈帝)의 고문을 지냈고, 헌제(獻帝) 때 좌중랑장(左中郎將)에 임명되었기에 후인들이 그를 '채중랑(蔡中郎)'이라 불렀다. 박학하고 시문(詩文)에 능하며, 서예의 기법인 비백체(飛白體)의 창시자이기도하고, 수학·천문·음악 등에도 뛰어났다고 한다. 저서로는 『독단(獨斷)』이 있다.

**9**

### 재여(宰予)

재여(BC 522~BC 458)는 중국 춘추 시대 노(魯)나라 사람으로 공자의 제자 가운데 학행이 뛰어난 이른바 '공문십철(孔門十哲)' 중 한 사람임. 자는 자아(子我) 또는 재아(宰我)임. 언변이 뛰어났다고 하며, 석전(釋奠) 때 제4위인 제공(齊公)으로 모셔진다.

**10**

### 자허원군(紫虛元君)

자허원군은 위부인(魏夫人)을 가리키는데, 이름은 화존(華存), 자는 현안(賢安)임. 자허(紫虛)는 구름 낀 하늘에 햇빛이 비칠 때의 모습을 말하는데 도교에서 신선세계를 말할 때 이 표현을 많이 썼다. 원군(元君)은 도교에서 받드는 여자 신선을 말한다(남자 신선은 진인(眞人)). 『신선통감(神仙統鑑)』에 따르면 위부인은 진(晉)의 사도(司徒)인 위서(魏舒)의 딸로서 어려서부터 도교를 따랐다고 한다.

**11**

### 「성유심문(誠諭心文)」

'정성껏 마음을 깨우치는 글'이라는 뜻으로 문장의 이름임. 일종의 자경문(自警文)과 같은 것으로 볼 수 있다. 스스로를 경계하여 마음을 가다듬는 글인 자경문에는 크게 두 가지가 있다. 불가에서 수행자가 스스로 몸과 입과 뜻을 항상 경계하기 위하여 초심문(初心文)·발심문(發心文)과 함께 처음에 공부하는 책(고려 후기의 승려 각우(覺牛)가 지었다고 함)이 그 하나요, 다른 하나는 선비나 학자가 자신을 경계하기 위하여 쓴 짧은 글인데, 이이(李珥)가 자기의 뜻을 크게 가져 성인(聖人)이 되기 위한 준칙으로 삼아야 할 것이라며 과언(寡言)·정심(定心)·근독(謹獨) 등 11가지 스스로 경계한 글이 대표적이다.

**12**

### 세 가지 법

'세 가지 법(三法)'이란 우리가 사는 밝은 세상을 규율하는 경(輕; 가벼운)·중(中; 중간의)·중(重; 무거운) 율법을 의미한다. 일부 판본에는 '王法'으로 되어 있는데 잘못 각인된 것으로 보인다.

# 제6편
# 주어진 분수를 편안히 받아들이자
# 〔安分〕

이 세상을 자기 욕심 다 채우면서 살 수는 없다.

어느 정도의 욕망은 자기 발전의 요인이 되기도 하지만 탐욕은 끝없는 좌절감과 불만에 빠져드는 원인이 된다.

'안분(安分)'이란 주어진 분수를 편안하게 받아들이는 것이다.

이 편에서는 자신이 가진 것에 만족하고 제 자리를 찾아 분수를 지키는 삶이 우리를 행복으로 이끈다는 것을 일러준다.

『경행록』에서 말했다.

"만족할 줄 알면 즐거울 수 있을 것이요,
탐욕을 채우려고 하면 걱정스럽기만 할 뿐이다."

景行錄 云
知足可樂 務貪則憂

• 知足(지족) : 만족할 줄 알다
• 務貪(무탐) : 탐욕에 힘쓰다, 탐욕을 좇다

---

• 재앙은 만족을 모르는 것보다 더 큰 것이 없고, 허물은 얻으려고 욕심 부리는 것보다 더 큰 것이 없다. / 노자 『도덕경』 46장
• 만족은 재산을 늘리는 데 있지 않고 욕망을 줄이는 데 있다. / T. 풀러
• 만족으로 자신을 방어하라. 만족은 절대 무너지지 않는 요새이기 때문이다. / 에픽테투스
• 탐욕은 결코 만족에 이를 수 없는 욕구를 만족시키기 위해서 끝없이 노력하는 가운데 그를 지쳐버리게 하는 바닥 없는 함정과 같은 것이다. / E. 프롬 『자유로부터의 도피』
• 충분한데도 적다고 하는 사람은 무엇에도 만족할 줄을 모른다. / 에피쿠로스

---

"만족할 줄 아는 사람은
가난하고 비천해도 즐겁게 살 것이요,
만족할 줄 모르는 사람은
부유하고 지위가 높아져도 역시 걱정스럽게 살게 된다."

知足者 貧賤亦樂
不知足者 富貴亦憂

---

• 만족할 줄 아는 사람은 마음이 평온하고 만족할 줄 모르는 사람은 마음이 언제나
어지럽다. / 석가모니
• 자신이 불행하다고 생각하는 사람에게는 모든 상태가 불행한 것이지만, 만족하는
사람에게는 모든 상태가 행복한 것이다. / A. 보에티우스
• 지나침이 어떤 것인지(what is more than enough)를 알아야 충분함이 어떤 것인
지(what is enough)를 알 수 있다. / W. 블레이크

---

"분수에 넘치는 생각은 단지 정신을 상하게 할 뿐이고,
망령된 행동은 도리어 재앙만 불러일으킨다."

濫想徒傷神
妄動反致禍

- 濫想(남상) : 지나친 생각, 외람된 생각
- 徒(도) : 다만, 단지, 헛되이
- 致禍(치화) : 화에 이르다, 재앙을 부르다

---

- 하늘 끝까지 올라가 내려올 줄 모르는 용은 반드시 후회하게 된다[亢龍有悔]. /『주역』「효사(爻辭)」
- 참된 겸손은 만족하는 것이다. / H. F. 아미엘
- 사랑하는 것을 손에 넣을 수 없다면, 손닿는 곳에 있는 것을 사랑하라. / 프랑스 속담
- 성공하지 못할 일은 하지도 말고 얻지 못할 물건은 바라지도 말라. / 관중(管仲)『관자(管子)』

---

"만족할 줄 알아서 늘 만족해하면 평생 욕된 일을 당하지 아니하고, 그칠 줄 알아서 늘 어느 정도에서 그치면 평생 부끄러운 일을 당하지 아니한다."

知足常足 終身不辱
知止常止 終身無恥

• 恥(치) : '恥'(부끄러울 치)의 속자(俗字)

---

• 세상에서 제일 위대한 것은 스스로 만족할 줄 아는 것이다. / M. 몽테뉴
• 누구나 제1바이올린 연주자가 되려고 한다면 협주곡 연주는 불가능하다. 따라서 제 자리를 지키는 모든 음악가를 존중하라. / R. A. 슈만
• 딸기가 딸기 맛을 지니고 있듯 삶은 행복이란 맛을 지니고 있다. / 알랭
• 현재 부귀하면 부귀한 처지에 알맞게 행동하고, 현재 빈천하면 빈천한 처지에 알맞게 행동하며, 현재 오랑캐 속에 있으면 오랑캐에 알맞게 처신하고, 현재 환난의 한가운데에 있으면 그 상황에 알맞게 행동하니, 그래서 군자는 들어가는 곳마다 스스로 만족하지 않음이 없는 것이다. / 자사(子思)『중용』
• 사람은 부끄러워하는 마음이 없어서는 안 된다. 부끄러워함이 없음을 부끄럽게 여길 줄 안다면 부끄러워할 일이 없을 것이다[人不可以無恥 無恥之恥 無恥矣] / 맹자『맹자』「진심하(盡心下)」

---

『서경(書經)』[2]에서 말했다.
"가득 차면 덜어냄을 부르고
겸허히 비우면 더함을 받게 마련이다."

# 書曰
# 滿招損 謙受益

- 滿(만) : 가득 차다, 자만하다
- 損(손) : 덜다, 줄다, 손해를 보다
- 謙(겸) : (겸허하게 사양하여) 빈자리를 남겨두다, 겸손하다

---

- 겸손하라! 이는 남에게 가장 해를 주지 않을 만한 자존심이다. / J. 르나르
- 달은 차면 기울고 사물은 성하면 곧 쇠한다. / 유향『전국책(戰國策)』
- 겸손은 모든 미덕의 기초이다. / P. J. 베일리
- 행운을 만나면 겸손해지고 불운을 만나면 신중해져라. / 페리안드로스
- 올라가기를 바란다면 내려오는 것부터 시작하라. 하늘 꼭대기까지 높은 탑을 세우려고 한다면 먼저 겸손의 초석을 쌓아라. / A. 아우구스티누스

「안분음(安分吟)」³에서 말했다,
"편안한 마음으로 분수를 지키면 몸에 욕됨이 없을 것이요,
세상 돌아가는 형세를 알면 마음이 절로 느긋해지니,
비록 사람이 사는 세상에 살더라도
도리어 인간 세상에서 벗어나 있는 것과 같다."

安分吟曰
安分身無辱 知機心自閑
雖居人世上 却是出人間

• 機(기) : 미처 드러나지 않은 기미, 조짐, 형세
• 却是(각시) : 도리어 ~이다
• 人間(인간) : 사람이 사는 세상

• 눈앞에 닥친 모든 일은 만족할 줄 아는 사람에게는 신선의 경지이지만 만족할 줄 모르는 사람에게는 평범한 경지다. / 홍자성 『채근담』
• 성긴 대숲에 바람이 불어오되, 바람이 지나가면 대숲은 소리를 머금지 아니하고, 차가운 연못 위로 기러기 날아가되, 기러기 지나가면 연못에 그림자를 붙들지 않는다. 그러므로 군자는 일이 생기면 비로소 마음이 일고, 일이 끝나면 마음도 따라서 빈다. / 홍자성 『채근담』

공자가 말했다.
"그러한 일을 할 만한 지위에 있지 아니하면
그 일에 관하여 이렇다저렇다 논의하지 말라."

子曰
不在其位 不謀其政

• 謀(모) : 꾀하다, 논의하다
• 政(정) : 정사, 직무, 지위에 따른 여러 일

---

• 남의 일에 참견하지 말라(aliena noli curare). / 로마 격언
• 이제껏 나에게 최대의 손해를 준 것은 공연한 참견이다. / L. 톨스토이
• 한 집안에서 싸우는 사람이 있으면 머리칼을 풀어헤치고 갓끈을 잡아매가면서 급히 가서 구해주더라도 괜찮지만, 이웃 사람이 싸우는데 머리칼을 풀어헤치고 갓끈을 잡아매면서 급히 가서 구해준다면 그것은 잘못된 생각이다. 그럴 때에는 문을 닫고 있더라도 괜찮다. / 맹자
• 사돈집 잔치에 감 놓아라 배 놓아라 한다. / 한국 속담
• 개인 생활에 너무 자세히 간섭하는 것은 좋은 정치가 아니다. / 김구(金九)

---

## 제6편 주(註)

**1**
"만족할 줄 알아서 늘 만족해하면 평생 욕된 일을 당하지 아니하고, 그칠 줄 알아서 늘 어느 정도에서 그치면 평생 부끄러운 일을 당하지 아니한다."
노자도 『도덕경』 44장에서 "만족할 줄 알면 욕되지 않고, 그칠 줄 알면 위태롭지 않다[知足不辱 知止不殆]."라고 했다.

**2**
『서경(書經)』
'서(書)'는 유교 경전 『서경』을 말한다. 오경(五經) 중의 하나로, 중국 상고시대 정치의 기록임. 고대에도 사관(史官)이 있어 나라 안에서 일어나는 모든 정치적 상황이나 사회변동·문물제도 등을 낱낱이 문자로 기록하였다고 하는데, 옛날에는 그저 '서(書)'라 했으며, 때로는 왕조의 이름을 위에 얹어 '우서(虞書)'·'하서(夏書)' 등으로 일컫기도 하였음. 공자는 이 서를 대단히 중히여겨 번잡한 것을 정리해 다시 편찬했다는 설이 있으며, 시(詩)와 더불어 제자들의 교육에 핵심적인 교과 과정으로 삼았던 것으로 보인다.

**3**
「안분음(安分吟)」
중국 북송(北宋)의 성리학자 소옹(邵雍)이 엮은 『이천격양집(伊川擊壤集)』에 실려 있는 시로서, 그 내용은 자기 분수에 만족하여 마음 편안히 살아가는 생활을 노래한 것이다. 음(吟)은 시체(詩體)의 이름임.

# 제7편
# 마음을 잘 보존하자
# [存心]

존심(存心)은 『맹자』「진심상(盡心上)」의 '存其心 養其性 所以事天也'(마음을 보존하여 그 본성을 기르는 것이 하늘을 섬기는 것이다)에서 유래하는 것으로, 사람의 욕망 따위에 의해서 본심을 해치는 일이 없이 항상 그 본연의 상태를 지키는 것을 말한다. 유가(儒家)에서는 존심을 중요한 실천명제 중 하나로 삼고 있다.

선천적으로 내재하는 도덕성을 기르는 것이 마침내는 하늘에 통하는 길이 된다는 사고방식을 바탕으로 하여, 이 편에서는 마음을 반듯하게 닦아 풍요로움을 누리는 그런 삶의 태도를 갖게 하는 길을 안내하고 있다.

『경행록』에서 말했다.
"밀실에 앉아 있어도 마치 탁 트인 네거리에 있는 듯이 하고,
작은 마음 다스리기를 마치 여섯 필의 말을 부리듯 하면
허물을 면할 수 있다."

景行錄 云
坐密室 如通衢
馭寸心 如六馬
可免過

- 通衢(통구) : 왕래가 빈번한 큰 거리, 사방(四方)으로 통하여 교통이 편리한 네거리
- 馭(어) : 말을 부리다, 다스리다
- 寸心(촌심) : 속으로 품은 작은 뜻. '方寸之心'의 줄임말이라고 볼 수도 있는데, '方寸'은 원래 사방 한 치의 좁은 공간을 말하지만, 사람의 마음은 가슴속의 한 치 사방의 넓이에 깃들어 있다는 생각에서 '마음'을 그렇게 표현하기도 함.
- 六馬(육마) : 수레를 끄는 여섯 마리의 말. 임금의 마차를 비유적으로 이르기도 함.

---

- 숨은 것보다 더 잘 드러나는 것은 없으며, 미세한 것보다 더 잘 나타나는 것은 없다. 그러므로 군자는 홀로 있을 때 삼가는 것이다[君子愼其獨也]. / 자사「중용」
- 사회는 가면무도회인데 사람들은 자신의 정체를 감추지만 감추는 행동을 통해 그것을 드러낸다. / R. W. 에머슨
- 근본원리가 의지할 곳은 마음뿐이고 마음이 의지할 곳은 성실함뿐이다. / 조광조

「격양시(擊壤詩)」[1]에서 말했다.
"만일 부귀를 지혜의 힘으로써 구할 수 있다면
중니(仲尼; 공자의 자)도 젊은 나이에
마땅히 제후에 봉해졌을 것이다.
세상 사람들은 푸른 하늘의 뜻은 알지도 못하고
헛되이 몸과 마음을 써 밤늦도록 근심만 하는구나."

擊壤詩 云
富貴如將智力求 仲尼年少合封侯
世人不解靑天意 空使身心半夜愁

- 如(여) : 만일 ~한다면(=若)
- 將(장) : '장차, 만일, 거느리다'의 뜻이 일반적이지만 여기서는 '~으로써'로 해석하는 것이 좋을 듯하다('以'와 같음)
- 合(합) : 가(可)하다, 맞다, 마땅히
- 靑天(청천) : 푸른 하늘. 하느님 또는 초자연적인 절대자를 지칭함.
- 空(공) : 헛되이, 부질없이
- 半夜(반야) : 한밤중

---

- 위로는 하늘이 있고, 지상에는 어려움 · 근심 · 슬픔뿐이다. / 셰익스피어
- 곧은 선비는 행운을 구하는 데 무심하니, 하늘이 그의 무심한 마음을 찾아가 행운의 문을 열어준다. / 홍자성 『채근담』
- 걱정의 40%는 절대 현실로 일어나지 않는다. 걱정의 30%는 이미 일어난 일에 대한 것이다. 걱정의 22%는 사소한 고민이다. 걱정의 4%는 우리 힘으로는 어쩔 도리가 없는 일이다. 나머지 4%는 우리가 바꿔 놓을 수 있는 일에 대한 걱정이다. / E. 젤린스키

범충선공(范忠宣公)²이 자제를 훈계하여 말했다.
"사람은 자기는 매우 어리석을지라도 남을 책망하는 데에는 밝고,
아무리 똑똑한 사람이라도 자신을 용서함에는 흐리멍덩한 법이다.
너희들은 마땅히 남을 책망하는 마음으로써 자기를 꾸짖고,
자기에게 너그러이 대하는 마음으로써 남을 용서해야 한다.
그러면 성현의 경지에 이르지 못할까 걱정할 필요가 없겠구나."

范忠宣公 戒子弟曰
人雖至愚 責人則明 雖有聰明 恕己則昏
爾曹 但當以責人之心 責己 恕己之心 恕人
則不患不到聖賢地位也

• 昏 : 어둡다, (눈이)흐리다. 여기서는 자기 자신의 잘못을 명확히 하지 아니하고 흐리멍덩 넘기려고 하는 마음가짐을 뜻하는 것이다.
• 爾曹(이조) : 너희들
• 不患不到(불환부도) : 이르지 못할 것을 걱정하지 않는다(걱정할 것이 없다)

---

• 군자는 남의 훌륭한 점을 더욱 빛나게 해주고 남의 나쁜 점은 굳이 드러나지 않도록 배려한다. 그러나 소인은 이와 반대로 한다. / 공자『논어』「안연」
• 용서는 남에게는 자주 베풀지만 자기 자신에게는 결코 베풀지 말라. / P. 시루스
• 그 때에 베드로가 예수께 와서 "주님, 제 형제가 저에게 잘못을 저지르면 몇 번이나 용서해 주어야 합니까? 일곱 번이면 되겠습니까?" 하고 묻자 예수께서는 이렇게 대답하셨다. "일곱 번뿐 아니라 일곱 번씩 일흔 번이라도 용서하여라." / 마태오 18:21~22
• 우리가 용서하는 게 아니다. 우리는 발견할 뿐이다. 용서받았다는 사실, 그리고 우리가 용서했다는 사실을 발견한다. … 우리는 용서하고자 마음을 열 때에만 용서받으며, 또 용서받아야만 용서할 수 있다. / E. 커츠 · K. 케첨『불완전함의 영성』
• 내게 상처를 준 자를 용서하기 위해서는 먼저 나 자신을 용서할 필요가 있다. / 송봉모『상처와 용서』

---

공자가 말했다.

"똑똑하고 슬기로워도 어리석어 보임으로써 이를 지켜야 하고,

공이 천하를 덮을 만하더라도 겸양하는 마음으로 이를 지켜야 하며,

용맹스러운 힘이 세상에 떨칠지라도 늘 조심스러워함으로써 이를 지켜야 하고,

부유하여 온 천하를 차지하고 있다 하더라도 겸손한 마음으로 이를 지켜야 한다."[3]

## 子曰
## 聰明思睿 守之以愚 功被天下 守之以讓
## 勇力振世 守之以怯 富有四海 守之以謙

- 睿(예) : 슬기롭다, 사리에 밝다
- 怯(겁) : 겁내다, 두려워하다, 조심스러워하다
- 有(유) : 가지다, 독차지하다
- 四海(사해) : 사방의 바다, 온 세상, 온 천하

---

- 현명한 사람은 바보처럼 보이는 것이 유리하다. / 아이스킬로스 『포박된 프로메테우스』
- 능란한 상인은 물품을 깊이 간직해 두고서 겉으로는 통 아무것도 없는 듯이 하고, 군자는 안에 성덕(盛德)이 있으면서 용모는 어리석은 사람처럼 보이게 한다[良賈深藏若虛 君子盛德容貌若愚]. / 노자『사기』「노담열전」
- 선을 행하는 단초는 끝이 없지만, '양(讓)' 자 하나만 알면 사람들과 함께할 수 있다. 입신의 도는 무궁하지만, '경(敬)' 자 하나만 얻으면 모든 일이 잘 마무리된다. / 왕영빈 『위로야화』
- 공명심이 강한 선비는 겸양의 덕도 아울러 지녀야만 비로소 남의 질투를 받지 않게 된다. / 홍자성『채근담』
- 겸손은 가장 얻기 어려운 미덕이다. 자기 자신을 높이 생각하려는 욕망만큼 여간해서 가라앉지 않는 것은 없다. / T. S. 엘리엇
- 일어나기 위해서 몸을 굽히는 것, 사랑의 길은 언제나 그렇다. / R. 브라우닝

---

『소서(素書)』에서 말했다.
"조금 베풀고 많은 것을 바라는 사람은 그 보답을 받지 못하고,
높은 자리에 오르고 나서 미천했던 때를 잊는 사람은 그 귀함이 오래
가지 못한다."

素書 云
薄施厚望者 不報
貴而忘賤者 不久

• 薄施(박시) : 조금 베풀다
• 厚望(후망) : 많이 바라다

• 몰래 선행을 베풀고 그것이 유명해지면 부끄러워하라. / A. 포프
• 개구리가 올챙이 적 생각을 못 한다. / 한국 속담

"은혜를 베풀되 그 보답을 바라지 말고,
남에게 주었거든 나중에 그것을 후회하지 말라."

施恩勿求報
與人勿追悔

• 施恩(시은) : 은혜를 베풀다
• 追悔(추회) : 지난 일을 뉘우치다

---

• 남에게 베풀면서 그 보답을 따지지 말라. 보답에 대해 시비하면 베푼 마음마저 허사가 된다. / 홍자성『채근담』
• 나는 선행을 후회하지 않았고 앞으로도 후회하지 않을 것이다. / W. 셰익스피어
• 준다는 것의 내적 가치가 소중한 것이며, 그것은 모든 것을 나누어 갖는 마음의 준비, 주저하지 않고 자기를 주는 데 있다. / 요한 바오로 2세
• 어떤 사람도 자신이 받은 것으로 인하여 존경받지는 못한다. 존경이란 자신이 준 것에 대한 보상이다. / C. 쿨리지

---

손사막(孫思邈)[5]이 말했다.
"담력은 크게 가지되 마음 씀은 늘 섬세해야 하고,
지식은 두루두루 갖추되 행동은 곧게 해야 한다."

孫思邈曰
膽欲大而心欲小
知欲圓而行欲方

• 圓(원) : 원만하다, 치우치지 않다, 두루두루 갖추다
• 方(방) : 바르다, 곧다, 어긋남이 없다

---

• 무엇보다도 네 마음을 지켜라. 거기에서 생명의 샘이 흘러나온다. / 잠언 4:23
• 내가 가지고 있는 모든 지식은 조금만 노력하면 누구나 습득할 수 있지만, 나의 마음만은 오직 내 자신의 것이다. / J. W. v. 괴테
• 아는 것이 적으면 사랑하는 것도 적다. / L. 다 빈치
• 당신이 좋은 책을 읽고 지식을 얻는 것은 남을 업신여기기 위한 것이 아니다. 그것은 남을 도울 수 있고 남에게 무엇인가 줄 수 있는 힘을 얻기 위한 것이라고 생각한다. 고독의 창문을 열고 보라. 배운 것을 실제로 사용할 데가 많다. / 에픽테토스
• 나는 내가 할 수 있다고 생각하는 것을 기준으로 판단하는 반면에 다른 사람들은 내가 한 행적을 기준으로 나를 판단한다. / H. W. 롱펠로우

"생각할 때마다 반드시 전쟁터에 나가는 날처럼 조심해야 하고,
마음 쓸 때마다 늘 다리를 건널 때처럼 신중해야 한다."

念念要如臨戰日
心心常似過橋時

• 念念(염념)·心心(심심) : 명사를 중첩해 써서 '모든', '~마다'의 뜻을 나타낸다.
• 似(사) : 같다(=如)

---

• 무엇을 해도 좋은지가 아니라 무엇을 해야만 하는지 생각하라. / 클라우디아누스
• 세상의 이치는 생각하면 얻고 생각하지 않으면 잃는다. / 정도전
• 첫 번째 원칙은 평온한 마음을 유지하는 것이다. 두 번째 원칙은 상황을 똑바로 마주하고 정확히 이해하는 것이다. / M. 아우렐리우스
• 마음은 치밀해야만 하지만 자질구레한 것에 구애되어서는 안 된다. / 홍자성 「채근담」

"법을 어길까 조심하면 아침마다 즐거울 것이요,
공적인 일에 속임수를 쓰면 날마다 근심스럽게 지내게 된다."

## 懼法朝朝樂
## 欺公日日憂

- 懼法(구법) : 법을 두려워하다, 법을 조심하다
- 欺公(기공) : 나랏일을 속이다, 공사에 속임수를 쓰다

---

- 법은 공동체를 돌보는 자가 만든, 공동의 이익을 위한 이성의 명령이다. / T. 아퀴 나스
- 우리가 만일 국법에 복종하지 않는다면 그것은 삼중의 부정을 범하는 것이 된다. 곧 자기 삶을 부여한 자에게 복종하지 않는 것이요, 자기를 양육한 자에게 복종하지 않는 것이요, 복종하기로 약속해 놓고 이에 복종하지 않는 것이 된다. / 소크라테스
- 공무집행에 개인적 고려가 개입되어서는 안 된다. / U. S. 그랜트

---

주문공(朱文公)[6]이 말했다.
"입 지키기를 병에 마개 하듯이 하고,
사사로운 마음 막기를 성 지키듯이 하라."

朱文公曰
守口如瓶 防意如城

• 意(의) : 뜻, 사사로운 마음, 사념(邪念), 사욕(私慾)

---

• 입으로 들어가는 것이 사람을 더럽히지 않는다. 오히려 입에서 나오는 것이 사람을 더럽힌다. / 마태오 15:11
• 생각 없이 말하는 것은 겨냥하지 않고 쏘는 것이다. / 서양 격언
• 나는 많이 보고 적게 말하고 더욱 적게 행동한다. / J. 헤이우드
• 입은 마음의 문이니 입을 철저히 지키지 못하면 마음의 참 기틀이 다 누설될 것이요, 뜻은 곧 마음의 발이니 뜻을 철저히 막지 못하면 모두 사악한 길로 달려갈 것이다. / 홍자성 『채근담』

---

"마음속으로 남을 저버리지 않았으면
얼굴에도 부끄러운 기색이 드러나지 않는다."

# 心不負人 面無慙色

- 負(부) : 저버리다, 지다
- 慙色(참색) : 부끄러운 기색

---

- 마음이 좋아야 사람이 좋고, 사람이 좋아야 말이 좋게 마련이다. / 정조(正祖)『홍재전서(弘齋全書)』「훈어(訓語)」
- 얼굴은 마음의 초상화이고 눈은 마음의 명세서다. / M. T. 키케로
- 사람의 얼굴은 하나의 풍경이다. 한 권의 책이다. 용모는 결코 거짓말을 하지 않는다. / H. d. 발자크

---

"사람은 백 살을 살지도 못하건만
부질없이 천년의 계획을 세운다."

# 人無百歲人 枉作千年計

- 枉(왕) : 굽다, 사특하다, 헛되이, 부질없이
- 計(계) : 꾀, 계책, 계획

---

- 우리는 모든 것이 유한한 존재인데도 모든 것을 두려워 한다. 그리고 자기 자신은 영원한 존재라도 되는 듯 모든 것을 바란다. / 라 로슈푸코 『잠언과 성찰』
- 인간은 일을 계획하고 신은 성패를 가르신다. / 토마스 아 켐피스
- 덧없는 인생은 한갓 꿈만 같다[浮生若夢]. / 이백(李白)
- 행복하게 살았다고 말할 수 있는 사람, 자기 생애에 대해 만족한 채 손님처럼 이승을 떠날 수 있는 사람은 매우 드물다. / 호라티우스

---

구래공(寇萊公)[7]이 「육회명(六悔銘)」[8]에서 말했다.

"공직자가 사사로이 옳지 않게 일 처리를 하면 공직을 잃고 나서 후회하게 되고,

돈이 많을 때 아껴 쓰지 않으면 가난해지고 나서 후회하게 되며,

재주를 어릴 때 배우지 않으면 나이 들어서 후회하게 되고,

일을 보고 제때 배우지 않으면 정작 필요할 때 후회하게 되며,

술에 취해서 함부로 지껄이면 깨어나고 나서 후회하게 되고,

몸이 편안할 때 적절히 쉬지 않으면 병이 들고 나서 후회할 것이다."

寇萊公 六悔銘 云
官行私曲 失時悔 富不儉用 貧時悔
藝不少學 過時悔 見事不學 用時悔
醉後狂言 醒時悔 安不將息 病時悔

- 私曲(사곡) : 사적으로 치우쳐 옳지 않음
- 醒(성) : 술이 깨다
- 將息(장식) : 휴식을 취하다. '將'에는 '행하다', '취하다'의 뜻이 있다.

- 너무 적게 먹었다고 후회하는 일은 결코 없다. / T. 제퍼슨
- 스스로 저지른 낭비는 가난의 후회를 초래한다. / T. 풀러
- 사람이 평생 가장 크게 후회하는 어리석은 짓들은 호기를 만났으면서도 저지르지 않았던 것들이다. / H. 롤런드
- "지금부터 20년 뒤 여러분은 잘못하여 후회하는 일보다 하지 않아서 후회하는 일이 더 많을 것입니다. 밧줄을 던져 버리고 안전한 항구에서 벗어나 멀리 항해하십시오. 무역풍을 타고 나가십시오. 탐험합시다. 꿈을 꿉시다. 발견합시다." / M. 트웨인
- 어떤 사람은 18세에 늙고, 어떤 사람은 90세에도 젊다. 시간이란 사람이 만들어낸 개념일 뿐이다. / 오노 요코
- 거울은 당신의 흐트러진 머리카락을 가르쳐준다. 술은 당신의 흐트러진 마음을 가르쳐준다. 술잔 앞에서는 마음을 여미어라. / 독일 속담
- 지적인 사람은 때때로 바보들과 어울리기 위하여 어쩔 수 없이 술에 취한다. / E. 헤밍웨이 『누구를 위하여 종은 울리나』
- 사람이 언제나 심각하기만 하고 재미와 휴식을 전혀 취하지 않는다면 자기도 모르게 미치거나 불안해질 것이다. / 헤로도투스

『익지서』에서 말했다.
"차라리 아무 일 없이 가난하게 살지언정
사고 겪으며 사는 부자가 되지 말 것이요,
차라리 아무 탈 없이 초가집에서 살지언정
사고 겪으며 금빛 찬란한 집에서 살지 말 것이요,
차라리 병 없이 거친 밥을 먹을지언정
병들고서 좋은 약을 먹지 말 일이로다."

益智書 云
寧無事而家貧 莫有事而家富
寧無事而住茅屋 不有事而住金屋
寧無病而食麤飯 不有病而服良藥

- 寧(녕)~ 莫(막)~ : 차라리 ~할지언정 ~하지 말라
- 茅屋(모옥) : 띠나 이엉을 엮은 허술한 집, 초가집. '자기 집'을 낮추어 부르는 말이기도 함
- 麤飯(추반) : 거친 곡식으로 지은 밥, 깨끗이 쓿지 않은 입쌀이나 잡곡으로 지은 밥, 조반(粗飯)
- 服(복) : (약을) 먹다, 한 번에 마시는 약의 분량

---

- 분수를 지키고 삶을 존중하라. / 이황
- 가장 큰 재산은 가진 것이 적어도 만족하며 사는 것이다. / H. 스펜서

---

"마음이 편안하면 초가집도 안온하고,
성품이 안정되면 나물국도 향기롭다."

心安茅屋穩
性定菜羹香

• 穩(온) : 평온하다, 안정되다
• 菜羹(채갱) : 나물국

---

• 가난뱅이의 삶과 그의 초라한 집은 참으로 안전하고 편안하다. / M. A. 루카누스
• 오직 평소에 집에서 먹는 식사와 벼슬 없는 생활만이 안락한 보금자리다. / 홍자성
『채근담』
• 사람이 늘 나무뿌리를 씹어 먹고 지낼 수 있다면 무슨 일이든 다 해낼 수 있을 것
이다[人常咬得菜根 則百事可爲]. / 왕혁(汪革; 최근 『채근담』의 진정한 작자로 알려짐)
• 고요한 뒤에야 능히 안정이 되며, 안정된 뒤에야 능히 생각할 수 있고, 깊이 사색
한 뒤에야 능히 얻을 수 있다[靜而後能安 安而後能慮 慮而後能得]. / 『대학』

『경행록』에서 말했다.
"남을 책망하기만 하는 사람은 다른 사람과 온전히 사귈 수 없고,
자기를 용서하기만 하는 사람은 허물을 고치지 못한다."

景行錄 云
責人者 不全交
自恕者 不改過

• 全交(전교) : 온전하게 사귀다
• 自恕(자서) : 자기를 용서하다. '恕'는 자신의 참된 마음을 바탕으로 다른 사람의 마음을 헤아리는 것이므로 '自恕'는 자기 자신을 합리화하는 것을 말한다.
• 改過(개과) : 허물을 고치다

• 사람들은 자기들이 이해하지 못하는 것을 경멸한다. / A. C. 도일
• 자기를 책망하고 남을 책망하지 마라. / 도쿠가와 이에야스(德川家康)의 유언
• 옛날 바닷새가 노나라 수도 교외에 날아와 앉았다. 노나라 임금은 이 새를 친히 정전 안으로 데리고 와 술을 권하고, 아름다운 궁궐의 음악을 연주해주고, 소·양·돼지를 통째로 잡아 대접했다. 그러나 새는 어리둥절해하고 슬퍼하기만 할 뿐 고기 한 점 먹지 않고 술도 한 잔 마시지 않은 채 사흘 만에 결국 죽어버리고 말았다. 이것은 자기와 같은 사람을 대접하는 방법으로 새를 대접한 것이지 새를 대접하는 방법으로 새를 대접하지 않은 것이다. / 장자『장자』「지락(至樂)」

"아침 일찍 일어나 밤늦게 잠들 때까지 늘 충성과 효도를 생각하는 사람은

다른 사람이 알아주지 않더라도 하늘이 반드시 그 사실을 알 것이다.

배불리 먹고 따뜻하게 입고서 즐거이 제 몸 하나 지키며 사는 사람은

그 몸은 비록 편안하더라도 그 자손은 어찌 될 것인가?"

夙興夜寐 所思忠孝者 人不知 天必知之
飽食煖衣 怡然自衛者 身雖安 其如子孫何

• 夙興夜寐(숙흥야매) : '아침 일찍 일어나고 밤이 깊어 잠잘 때까지'라는 뜻으로 쓰이는 관용구
• 怡然(이연) : 즐거워하는 모양을 나타내는 의태어. '然'은 형용사나 동사 뒤에 붙어서 주로 그 모양을 나타내는 부사로 쓰이며(예: 泰然, 超然, 完然, 確然, 儼然, 公公然 등), 때에 따라서는 명사 또는 술어로도 쓰인다.
• 其如(기여) ~ 何(하) : ~을 어찌 하겠는가. '其'는 '豈'와 같이 쓰이기도 하고, '그럴 경우'의 뜻이 함축되어 있기도 하다.

---

• 충성은 인간의 마음이 간직한 가장 거룩한 선이다. / L. A. 세네카
• 조상의 영광은 후손의 등불이다. / 살루스티우스
• 후손들은 자기 조상이 저지른 죄의 대가를 치른다. / Q. C. 루푸스

---

"아내와 자식을 사랑하는 마음으로 어버이를 섬긴다면
그 효도는 더할 나위 없을 것이요,
부귀를 보전하려는 마음으로 임금을 받든다면
그 어디서나 충성되지 아니함이 없을 것이다.
남을 책망하는 마음으로 자신을 꾸짖는다면
허물이 적을 것이요,
자기를 용서하는 마음으로 남을 용서한다면
그 사귐은 온전할 것이다."

以愛妻子之心 事親 則曲盡其孝
以保富貴之心 奉君 則無往不忠
以責人之心 責己 則寡過
以恕己之心 恕人 則全交

- 曲盡(곡진) : 매우 정성스럽다
- 無往不忠(무왕불충) : 가는 곳마다 충성하지 않음이 없다. 어디를 가도 충성한다. '往'이 '어디 간
  들', '하는 일마다'의 의미인데 '無往不~'은 이중부정 '無不~' 구조로서 강한 긍정의 뜻이다.
- 寡過(과과) : 허물이 적다

---

- 자녀들이 자기에게 해주기를 바라는 그것을 부모에게 하라. / 이소크라테스
- 부모가 온 효자가 되어야 자식이 반 효자. / 한국 속담
- 몸과 마음을 다 바쳐 일하고, 죽으면 그만이다. / 제갈량(諸葛亮)
- 자기 자신은 용서하지 말고 남을 많이 용서하라. / 서양 속담

---

"네가 꾀하는 것이 옳지 못하면 후회한들 무슨 소용이 있으며,
너의 식견이 뛰어나지 않으면 가르친들 무슨 도움이 있겠는가.
자기 이익에만 골몰하면 도리에 어긋나게 되고,
사사로운 뜻만 고집하면 공변됨이 무너지게 된다."

## 爾謀不臧 悔之何及 爾見不長 敎之何益
## 利心專則背道 私意確則滅公

- 謀(모) : 꾀, 계책
- 臧(장) : 착하다, 옳다
- 悔(회) : 뉘우치다. 일부 판본에는 '悔'가 아니라 '誨'로 되어있음. 그렇다면 '타일러준들'로 풀이
  해야 할 것이다.
- 何及(하급) : ~에 미치겠는가, 소용이 있겠는가
- 利心(이심) : 자신의 이익을 도모하는 마음
- 私意(사의) : 사적인 의견, 개인만을 위하는 뜻
- 確(확) : 굳어지다, 고집하다
- 滅公(멸공) : 공론을 해치다, 공변됨이 무너지다

---

- 정의를 추구하는 사람은 반드시 그것을 얻고, 백성을 위해 일하는 사람은 반드시
  성공한다. / 관중『관자』
- 정의에 바탕을 둔 마음은 극히 드물고 사리사욕을 노리는 마음은 위험하다. / 박팽
  년(朴彭年)
- 빨리 가려고 하면 오히려 목표에 이르지 못하고, 작은 이익을 밝히면 큰일을 이루
  지 못한다[欲速則不達 見小利則大事不成]. / 공자『논어』「자로」
- 공자께서는 네 가지 일을 전혀 하지 않으셨다. 즉, 제멋대로 생각하여 판단하지 않
  으셨고, 틀림없이 그렇다고 단언하지 않으셨고, 쓸데없는 고집을 부리지 않으셨으
  며, 자신만을 앞에 내세우는 일이 없으셨다[子絶四 毋意 毋必 毋固 毋我]. / 『논어』
  「자한(子罕)」
- 누군가의 믿음을 수긍하지는 않더라도 최소한 깊이 고려할 줄 아는 태도는 교양
  있는 사람에게서만 찾아볼 수 있는 특징이다. / 아리스토텔레스

---

"일을 만들면 일이 생기고
일을 덜면 일이 줄어든다."

# 生事事生
# 省事事省

- 生(생) : 타동사로는 '~에 살다', '~을 낳다', 자동사로는 '생기다', '나다'의 뜻임. 위 문장에서 첫
  번째 生은 타동사고 두번째 生은 자동사이다
- 省(생) : 덜다, 빼다, 생략하다

---

- 보람 없는 공적을 이루지 말고 무익한 일은 하지 말라. / 관중 『관자』
- 유쾌한 기분에 일을 많이 만들지 말라. / 홍자성 『채근담』
- 한 가지 이(利)를 일으킴은 한 가지 해로움을 없애는 것만 못하고, 한 가지 일을 시
  작하는 것은 한 가지 해로움을 없애는 것만 못하다. / 증선지(曾先之) 『십팔사략(十八
  史略)』
- 한 가지 일을 이루려고 한다면 나머지 일은 모두 서슴지 말고 버려라. / 요시다 겐코
  (吉田兼好)

---

# 제7편 주(註)

**1**

중국 북송의 성리학자 소옹이 엮은 『이천격양집』에 실린 시를 말하는데, 그 스스로 농사를 지으며 이런 시를 지었다고 한다. '격양(擊壤)'은 요(堯)임금 때 태평한 시대를 즐거워하는 늙은 농부가 땅바닥을 구르며 노래를 불렀다고 하는 데서 유래한다.

**2**

**범충선공(范忠宣公)**

송(宋)의 명재상 범중엄(范仲淹)의 둘째아들 범순인(范純仁; 1027~1101)을 말함. '충선'은 그의 시호. 중서시랑(中書侍郞)을 지냈는데 강직한 성품으로 왕안석의 신법의 불편함을 거리낌 없이 상소하여 그의 미움을 사기도 했다. 당시 사람들은 그를 '포의재상(布衣宰相)'으로 불렀다는 것으로 보아 근검한 생활을 했던 것으로 보인다.

**3**

**"똑똑하고 슬기로워도 어리석어 보임으로써 이를 지켜야 하고, 공이 천하를 덮을 만하더라도 겸양하는 마음으로 이를 지켜야 하며, 용맹스러운 힘이 세상에 떨칠지라도 늘 조심스러워함으로써 이를 지켜야 하고, 부유하여 온 천하를 차지하고 있다 하더라도 겸손한 마음으로 이를 지켜야 한다."**

이 부분은 공자가 노나라 환공의 사당에 들어갔을 때 유좌(宥坐)라는 그릇을 가리키며 "이 그릇은 속을 비워 두면 기울어지고, 중간 쯤 채워 놓으면 반듯하게 되며, 가득 채우면 자빠지게 된다."고 설명하고, "아아, 세상에 어떤 물건을 막론하고 가득 차고서 엎어지지 않는 것이 있겠느냐?"라고 탄식하자, 자로(子路)가 앞으로 나서며 "가득 차고서도 이를 유지할 방법이 있습니까?"라고 여쭈기에[敢問持滿有道乎] 공자가 답한 말씀이다(『공자가어』「삼서(三恕)」).

**4**

『소서(素書)』

중국 진(秦)나라 말기 은사(隱士) 황석공(黃石公)이 장량(張良)에게 주었다는 비결(秘訣)과 병서(兵書)로서, 통상 『황석공소서』로 칭한다. 그 내용을 보면 주로 도가적인 것으로, 부드러움으로 강함을 이기고 물러남으로써 나아간다는 이치를 강조하였다.

**5**

**손사막(孫思邈)**

손사막(581~682)은 중국 당대(唐代)의 이름난 의학자(醫學者)임. 당 태종(太宗) 등이 예를 갖춰 불러들여 국자박사(國子博士) 등으로 앉히려고 하였으나 모두 마다하였다. 민간에 오랫동안 머물며 약재를 채취하고 의학을 연구하여 많은 사람들의 병을 고쳐 주었는데, 빈부귀천을 따지지 않고 모두 동등하게 치료해 후세에 '약왕(藥王)'으로 불렸다. 이전의 중국 의학 발전의 풍부한 경험을 체계적으로 정리하고 자신의 오랜 임상 경험을 결합하여 두 권의 유명한 의학책을 지었는데 『천금요방(千金要方)』과 『천금익방(千金翼方)』이 그것이다.

**6**

**주문공(朱文公)**

중국 남송(南宋)의 철학자 주희(朱熹; 1130~1200)를 말함. 시호가 문(文)이기 때문에 '주문공'으로 불리고, 남송 유학(儒學)을 집대성한 학자여서 세상 사람들은 그를 존경하여 '주자(朱子)'로 일컫는다. 사서(四書 / 논어 · 맹자 · 중용 · 대학)를 집주(集註)하면서 자연의 올바른 이치[理]와 그것이 인간의 본성으로 내면화된 성(性)을 중심으로 재해석함으로써 이른바 성리학의 기반을 닦았다. 서원을 창설하고, 영종(寧宗) 때 황제에게 강학을 했다. 저서로 『사서집주』, 『근사록』, 『주역독본』, 『초사집주』 등이 있다.

### 7 구래공(寇萊公)

북송 초의 정치가 겸 시인 구준(寇準; 961~1023)을 말하고, 시호는 충민(忠愍)임. 19세에 진사에 급제한 이래 추밀원직학사(樞密院直學士) 등 요직에 발탁되었고 태종의 두터운 신임을 받았지만 지나치게 강직해 자주 지방으로 좌천되었다. 진종(眞宗) 때 동북방에 있는 요(堯)나라가 20만 대군을 일으켜 송나라를 공격해 오자 대신들이 다들 공포에 떨었는데 그가 중론을 과감하게 물리치고 황제의 친정(親征)을 요청했고, 결과적으로 큰 공을 세우게 되어 내국공(萊國公)에 봉해져 '구래공'이라고도 불린다. 시문(詩文)에 능했고, 특히 자연의 애수(哀愁)를 읊은 칠언절구 시를 잘 지었는데, 백거이(白居易)·장인원(張仁願)과 더불어 '위남삼현(渭南三賢)'이라 불린다. 저서로 『구충민공시집(寇忠愍公詩集)』 등이 있다.

### 8 「육회명(六悔銘)」

마음에 꼭 새겨야 할 여섯 가지 후회할 만한 일에 관한 짧은 경구를 뜻함.

# 제8편
# 성품을 경계하자
## [戒性]

사람의 성품은 길들여진 그대로 나타난다. 길들인다는 것은 자중과 절제의 훈련을 말한다. 이 편에서 특히 강조하고 있는 것은, 선을 해치는 방종과 격정, 그리고 분노와 시기심을 잘 다스릴 때 인간은 하늘로부터 부여받은 참된 본성을 지킬 수 있다는 것이다.

한 인간 속에는 서로 모순되는 여러 가지 성격이 뒤섞여 있는바, 방종하거나 분노하기 쉬운 성품을 경계하고 참을 줄 알고 남에게 양보할 줄 아는 성품을 계발해야 한다. 결국 성품이 그 인간이라고 할 것이다.

『경행록』에서 말했다.
"사람의 성품은 물과 같다.
물이 한 번 기울어지면 다시 되돌릴 수 없듯이
성품이 한 번 멋대로 풀어지면 돌이킬 수 없다.
물을 제어하려면 반드시 둑을 쌓아 막듯이
성품을 바로잡으려면 반드시 예법에 따라야 한다."

景行錄 云
人性如水 水一傾則不可復 性一縱則不可反
制水者 必以堤防 制性者 必以禮法

- 復(복) : 되돌리다
- 縱(종) : 제멋대로 하다, 방종하다
- 反(반) : 돌이키다
- 以(이) : 하다(≒爲), 쓰다(=用)

- 우리도 속세의 관습에 물들지 않을 수 있다면 그 인품과 심성이 뛰어나 돋보이지 않겠는가! / 홍자성 『채근담』
- 학식이 없는 인품은 약하고 쓸모가 없으며, 인품이 없는 학식은 위험하고 두려운 것이다. / S. 존슨
- 법과 형벌로 다스리면 백성은 처벌을 피하면서도 부끄러운 줄 모른다. 그러나 도덕과 예의로 다스리면 부끄러움을 알고 올바른 사람이 될 것이다. / 공자 『논어』 「위정」
- 예절은 법보다 강하다. / T. 칼라일

"한때의 분함을 참으면 백날의 근심을 면한다."

# 忍一時之忿 免百日之憂

- 忿(분) : 성내다, 분하다(≒憤)
- 百日(백일) : 백날. 여기에서 '百'은 꼭 100을 말하는 것이 아니라 '여러', '많은'의 뜻으로 보면 된다.

---

- 깊은 강물은 돌을 던져도 흐려지지 않는다. 모욕을 받고 이내 격분하는 사람은 강이 아닌 조그마한 웅덩이에 불과하다. / L. 톨스토이
- 분노에서 시작된 것은 무엇이든 부끄러움으로 끝이 난다. / B. 프랭클린
- 노여움은 한때의 광기다. 따라서 억제하지 않으면 노여움이 당신을 억누르게 된다. / 호라티우스
- 노한 감정에 내맡기는 것은 일종의 방종이다. / R. 타고르
- 참을 수 없을 만큼 화가 날 때에는 인생이 얼마나 짧은 것이지 생각하라. / M. 아우렐리우스

---

"참고 또 참아라. 조심하고 또 조심하라.
참지 않고 조심하지 않으면 작은 일이 큰일 된다."

得忍且忍 得戒且戒
不忍不戒 小事成大

- 得(득) : 깨닫다, 알다, 능히 하다
- 且(차) : 또, 또한, 우선
- '得忍且忍'은 '참을 수 있으면 우선 참아라.'로 해석할 수도 있으나, '得'이 단순히 앞의 '忍'에만 걸린다기보다는 '忍且忍' 모두에 걸리는 것으로 보아 본문과 같이 풀이하는 것이 뜻이 명확해지고 강조함도 살릴 수 있다.

---

- 남이 나의 얼굴에 침을 뱉으면 저절로 마를 때까지 기다린다[唾面自乾]. / 당나라 누사덕(婁師德)은 성품이 너그러웠는데 그 동생이 대주자사(代州刺史)로 임명되어 나갈 때 사덕이 모든 일에 참으며 처신하라 이르니, 동생이 다른 사람이 얼굴에 침을 뱉더라도 손으로 닦고 대항하지 않겠다고 하매, 사덕은 "그것은 안 될 말이다. 침을 닦으면 그 사람이 노할 것이니 그대로 말리어야 한다."고 했다고 함. / 『당서』「누사덕전」.

- 내가 사회에 기여한 것이 있다면 그것은 참을성 있는 생각 덕분이다. / I. 뉴턴

- 성공의 절반은 인내심이다. / 『탈무드』

- 증오보다 더 심한 고통이 없듯이 인내만큼 군건한 정신도 없다. 집안에서 뜻밖의 보물을 발견한 것처럼 분노를 인내와 관용을 수행하는 기회로 삼고 그런 값진 기회를 준 이에게 감사하라. / 달라이 라마

- 침착하게 견디고 경솔하게 굴지 않고 살아가는 것, 그것만이 비굴하게 후회하지 않는 길이다. / F. 카프카

- 자잘한 행실이라고 해도 조심하지 않으면 끝내 큰 덕에 누를 끼치게 된다. / 『상서(尙書)』「여오(旅獒)」

---

"어리석고 바보스러운 사람이 크게 성을 내는 것은
다 세상 이치를 알지 못하기 때문이다.
마음에 화의 불길 돋우지 말고 다만 귓전의 바람결로 여겨라.
장·단점은 집집마다 모두 있고 염량의 인심은 곳곳마다 모두 같다.
옳으니 그르니 하는 것은 본래 실상이 없으니
마침내는 모두가 헛것이 된다."

愚濁生嗔怒 皆因理不通 休添心上火 只作耳邊風
長短家家有 炎凉處處同 是非無實相 究竟摠成空

- 愚濁(우탁) : 어리석고 바보스럽다. 여기서는 '愚濁之人'을 의미함
- 嗔怒(진노) : 크게 성내다
- 休(휴) : ~하지 말라('勿'이나 '止'에 해당)
- 作(작) : 삼다, 여기다
- 炎凉(염량) : 더위와 서늘함, 세력의 성함과 쇠약함. '炎凉世態(염량세태)'라 함은 뜨거웠다가 차
  가워지는 세태, 즉 권세가 있을 때에는 아첨하여 좇고 권세가 떨어지면 푸대접하는 매우 속된
  인심의 추이를 말함
- 實相(실상) : 모든 것의 있는 그대로의 참모습. 일부 판본에는 '相實'로 되어 있다.
- 究竟(구경) : 마침내, 필경(畢竟)
- 成空(성공) : 비게 된다, 부질없다

---

- 필부가 모욕을 당해 칼을 빼 들고 싸우는 것은 용기가 아니다. 큰 용기를 가진 사
  람은 갑자기 어떤 일이 닥쳐도 놀라지 않고, 이유 없이 화를 당해도 분노하지 않는
  다. 이것은 그가 품은 포부가 크고 뜻이 심히 원대하기 때문이다. / 소식(蘇軾) 『유후
  론(留侯論)』
- 자기를 버리고 남을 따르지 않는 것이 배운 사람의 큰 병이다. … 어찌 자기만 옳
  다 하고 남은 그르다 하겠는가? / 이황 『퇴계집(退溪集)』
- 시비가 벌떼처럼 일어나고 득실이 고슴도치 털처럼 일어나지만, 냉정한 마음으로
  대처한다면 용광로가 쇠를 녹이고 끓는 물이 눈을 녹이는 것과 같게 된다. / 홍자성
  『채근담』

---

자장(子張)[1]이 떠나고자 공자에게 하직을 고하면서 아뢰었다.
"수신(修身)의 참된 지침으로 삼게 한 말씀을 해주시기 바랍니다."

공자가 말했다.
"모든 행실의 근본은 참는 것이 그 으뜸이 되느니라."

자장이 여쭸다. "무엇 때문에 참아야 합니까?"

공자가 말했다. "천자[2]가 참으면 나라에 해가 없을 것이고, 제후[3]가 참으면 더 크게 다스릴 기회가 생기게 될 것이며, 공직자가 참으면 그 지위가 올라갈 것이고, 형제가 참으면 집안이 부귀해질 것이며, 부부가 참으면 평생을 해로할 것이고, 친구가 서로 참으면 그 이름값이 깎이지 않게 될 것이며, 자신이 참으면 재앙이 없을 것이니라."

이번에는 자장이 이렇게 여쭸다. "참지 않으면 어떻게 됩니까?"

공자가 말했다. "천자가 참지 않으면 나라가 텅 비게 될 것이고, 제후가 참지 않으면 그 몸마저 잃게 될 것이며, 공직자가 참지 않으면 법에 의하여 처형될 것이고, 형제가 참지 않으면 제각기 흩어져서 따로 살게 될 것이며, 부부가 참지 않으면 자식들을 부모 없는 고아가 되게 할 것이고, 친구가 참지 않으면 정과 뜻이 서로 갈릴 것이며, 자신이 참지 않으면 근심이 덜어지지 않을 것이니라."

자장이 말했다. "참으로 좋고도 좋은 말씀입니다! 아아, 참는다는 것은 참으로 어렵군요! 사람이 아니면 참지 못할 것이요, 참지 못할 것 같으면 사람이 아니지요."

子張 欲行 辭於夫子 願賜一言 爲修身之美
子曰 百行之本 忍之爲上
子張曰 何爲忍之
子曰 天子忍之 國無害 諸侯忍之 成其大 官吏忍之
進其位 兄弟忍之 家富貴 夫妻忍之 終其世 朋友忍之
名不廢 自身忍之 無禍害
子張曰 不忍則如何
子曰 天子不忍 國空虛 諸侯不忍 喪其軀 官吏不忍
刑法誅 兄弟不忍 各分居 夫妻不忍 令子孤 朋友不忍
情意疎 自身不忍 患不除
子張曰 善哉善哉 難忍難忍 非人不忍 不忍非人

- 辭(사) : 하직을 고하다, 인사하다
- 夫子(부자) : 자기를 가르쳐서 인도하는 스승을 높여 이르는 말. 유학자들 사이에서 '부자'라 하면 으레 공자를 지칭한다.
- 願賜(원사) : 내려주길 원하다
- 美(미) : 아름답다, 기리다. 여기서는 '기릴 만한 참된 지침이나 요체'로 풀이함이 상당하다.
- 終其世(종기세) : 일생을 함께 마치다[偕老]
- 名(명) : 이름, 평판, 명분. 여기서는 '이름값' 또는 '용어의 실질'로 보아 '名不廢'는 '붕우 관계라는 실질이 없어지지 아니한다' 또는 '붕우 관계라는 이름값이 떨어지지 아니한다'의 뜻이다.
- 情意(정의) : 따뜻한 마음과 참된 뜻 통틀어 이르는 말. 여기서는 우정을 의미함.
- 患不除(환부제) : 근심이 덜어지지 않다
- 善哉(선재) : 좋도다

---

- 우리의 인내는 우리의 힘보다 더 많은 것을 성취할 것이다. / E. 버크
- 인내와 겸손이 있는 곳에는 분노도 고뇌도 없다. / 아시시의 프란체스코
- 인내는 희망을 갖기 위한 기술이다. / L. d. C. d. 보브나르그
- 위대한 사랑은 또한 인내해야 하는 것이다. / G. 샤넬
- 분노는 기묘한 용법을 가진 무기다. 다른 모든 무기는 인간이 그것을 사용하지만, 반대로 분노라는 무기는 인간을 사용한다. / M. 몽테뉴

『경행록』에서 말했다.
"자기를 굽히는 사람은 중요한 자리에 오를 수 있고,
남을 이기기만 좋아하는 사람은 반드시 적을 만나게 된다."

景行錄 云
屈己者 能處重 好勝者 必遇敵

- 屈己(굴기) : 자신을 굽히다
- 處重(처중) : 중요한 지위에 처하다. 중요한 일을 처리하다. '重'이 아니라 '衆'으로 되어 있는 판본도 간혹 있는데, 그렇다면 '자기를 굽히는 사람은 여러 사람과 어울릴 수 있고'로 풀이될 수 있다.

- 누구든지 자기를 높이는 사람은 낮아지고 자기를 낮추는 사람은 높아진다. / 마태오 23:12
- 강과 바다가 온갖 골짜기의 왕이 될 수 있는 것은 강이나 바다가 아래에 잘 있기 때문이다. … 백성들 앞에 서고자 한다면 반드시 그 몸을 그들 뒤에 두지 않으면 안 된다. / 노자 『도덕경』 66장
- 오므라들게 하려면 반드시 먼저 펴주어야만 한다. 약하게 하려면 반드시 먼저 강하게 해주어야만 한다. 제거하려고 한다면 반드시 먼저 잘되게 해주어야만 한다. 빼앗으려고 한다면 반드시 먼저 주어야만 한다. 이것을 '희미한 밝음[微明]'이라고 한다. 부드럽고 약한 것이 강한 것을 이기는 법이다. / 노자 『도덕경』 36장

"악한 사람이 선한 사람을 욕하고 대들어도
선한 사람은 아예 대꾸하지 아니한다.
대꾸하지 않는 사람은 마음이 맑고 느긋하나
욕하는 사람은 입이 뜨겁게 끓어오른다.
이는 바로 하늘에다 침을 뱉는 것 같아서
그것이 도로 자기 몸에 떨어지는 법이다."

惡人 罵善人 善人 摠不對
不對 心清閑 罵者 口熱沸
正如人唾天 還從己身墜

- 罵(매) : 꾸짖다. 바로 욕하는 것은 '罵', 빗대어 욕하는 것을 '詈(리)'라고 한다.
- 摠(총) : 전연, 아예
- 閑(한) : 한가하다, 느긋하다. 일부 판본에는 '閑'이 아니라 '淨'(깨끗할 정) 또는 '凉'(서늘할 량)으로 되어 있다.
- 正(정) : 바로, 정말로
- 唾天(타천) : 하늘에 침을 뱉다
- 還(환) : 도리어

---

- 친구는 은밀히 꾸짖고 공개적으로 칭찬하라. / P. 시루스
- 비평은 질책의 채찍이 아니라, 숨겨진 보물을 발견해 내는 점쟁이의 막대기가 되어야만 한다. / A. 사이먼스
- 비방이란 자기에게 돌아오는 화살이다. / 장자

---

"내가 만약 남에게서 욕설을 듣더라도
짐짓 귀먹은 체하고 시비를 가리려 따지지 않으련다.
마치 허공에다 불을 지르는 것과 같아서
애써 끄려 하지 않아도 혼자 타다가 저절로 꺼질 것이니까.
내 마음은 텅 빈 허공과 같이 아무렇지도 않은데
줄곧 너의 입술과 혀가 나불거릴 뿐이구나."

我若被人罵 佯聾不分說
譬如火燒空 不救自然滅
我心等虛空 摠爾飜脣舌

- 佯(양) : ~인 체하다
- 不分說(불분설) : 구분해서 말하지 아니하다, 따지지 아니하다
- 譬(비) : 비유하다, 비유컨대
- 摠(총) : 다, 줄곧, 내내
- 爾(이) : 너
- 飜(번) : 펄럭이다, 나불대다

---

- 함부로 사람과 다투는 기가 있는 사람과는 일의 시비를 말하지 않는 것이 좋다. / 순자
- 귀는 마치 회오리바람이 골짜기에 소리를 울림과 같은지라 지나게 하고 남겨 두지 않으면 시비도 함께 사라지는 법이다. 마음은 마치 연못에 달빛이 비치는 것과 같은지라 텅 비게 하고 잡아 두지 않으면 외물(外物)과 나를 모두 잊게 된다. / 홍자성 『채근담』

---

"모든 일에 인정을 남겨두면
뒷날 서로 좋은 낯으로 보게 된다."

凡事留人情
後來好相見

- 凡(범) : 모두, 무릇
- 留(류) : 머무르다, 남겨두다

---

- 올라갈 때 만나는 사람에게 잘하라. 내려갈 때 만날 사람들이다. / W. 미즈너
- 사람은 다른 사람에게 차마 못 하는 마음을 가지고 있다[人皆有不忍人之心]. / 맹자『맹자』「공손추상(公孫丑上)」
- 양심을 더럽히지 말고 인정을 저버리지 말며 재물을 낭비하지 말라. 이 세 가지는 천지를 위해 좋은 뜻을 세우고 백성을 위해 삶을 마련하며 자손에게 복을 물려줄 수 있는 것이다. / 홍자성『채근담』
- 인정은 바리로 싣고 진상(進上)은 꼬치로 꿴다. / 한국 속담

## 제8편 주(註)

1
**자장(子張)**

자장(BC 503~BC 447)은 중국 춘추 시대 진(陳) 나라 사람으로 공자의 제자 가운데 한 사람임.
성은 전손(顓孫)이고 이름은 사(師)이며, '자장'은 그의 자다. 공자보다 48세나 어린 제자이나,
용모가 준수하고 성품이 너그러워 남과 잘 사귀었으며, 후에 십철(十哲)의 한 사람으로 추증(追
增)되었다.

2
**천자**

고대 중국의 제왕을 가리키는 말로서, 제왕이 하늘로부터 지상을 통치할 책무를 위임받았다는
의미가 내포되어 있다. 진(秦)의 통일(BC 221) 이후 중국의 천자는 '황제(皇帝)'를 정식 칭호로
삼았다.

3
**제후**

주로 봉건시대에 천자로부터 일정한 봉토(封土)를 받아 그 영내의 인민을 다스렸던 각급의 지배
자를 말한다.

# 제9편
# 부지런히 배우자
## [勤學]

이 편에는 학문의 중요성을 들어 이에 힘쓸 것을 강조하는 글귀들이 실려 있다.

사람으로서 올바른 도리를 알고, 교묘하고 간사한 인간 세상을 미혹되지 않고 살아가려면 지혜를 갖춰야 한다. 지혜는 배움으로써만 얻을 수 있다. 우리가 학문을 익히는 것은 지식의 습득뿐만 아니라 지혜를 터득하기 위함이다. 학문에 힘씀으로써 지혜의 날개를 갖추어 구름을 헤치고 높은 하늘에 올라 세상을 내려다보자. 아마도 온갖 사물의 이치가 활짝 열려 보일 것이다.

공자가 말했다.
"널리 배우고 뜻을 굳건히 하며,
간절하게 묻고 가까이 있는 것부터 생각해라.
인(仁)이 그 속에 있다."[1]

## 子曰
## 博學而篤志 切問而近思 仁在其中矣

• 篤志(독지) : 뜻을 굳건하게 갖다, 돈독한 뜻
• 切問(절문) : 간절하게 묻다
• 近思(근사) : 자기가 능히 할 수 있는 가까운 일부터 생각하다, 자기 마음속에서 찾아 생각하다

---

• 가장 유능한 사람은 부단히 배우는 사람이다. / J. W. v. 괴테
• 나는 아직도 배우고 있다. / 미켈란젤로의 좌우명
• 배우는 데에는 왕도가 없다. / 프톨레마이오스
• 인간은 오직 교육에 의해서만 인간이 될 수 있다. / I. 칸트
• 널리 배우고[博學] 자세히 묻고[審問] 신중히 생각하고[愼思] 밝히 변별하고[明辨] 굳건히 실행하는[篤行] 다섯 가지 중 하나만 폐하여도 배움[學]이 아니다. / 정자(程子) (『중용』에도 같은 취지의 글이 있다)

---

장자가 말했다.

"사람이 배우지 아니함은
마치 하늘에 오르는 데 아무런 기술이 없는 것과 같으며,
배워서 지혜가 깊어지는 것은
마치 **빽빽한** 구름을 헤치고 푸른 하늘을 보고
높은 산에 올라 세상을 바라보는 것과 같다."

莊子曰
人之不學 如登天而無術
學而智遠 如披祥雲而
覩青天 登高山而望四海

• 智遠(지원) : 지혜가 깊어지다
• 祥雲(상운) : 일반적으로 '상서로운 구름'으로 해석하나, 여기에서 '祥'은 '빽빽하다'로 보아야 할
  것이며, 상운(祥雲)도 '빽빽한 구름', 즉 밀운(密雲)으로 해석함이 상당하다.
• 覩(도) : 보다. '睹'의 고자(古字)

---

• 어떻게 살아야 좋은지는 평생 동안 배우라. / 오비디우스
• 알지 못하고서는 바랄 수 없다. / F. 볼테르
• 즐겨 배우면 지혜에, 힘써 실천하면 인자함에, 수치를 알면 용기에 가까워진다. /
  『예기』
• 알면서도 안다고 여기지 않는 것이 가장 좋다. 분명히 알지 못하면서 아는 체하는
  것은 병이다[知不知上 不知知病]. / 노자 『도덕경』 71장

『예기(禮記)』[2]에서 말했다.
"옥(玉)은 쪼지 않으면 그릇이 되지 못하고,
사람은 배우지 않으면 도(道)[3]를 알지 못한다."

禮記曰
玉不琢 不成器
人不學 不知道

• 琢(탁) : 쪼다, 다듬다
• 成器(성기) : 그릇이 되다

---

• 배우는 사람은 본심을 맑고 투명하게 닦고 가슴속을 찬란하게 비추어야 하며, 사물을 대할 때마다 깨닫는 바가 있어야 한다. / 홍자성 『채근담』
• 책을 백 번 읽으면 그 뜻은 절로 드러난다[讀書百遍 義自見]. / 『삼국지(三國志)』「위서(魏書)」
• 장인(匠人)이 자기가 맡은 일을 잘하려면 반드시 먼저 자기가 쓸 연장을 예리하게 해 놓아야 한다. / 공자 『논어』「위영공(衛靈公)」
• 도끼를 갈아서 바늘을 만든다[磨斧作針]. / 『당서(唐書)』「문예전(文藝傳)」

---

태공이 말했다.
"사람이 살아가면서 배우지 않으면
마치 깜깜한 밤길을 가는 것과 같다."

太公曰
人生不學 如冥冥夜行

• 冥冥夜行(명명야행) : 어둡고 어두운(깜깜한) 밤길을 가다

---

• 학문은 세상을 여는 열쇠다. / 스와힐리 속담

• 배워라. 그렇지 않으면 떠나라. / 로마 격언

• 항상 무엇인가를 듣고, 항상 무엇인가를 생각하며, 항상 무엇인가를 배운다. 이것
  이 참된 삶의 방식이다. 아무것도 바라지 않고 아무것도 배우지 않는 사람은 살 자
  격이 없다. / A. 헬프스

• 낡은 견해를 버리면 새로운 의미를 깨닫는다. / 주자

한문공(韓文公)'이 말했다.
"사람이 고금의 가르침을 알지 못하면
말이나 소에게 옷을 입힌 격이다."

韓文公曰
人不通古今 馬牛而襟裾

• 古今(고금) : 예와 지금, 예와 지금의 사실(史實) 또는 그 가르침
• 襟裾(금거) : 옷깃과 옷섶. 여기서 '襟裾'는 술어로 쓰였다.

---

• 배우지 않고도 스스로 알 거나 묻지 않고도 스스로 깨닫는 사람은 없다. / 왕충
• 올바른 인간이 되는 길은 학문이 가장 좋다. / 갈홍(葛洪) 『포박자(抱朴子)』
• 잘 먹고 잘 입고 좋은 집에 살면서도 배우지 않는다면 짐승과 같다. / 맹자

---

주문공이 말했다.

"집이 가난하더라도 가난 때문에 배움을 포기하지 말 것이요,

집이 부유하더라도 부유함을 믿고 배움을 게을리해선 안 된다.

가난한 사람이 만약 부지런히 배운다면 성공할 수 있을 것이요,

부유한 사람이 만약 부지런히 배운다면 이름을 더욱 빛낼 것이다.

오직 배운 사람만이 지위와 명망이 높아지는 것을 보았으며,

배운 사람치고 이루지 못하는 것은 보지 못했다.

배움이란 곧 내 몸의 보배이고, 배운 사람이란 곧 세상의 보배다.

그러므로 배우면 군자가 되고 배우지 않으면 천한 소인이 될 것이니,

뒷날 배우는 사람들은 마땅히 각기 이에 힘써야 한다."

朱文公曰

家若貧 不可因貧而廢學 家若富 不可恃富而怠學

貧若勤學 可以立身 富若勤學 名乃光榮

惟見學者顯達 不見學者無成

學者 乃身之寶 學者 乃世之珍

是故 學則乃爲君子 不學則爲小人 後之學者 宜各勉之

• 廢學(폐학) : 배우기를 그만두다

• 恃富(시부) : 부유한 것을 믿다

• 立身(입신) : 사회에 나가서 자기의 기반을 확립하여 출세함

• 惟見(유견) ~, 不見(불견) ~ : ~하는 것은 보았으되, ~하는 것은 보지 못했다

• 顯達(현달) : 지위와 명망이 높아져 세상에 드러나다

• 宜(의) : 마땅히 ~해야 한다

- 배우고 때 맞춰 그것을 익히면 또한 기쁘지 않겠는가[學而時習之 不亦說乎]. / 공자 「논어」「학이」
- 청년들에게 가장 중요한 과제는 배움이다. 배워라, 배워라, 또 배워라. / V. I. 레닌
- 모르는 것이 있는 한, 죽을 때까지 계속해서 배워야만 한다. / L. A. 세네카
- 학문에는 단번에 뛰어넘어 곧바로 이치로 들어가는 법이 없다. 다만 조금씩 쌓아 가고 하나하나 포개어 나갈 뿐이다. 나는 이처럼 괴로움을 견디며 해 왔다. / 주자 『주자어류(朱子語類)』
- 배우려 해도 시간이 없다고 하는 사람은 시간이 있어도 배우지 못할 것이다. / 유안(劉安) 『회남자(淮南子)』
- 훌륭한 농부는 가뭄이 들었다고 해서 농사를 그만두지 않으며, 훌륭한 장사꾼은 싸게 팔아야 해서 손해를 본다고 장사를 그만두지 않으며, 군자는 가난하다고 해서 도덕적 수양을 게을리하지 않는다. / 순자
- 하루 공부를 하지 않으면 그것을 되찾기 위해서는 이틀이 걸린다. 이틀 공부를 하지 않으면 그것을 되찾기 위해서는 나흘이 걸린다. 1년 공부를 하지 않으면 그것을 되찾기 위해서는 2년이 걸린다. / 『탈무드』

휘종(徽宗)[5]황제가 말했다.
"배운 사람은 낟알 같고 벼 같지만,
배우지 않은 사람은 쑥 같고 풀 같도다.
아아, 낟알 같고 벼 같음이여!
나라의 좋은 양식이요 온 세상의 큰 보배로다.
아아, 쑥 같고 풀 같음이여!
밭가는 사람이 보기 싫어하고 김매는 사람이 귀찮아하는구나.
뒷날 담벼락 바라보듯 답답하여 후회해도
그때는 이미 늙어 돌이킬 수 없도다."

徽宗皇帝曰
學者如禾如稻 不學者如蒿如草
如禾如稻兮 國之精糧 世之大寶
如蒿如草兮 耕者憎嫌 鋤者煩惱
他日面墻 悔之已老

- 如禾如稻(여화여도) : 낟알 같고 벼 같다. '禾'나 '稻'나 다 벼를 의미하나, 禾는 특히 낟알을 칭하는 뜻으로 쓰인다.
- 如蒿如草(여호여초) : 쑥 같고 풀 같다. '무용지물(無用之物)'을 비유한 것임. '蒿'는 '쑥'의 뜻일 때는 '호'로 읽음
- 憎嫌(증혐) : 미워하고 싫어하다
- 鋤者(서자) : 김매는 사람. '鋤'는 호미를 말함
- 面墻(면장) : 담을 마주하다(배우지 못하여 답답함을 이름). '免面墻(면면장)' - 무식을 면함

---

- 평생 배우기에 힘써야 한다. 당신의 정신과 머리에 집어넣는 것, 그것이 당신이 가질 수 있는 최고의 자산이다. / B. 트레이시
- 배우지 않으면 곧 늙고 쇠약해진다. / 주자

『논어』에서 말했다.
"배우기는 항상 못 미친 것같이 열심히 하고
오직 배운 것을 잃을까 걱정하라."

### 論語曰
### 學如不及 惟恐失之

- 不及(불급) : 미치지 못하다, 부족하다
- 惟恐失之(유공실지) : 오직 그것을 잃을까 두려워하다. 원전인 『논어』「태백(泰伯)」17장에는 '惟'가 '猶'(오히려 유)로 되어 있다. '之'는 지시대명사 '그것'인데, 배움의 목표, 배우는 시기, 배운 것 등 여러 가지로 해석되고 있다.

- 학문에는 만족이라는 것이 없다. / D. 에라스무스
- 군자의 학문은 날마다 새로워져야 한다. 날로 새로워진다는 것은 나날이 진보한다는 말이다. 날마다 새로워지지 못하면 반드시 나날이 퇴보하게 마련이다. 진보하지 않는데도 퇴보하지 않는 경우는 없다[君子之學必日新 日新者日進也 不日新者必日退 未有不進而不退者]. / 정이(程頤) (『근사록』)
- 나는 배우기 위해 살지, 살기 위해 배우고 싶지는 않다. / F. 베이컨
- 학문의 길이란 다른 것이 아니라 그 잃어버린 마음을 찾는 것일 뿐이다. / 맹자 『맹자』「고자」
- 알면서도 실행하지 않으면 알지 못하는 것만 못하다[知而不爲 莫如不知]. / 공자 (『공자가어』)

# 제9편 주(註)

**1**
"널리 배우고 뜻을 굳건히 하며, 간절하게 묻고 가까이 있는 것부터 생각해라. 인(仁)이 그 속에 있다."

『논어』「자장」6장 전문인데, 정작 이 말은 공자가 아니라 자하(子夏)가 한 것이다.

**2**
『예기(禮記)』

중국 고대 유가(儒家)의 경전으로 『시경』, 『서경』, 『주역』, 『춘추』와 함께 오경(五經)을 이룬다. 그 성립에 관해서는 분명치 않으나, 전한(前漢)의 대성(戴聖)이 공자의 제자를 비롯하여 한(漢) 시대에 이르는 많은 사람들의 손으로 된 『예기』 200편 중에서 편찬한 것으로 알려졌다. 곡례(曲禮)·단궁(檀弓)·왕제(王制)·월령(月令)·예운(禮運)·예기(禮器) 등 49편으로 구성되어 있고, 예의 이론 및 실제를 논술한 것이다. 중국 고대사회의 상황과 유가 학설, 문물제도를 연구하는 데 필수적인 자료이다. 『예기』에 실린 여러 편 가운데 「대학」과 「중용」은 남송의 주희가 사서(四書)에 포함시켜서 주자학의 근본경전이 되었다.

**3**
도(道)

일부 판본에는 '義'로 되어 있다.

**4**
한문공(韓文公)

중국 당나라의 문인이자 사상가인 한유(韓愈; 768~824)를 가리킴. 자는 퇴지(退之)이고, 선조가 창려(昌黎) 출신이므로 '한창려'라고도 했으며, '문공'은 그의 시호이다. 관료 집안에서 태어났으나 3세에 고아가 되어 형수의 손에서 자랐으며 어려운 환경에서 학문에 정진하여 유가를 비롯한 제자백가의 학문을 두루 섭렵했다. 25세에 진사시에 합격하고 여러 벼슬을 거쳐 병부시랑에 이르렀으며, 사상적으로는 도가와 불가를 배척하고 유가의 정통성을 적극 옹호·선양했다. 그의 시는 300여 수가 남아 있는데, 문장에 있어서는 유종원(柳宗元)과 함께 고문운동을 주도, 산문의 새로운 경지를 개척하여 당송팔대가(唐宋八大家)의 으뜸으로 평가된다. 그가 죽은 뒤에 사위이자 문인인 이한(李漢)이 그의 시문들을 모아 『창려선생집』을 간행한 것이 전해진다.

**5**
휘종(徽宗)

중국 북송의 제8대 황제(재위 1100~1125)로 성은 조(趙), 이름은 길(佶)이다. 글씨와 그림에 조예가 깊어 문화재를 수집·보호하고 궁정서화가를 양성하여 문화사상 선화시대(宣和時代)라는 한 시기를 이끌었다. 금나라와 동맹하여 요나라를 협공하고 연운십육주(燕雲十六州)를 수복하려고 꾀하였으나, 오히려 금나라 군사의 진입을 초래해 국도 개봉(開封)이 함락되고 아들 흠종(欽宗)과 함께 금나라에 잡혀가 결국 오국성(五國城)에서 죽었다.

# 제10편
## 자식을 잘 가르치자
## [訓子]

훈자(訓子) - 자식을 가르친다. 참으로 어려운 일이다!

이 편에서는 바로 '아이들을 어떻게 가르칠 것인가?'에 대한 참다운 교훈들이 들어 있다. 옛날이나 오늘날이나 올바른 인격 형성에는 그가 처한 환경과 그가 받은 교육이 가장 중요한 역할을 한다. 특히 어릴 때의 교육과 경험은 절대적 영향력을 가지고 있기 때문에 그 교육을 맡은 부모의 책임이 더욱 무겁다.

교육의 방법은 엄격하면서도 정도를 걸어야 하는 것이겠지만, 가장 중요한 것은 사랑과 정성에서 우러나온 따스한 가르침이다.

『경행록』에서 말했다.
"손님이 찾아오지 않으면 집안이 속되어지고,
시서(詩書)¹를 가르치지 않으면 자손이 어리석어진다."

景行錄 云
賓客不來門戶俗 詩書無敎子孫愚

- 賓客(빈객) : 손님, 문하(門下)의 식객
- 門戶(문호) : 집으로 드나드는 문('門'은 집으로 들어서는 대문이나 집안 내에서 드나드는 나무짝 문들을 가리키고, '戶'는 방문들을 가리킴). 여기서는 '대대로 내려오는 그 집안의 사회적 신분이 나 지위'의 뜻하는 가문(家門) 내지 문벌(門閥)로 읽어야 할 것임.

---

- 손님은 가깝고 멀고를 따질 것 없이 오는 손님 응당 기쁘게 맞이해야 한다. / 태공
- 손님은 잠시 머물러 있어도 많은 것을 보고 돌아간다. / 몽고 속담
- 손님은 언제나 옳다. / G. 세프리지
- 시는 역사보다 더 철학적이고 더욱 중요시되어야 하는 것이다. / 아리스토텔레스
- 시는 사람이 자신의 놀라움을 탐구하는 언어이다. / C. 프라이
- 시란 정(情)을 뿌리로 하고 말을 싹으로 하며 소리를 꽃으로 하고 의미를 열매로 한다. / 백거이

---

장자가 말했다.
"일이 아무리 사소하더라도 하지 않으면 이루지 못할 것이요,
자식이 비록 똑똑하더라도 가르치지 않으면 사리에 어둡게 될 것이다."

莊子曰
事雖小 不作不成
子雖賢 不教不明

• 賢(현) : 어질다, 똑똑하다
• 不明(불명) : 밝지 못하다, 즉 사물의 이치에 어둡다는 뜻

---

• 인생에서 우리가 가질 수 있는 유일한 재산은 우리 자신의 행동뿐이다. / C. C. 콜튼
• 인생의 큰 목적은 지식이 아니라 행동이다. / T. 헉슬리
• 과일을 얻으려면 나무에 올라가야만 한다. / T. 풀러
• 아이들을 정직한 사람이 될 수 있도록 만드는 것이 교육의 시작이다. / J. 러스킨
• 교육은 타고난 가치를 증가시키고, 올바른 훈련은 정신을 강화한다. / Q. 호라티우스
• 부모가 자기 자식을 기르면서 가르치지 않으면 이는 자식을 사랑하지 않는 것이다. 비록 가르치더라도 엄하게 하지 않는다면 이 또한 자식을 사랑하지 않는 것이다. / 유영(柳永)

『한서(漢書)』[2]에서 말했다.
"황금이 상자에 가득 차 있다 해도
자식에게 경서 한 권을 가르치는 것만 못하고,
자식에게 천금[3]을 물려준다 해도
재주 한 가지를 가르치는 것만 못하다."

漢書 云
黃金滿籝 不如敎子一經
賜子千金 不如敎子一藝

- 滿籝(만영) : 상자에 가득 차다
- 藝(예) : 재주. 기예(技藝) 또는 기술(技術)을 뜻함

---

- 젊은이들의 교육 이외에 우리가 나라에 바칠 수 있는 더 크고 좋은 선물이 있는 가? / M. T. 키케로
- 돈 모아 줄 생각 말고 자식 글 가르쳐라. / 한국 속담
- 물고기를 잡아주기보다는 잡는 방법을 가르쳐주는 것이야말로 지혜로운 유산이 다. / 『탈무드』

---

"지극한 즐거움은 책을 읽는 것만 한 것이 없고,
매우 긴요한 것은 자식을 가르치는 것만 한 것이 없다."

至樂 莫如讀書
至要 莫如敎子

- 莫如(막여) : ~만 한 것이 없다
- 讀書(독서) : 책을 읽음. 책의 내용과 의미를 헤아리거나 이해하면서 읽는 것이므로 '학문' 또는 '공부'를 하는 것을 뜻하기도 함

---

- 우리는 우리가 읽는 것으로 만들어진다. / M. 발저
- 독서는 장차 진리를 밝혀 현실에 적용하려는 것이다. / 홍대용(洪大容) 『담헌서(湛軒書)』
- 하버드대학 졸업장보다 독서하는 습관이 더 가치 있다. / B. 게이츠
- 모든 나라의 운명은 젊은이들의 교육에 달려 있다. / 아리스토텔레스

---

여형공(呂滎公)이 말했다.
"집안에 지혜로운 어버이와 형이 없고
밖으로 엄한 스승과 벗이 없으면서
능히 성공한 사람은 드물다."

## 呂滎公曰
## 內無賢父兄 外無嚴師友 而能有成者 鮮矣

• 父兄(부형) : 아버지와 형, 보호자
• 師友(사우) : 스승과 벗, 스승으로 삼을 만한 벗
• 鮮(선) : 드물다

---

• 훌륭한 부모의 슬하에 있으면 사랑에 넘치는 체험을 얻을 수 있다. 그것은 먼 훗날 노년이 되더라도 없어지지 않는다. / L. v. 베토벤
• 나는 아버지로부터는 생명을 받았고 스승으로부터는 생명을 보람 있게 하는 것을 배웠다. / 플루타르코스
• 스승의 가르침을 직접 받지 못하면 마침내 저절로 깨닫지는 못한다. / 이황
• 자신을 변명하면서 남을 가르치는 것은 이치를 거스르는 것이요, 자신을 바르게 하면서 남을 가르치는 것이 이치를 따르는 것이다. / 『소서(素書)』

---

태공이 말했다.

"남자아이가 가르침을 받지 못하면
자라서 반드시 미련하고 어리석게 되고,
여자아이가 가르침을 받지 못하면
자라서 반드시 거칠고 솜씨 없게 된다."

太公曰
男子失敎 長必頑愚
女子失敎 長必麤疎

• 頑愚(완우) : 완고하고 어리석다, 미련하고 어리석다
• 麤疎(추소) : 거칠고 엉성하다, 거칠고 솜씨 없다

---

• 세상에 존재하는 모든 악은 대부분 무지(無知)에서 비롯된다. 밝은 지식이 없으면 좋은 뜻도 나쁜 뜻과 마찬가지로 큰 피해를 초래할 수 있다. / A. 카뮈
• 배우지 않는 것은 악의 어머니다. / M. 몽테뉴
• 교육이란 알지 못하는 것을 가르치는 것이 아니라 행동하지 않는 사람에게 행동하게끔 가르치는 것이다. / M. 트웨인
• 자식을 기르는 부모야말로 미래를 돌보는 사람이라는 것을 가슴속 깊이 새겨야 한다. 자식들이 조금씩 나아짐으로써 인류와 이 세계의 미래는 조금씩 진보하기 때문이다. / I. 칸트

---

"남자아이가 나이가 들어가면 풍악과 술에 빠지지 못하도록 하고,
여자아이가 나이가 들어가면 밖으로 놀러 다니지 못하게 해야 한다."

男年長大 莫習樂酒
女年長大 莫令遊走

- 習(습) : 익히다, 배우다, 빠지다, 물들다
- 樂酒(악주) : 풍악과 술
- 遊走(유주) : 놀러 다니다
- 令(령) : 하여금, ~하게 하다(능使)

---

- 도박과 여자와 술은 왕자를 얼마든지 거지로 만든다. / C. H. 스퍼전
- 천성은 노는 것과 쾌락에 빠지라고 하지 않는다. / 서양 속담
- 습관은 제2의 천성이다. 그리고 그것은 천성의 열 배에 이르는 힘을 가지고 있다.
  / A. W. 웰링턴
- 사십 세가 지나면 인간은 자신의 습관과 결혼해 버린다. / 메러디즈

"엄한 아버지는 효자를 길러 내고,
엄한 어머니는 효녀⁵를 길러 낸다."

嚴父 出孝子
嚴母 出孝女

• 出(출) : 나다, 낳다, 내다

---

• 어머니는 우리의 마음속에 열을 주고 아버지는 빛을 준다. / J. 파울
• 부모가 착해야 효자가 난다. / 한국 속담
• 아이들은 어른의 말은 귀담아듣지 않지만 행동은 꼭 따라 한다. / J. 볼드윈
• 스승의 엄격함은 아버지의 관대함보다 더 유익하다. / 사디
• 모성애를 다듬어 넓은 폭을 갖는 것이 중요하다. 어머니 자신의 마음이 맑지 않고서는 올바른 자녀를 인도할 수 없다. 어머니가 총명하고 어질고 굳센 의지를 지니며 용감히 활동하는 힘을 보인다면 입으로 말하지 않아도 자연적으로 좋은 감화를 줄 수 있다. / J. H. 페스탈로치

"아이를 사랑하거든 매를 많이 주고,
아이를 미워하거든 먹을 것을 많이 줘라."

憐兒 多與棒
憎兒 多與食

- 憐(련) : 어여삐 여기다, 사랑하다
- 棒(봉) : 몽둥이, 매

---

- 매를 아끼면 자식을 버린다. / 영국 속담
- 아버지가 자기 자녀에게 매를 들지 않으면 자녀가 그에게 채찍이 될 것이다. / T. 풀러
- 아이를 때릴 때는 분노해서 때리지 않도록 조심하라. 잔인한 매는 한 대도 용서받을 수 없고 용서되어서도 안 된다. / B. 쇼
- 경솔하게 아이를 때리지 말라. 아이를 때리는 것은 하늘을 때리는 것이다[輕勿打兒 打兒卽打天矣]. / 최시형(崔時亨)
- 체벌은 주는 사람에게나 받는 사람에게나 굴욕적이다. 수치도 고통도 체벌 받는 사람을 완고하게 할 뿐 다른 효과가 없다. / E. 케이
- 꽃으로도 때리지 말라. / 김혜자
- 미운 자식 떡 하나 더 줘라. / 한국 속담

---

"다른 사람들은 모두 값비싼 주옥을 소중히 하지만,
나는 자손의 현명함을 소중히 한다."

人皆愛珠玉
我愛子孫賢

• 愛(애) : 사랑하다, 소중히 하다, 아끼다

• 가격보다는 가치를 보아야 한다. / R. 기요사키 『부자 아빠 가난한 아빠』
• 밭이 있어도 갈지 않으면 곳간이 비듯이, 집에 책이 있어도 가르치지 않으면 자손
은 어리석게 된다. / 백거이
• 자녀가 없는 사람의 눈에는 빛이 없다. / 페르시아 속담
• 유년시절에 부모의 사랑을 충분히 받은 아이들은 절대로 어긋나가지 않는다. / 데
니스 홍
• 아이들은 믿는 만큼 자라는 이상한 존재들이다. 아이들을 키우려 하지 말고 아이
들이 커가는 모습을 그저 바라보아라. 그래야 아이도 행복하고 부모도 행복하다.
/ 박혜란 『믿는 만큼 자라는 아이들』

## 제10편 주(註)

**1**
**시서(詩書)**
일반적으로 중국의 고전인 『시경』과 『서경』을 말하지만, 여기서는 통틀어 학문이나 성현의 가르침을 뜻하는 것으로 보는 것이 좋을 듯하다.

**2**
**『한서(漢書)』**
중국 사학사상(史學史上) 사마천의 『사기』를 이은 '두 번째의 정사(正史)'로 평가된다. 후한의 사관 반표(班彪)가 기록하기 시작했으며 그의 맏아들 반고(班固)가 뒤를 이어 20년간 계속 기록했으나 그도 끝을 맺지 못하고 죽자 그의 누이동생 반소(班昭)가 마무리하고 다시 마속(馬續)이 보완하였다. 『사기』가 상고시대부터 무제까지의 통사(通史)인 데 비하여 『한서』는 전한만을 다룬 단대사(斷代史)로, 한고조(漢高祖) 유방(劉邦)에서부터 왕망(王莽)의 난까지 12대 229년간의 기록이라는 점에 특징이 있다. 『한서』는 『사기』의 기술 체계를 따랐으며, 형법(刑法)·오행(五行)·지리(地理)·예문(藝文) 등 네 편의 지(志)를 새로 더하였다.

**3**
**천금**
막대한 돈을 지칭하는 말이다. 1금은 열 냥의 무게인데(1냥은 37.5g), 천금이란 만 냥(375kg) 무게의 금이 되는 셈이다.

**4**
**여형공(呂滎公)**
북송 때의 학자 여희철(呂希哲; 1036~1114)을 말함. 형양군공(滎陽郡公)에 봉해졌으므로 '여형공'이라고 불렸다. 일찍이 과거 시험을 포기하고 오로지 고학(古學)에만 전념했다고 하는데, 학문은 일가(一家)나 일설(一說)에 얽매이지 않았다. 저서에 『여씨잡기(呂氏雜記)』 등이 있다.

**5**
**효녀**
일부 판본에는 '孝女'가 아니라 '巧女(교녀)', 즉 '솜씨 좋은 딸'로 되어 있다.

# 제11편
# 마음을 잘 살피자 (상)
## [省心]

뛰어난 인간이 되는 것은 참다운 내적 성찰의 결과라고 할 것이다.

성심 편에서는 자신의 마음을 잘 살펴 자기발전을 이루자는 내용들이 실려 있다. 원래 한 편이었는데 분량이 너무 많아 나중에 상·하로 나뉘어졌다.

주제가 포괄적이다 보니 인용된 사항들도 매우 다양하여 충효·화목·신뢰·말조심·검약 등 생활 덕목이 있는가 하면 실리만을 좇는 세태를 꼬집기도 한다.

『경행록』에서 말했다.
"보화는 쓰다 보면 바닥이 나지만
충효는 드릴수록 끝이 없다."

景行錄 云
寶貨 用之有盡 忠孝 享之無窮

• 盡(진) : 다하다, 다 없어지다
• 享(향) : 누리다, 드리다
• 無窮(무궁) : 끝이 없다

───────────────────────────────────────

• 충성스러운 마음은 절대 거짓말을 하지 않는다. / 스코틀랜드 속담
• 부모를 섬김에는 마땅히 온 힘을 다하여야 한다[孝當竭力]. / 주흥사(周興嗣)『천자문』
• 낳으실 제 괴로움 다 잊으시고 / 기르실 제 밤낮으로 애쓰는 마음 / 진자리 마른자리 갈아 뉘시며 / 손발이 다 닳도록 고생하시네 / 하늘 아래 그 무엇이 넓다 하리요 / 어머님의 희생은 가이 없어라 / 『어머니의 마음』(양주동 작사, 이흥렬 작곡)

───────────────────────────────────────

"집안이 화목하면 가난해도 좋거니와
의롭지 않다면 부유한들 무엇 하랴.
다만 하나라도 효도하는 자식이 있으면 되지
자손이 많아서 무엇 하리오."

家和貧也好 不義富如何
但存一子孝 何用子孫多

• 也(야) : ~도 또한, ~해도
• 何用(하용) : 무슨 소용이 있겠는가

---

• 집안에 참된 부처 한 분이 있고 일상생활에 하나의 참된 도가 있다. 사람이 능히
  마음을 진실되게 하고, 기운을 화평하게 하여 낯빛을 즐겁게 가지고 말을 부드럽
  게 하며, 부모 형제 사이에 몸이 모두 평안하게 하고 뜻이 서로 통하게 하면, 조식
  (調息; 도교에서 고요히 앉아 숨을 고르는 양생 방법의 하나)이나 관심(觀心; 불교
  에서 자기의 본래의 마음을 관조하는 수행 방법의 하나)보다 만 배나 더 낫다. / 홍
  자성 『채근담』
• 하늘이 내린 시기는 유리한 지형만 못하고 유리한 지형은 사람들의 화목만 못하
  다. / 맹자 『맹자』 「공손추하」

"아버지가 근심거리가 없는 것은 자식이 효성스럽기 때문이요,
남편이 고민거리가 없는 것은 아내가 현명하기 때문이다.
말이 많아 말실수를하는 것은 모두 술 때문이요,
의가 끊어지고 친한 사이가 멀어지는 것은 다만 돈 때문이다."

父不憂心 因子孝 夫無煩惱 是妻賢
言多語失 皆因酒 義斷親疎 只爲錢

• 因(인) : ~ 때문이다
• 是(시), 爲(위) : 모두 앞의 '因'에 대응하는 것으로 '~ 때문이다'로 해석하는 것이 좋다.
• 言多語失(언다어실) : 말이 많음으로써 말로 실수하다
• 只(지) : 다만

• 아, 나의 아들이여, 네가 만일 부모의 근심을 모른다면 아무도 너의 벗이 되지 않
  을 것이다. / 소크라테스
• 가정에서 생의 안식처를 발견하지 못하면 우리는 어디서 쉴 자리를 찾을 것인가.
  가정이 행복한 안식처가 되느냐 못 되느냐는 아내에게 달려 있다. / 안병욱(安秉煜)
• 술을 마음껏 마시면 말을 실수하고 즐거움이 극도에 이르면 슬픔이 온다. / 사마천
  『사기』
• 친구에게 돈을 빌리기 전에 친구와 돈 가운데 어느 것이 내게 더 필요한지 결정하
  라. / A. H. 핼로크

"이미 예사롭지 않은 즐거움을 누렸거든
모름지기 뜻하지 않게 다가올 근심거리를 방비해야 한다."

## 旣取非常樂 須防不測憂

- 非常樂(비상락) : 예사롭지 않은 특별한 즐거움
- 須(수) : 모름지기
- 不測憂(불측우) : 예측하지 못한 근심

---

- 고통이라는 뒷맛이 따르지 않는 즐거움은 없다. 즐거움이 감미로운 것은 그것이 지속되는 동안뿐이다. / H. 켈러
- 현자는 일이 닥치기 전에도 알아보지만 바보는 닥칠 일도 걱정하지 않는다. / 이인 로(李仁老)

---

"사랑을 받을 때 욕됨이 올까 미리 생각하고,
편안하게 지낼 때 위난이 올까 미리 염려해야 한다."

## 得寵思辱 居安慮危

- 寵(총) : 사랑하다, 귀여워하다. '총애(寵愛)' – 남달리 귀엽게 여겨 사랑함
- 慮(려) : 생각하다, 걱정하다

---

- 총애란 목숨처럼 반드시 사라진다. / 서양 속담
- 걱정이 없을 때 경계하여 법도를 지키고 안일이나 방탕에 빠지지 마라. /『서경』
- 쾌청한 날에 소나기를 예상하지 못하는 것은 누구나가 범하는 잘못이다. / M. 마키아벨리『군주론』
- 무릇 집안 살림에는 반드시 늘 부족한 곳이 있도록 해야 한다. 만일 너무 즐거운 일이 생기거든 마땅히 좋지 않은 일이 일어날까 조심해야 한다. / 호안국(胡安國)

---

"영화(榮華)가 가벼우면 그만큼 욕됨도 얕고,
이익이 많으면 그만큼 해로움도 큰 법이다."

## 榮輕辱淺 利重害深

• 榮(영) : 영화, 즉 권력과 부귀를 마음껏 누리는 일

---

• 나에게 건강과 하루의 시간을 달라. 그러면 황제들의 영화를 웃음거리로 만들겠
다. / R. W. 에머슨
• 부정직한 이익보다는 차라리 손실을 택하라. 후자는 일시적 고통을, 전자는 영원
한 고통을 초래하기 때문이다. / 킬론

"지나치게 아끼면 반드시 크게 허비할 일이 생기고,
지나치게 칭찬받으면 반드시 심한 헐뜯음이 뒤따른다.
너무 큰 기쁨은 반드시 심한 근심을 가져오고,
지나치게 재산을 쌓아 두면 반드시 크게 잃게 될 것이다."

甚愛¹必甚費 甚譽必甚毁
甚喜必甚憂 甚藏²必甚亡

• 費(비) : 쓰다, 소모하다, 허비하다
• 毁(훼) : 헐뜯다, 비방하다

• 아무것도 지나치지 않게(meden agan) / 솔론
• 어떠한 경우든 중용이 최상이다. 지나친 것은 모두 고통을 준다. / T. M. 플라우투스
• 명성을 외면하여 질투의 대상이 되지 않은 채 오래오래 즐거운 세월을 보내라. / 오비디우스

공자가 말했다.
"높은 벼랑을 보지 않고서
어찌 넘어져 떨어지는 환난을 알 것이며,
깊은 연못에 가지 않고서
어찌 빠져 죽는 환난을 알 것이고,
큰 바다를 보지 않고서
어찌 풍파가 드센 환난을 알 수 있을 것인가."

子曰
不觀高崖 何以知顚墜之患
不臨深淵 何以知沒溺之患
不觀巨海 何以知風波之患

- 高崖(고애) : 높은 벼랑, '高山'으로 되어 있는 판본도 있다.
- 何以知(하이지) : ~함으로써 어찌 알리오
- 顚墜(전추) : 넘어져 떨어지다
- 深淵(심연) : 깊은 못, 일부 판본에는 '深泉'으로 되어 있다.

---

- 누구도 자기 경험이 허용하는 것 이외에는 알 수가 없다. / F. 니체
- 강물을 거슬러서 헤엄치는 사람은 물살이 얼마나 센지 안다. / W. 윌슨

---

"앞날의 일을 알고 싶거든
먼저 지나간 일들을 살펴보라."

## 欲知未來 先察已然

• 已然(이연) : 이미 그렇게 된 일, 지나간 일. 일부 판본에는 '已往'으로 되어 있다.

---

• 사람들이 역사를 배우는 것은 과거의 잘못을 되풀이하지 않기 위해서다. / F.-M. A. 볼테르
• 미래에 관한 최고의 예언자는 과거다. / G. G. 바이런
• 이미 지난 일을 분명하게 밝혀서 장차 올 일의 득실을 살핀다[彰往察來]. / 『주역』 「계사하(繫辭下)」
• 과거의 일이 옳은지 그른지도 알지 못하고서야 현재의 일이 옳은지 그른지를 어떻게 알 수 있겠는가? / 윤선도 『고산유고(孤山遺稿)』 「국시소(國是疏)」
• 과거를 통제하는 자는 미래를 통제한다. 현재를 통제하는 자는 과거를 통제한다. / G. 오웰
• 미래를 생각하며 괴로워하지 말라. 필요하다면 현재의 쓸모 있는 지성의 칼로써 미래를 향해 서라. / M. 아우렐리우스

---

공자가 말했다.
"밝은 거울은 모습을 살피게 하고,
지나간 일은 오늘을 알게 한다."

子曰
明鏡 所以察形
往者 所以知今

• 所以(소이) : 도구, 방법, 까닭, 이유
• 察形(찰형) : 모습을 살피다
• 往者(왕자) : 지나간 일. 일부 판본에는 '往古(왕고)'로 되어 있다.

---

• 거울이란 얼굴을 비춰보는 것이다. 얼굴에 나쁜 것이 묻지나 않았는지, 혹은 표정이 평화롭지 못하지나 않은지를 살피는 것이다. 그러므로 군자는 거울을 대할 때마다 그 거울의 맑은 본성을 취해, 얼굴을 비추는 거울처럼 자신의 마음을 맑게 해 세상을 비추는 것이다. / 이규보(李奎報) 「경설(鏡說)」

• 역사는 아(我)와 비아(非我)의 상호투쟁을 통해 발현된 모순이 해소되는 과정으로서 항시적으로 지속되는 가운데 더 나은 상태로 진보해 가는 끊임없는 운동이다. / 신채호(申采浩)

• 역사의 가치는 그 안에서 우리 시대에 주는 교훈을 찾아내고, 우리 마음에 감동을 주는 일을 찾아내는 데 있다. 그런 것이 없다면 역사는 아무런 가치도 없다. / 바오펑산(鮑鵬山) 「공자전」

• 역사를 기억하지 못하는 자, 다시 그 역사를 반복할 것이다. / G. 산타야나

• 자기 나라 역사에 대해 모르는 것을 옛날의 군자들은 부끄러워하였다. / 유득공(柳得恭) 〔한치윤(韓致奫)의 『해동역사(海東繹史)』 「서문」에 쓴 글〕

• 민족을 파괴하는 가장 효과적인 방법은 그들의 역사에 대한 이해를 부정하고 망각하게 하는 것이다. / G. 오웰

• 역사책을 읽는 사람이 옛일을 살피고 널리 보는 자료로 삼는다면 괜찮지만, 모두 사실이라고 생각하면 안 된다. / 윤기(尹愭), 『무명자집(無名子集)』

---

"지나간 일들은 거울과 같이 명료하고,
다가올 일들은 옻칠처럼 어둡기만 하다."

過去事 明如鏡
未來事 暗似漆

• 漆(칠) : 옻나무의 검은 진액

---

• 과거는 밝히고 현재는 처방하고 미래는 예언하라. / 히포크라테스
• 역사는 모든 것을, 심지어 미래까지도 가르쳐 준다. / A. d. 라마르틴
• 현재의 시간도 과거의 시간도 어쩌면 미래의 시간 속에 들어 있고, 미래의 시간은 과거의 시간 속에 포함되어 있다. / T. S. 엘리엇

---

『경행록』에서 말했다.
"내일 아침의 일을 오늘 저녁에 기약할 수 없을 것이요,
오늘 저녁때의 일을 오후 네시 쯤 기약할 수 없다."

景行錄 云
明朝之事 薄暮不可必
薄暮之事 哺時不可必

- 薄暮(박모) : 땅거미가 질 무렵
- 必(필) : 꼭 이루어내다, 반드시 그렇게 될 것이다, 딱 집어 말하다. 不可必(불가필) - 꼭 그렇다고 할 수 없다, 알 수 없다, 기약할 수 없다.
- 哺時(포시) : 신시(申時)와 같음. 즉, 십이시(十二時)의 아홉째로 오후 3시부터 5시까지의 시간

- 오늘이란 너무 평범한 날인 동시에 과거와 미래를 잇는 가장 소중한 시간이다. / J. W. v. 괴테
- 내일 무슨 일이 일어날지 묻지 마라. 하루하루를 운명이 네게 허락하는 이익으로 여겨라. / 호라티우스
- 어쨌든 내일은 또 다른 날이다. / M. 미첼 『바람과 함께 사라지다』
- 내일을 이룩한다는 것의 목적은 내일부터 무엇을 시작할 것인가를 결정하는 것이 아니라, 내일이 있게 하기 위해서 오늘 무엇을 해야 할 것인가를 결정하는 데에 있다. / P. F. 드러커
- 인생에 있어서 잘못 알고 있는 것 중의 하나는 현재가 결정적으로 중요한 시기가 아니라고 여기는 것이다. 매일 매일이 그 해 최고의 날이라는 것을 마음속 깊숙이 새겨라. / R. W. 에머슨

"하늘에는 예측할 수 없는 바람과 비가 있고,
사람에게는 아침저녁으로 달라지는 화(禍)와 복(福)이 있다."

# 天有不測風雨
# 人有朝夕禍福

• 測(측) : 헤아리다, 재다, 알다
• 風雨(풍우) : 바람과 비(만물을 조성하고 자연 세계를 다스리는 조물주의 오묘한 섭리를 말할 때 주로 언급된다)

---

• 해지기 전에 무슨 일이 닥칠지 아무도 모른다. / 서양 속담
• 만물은 유전(流轉)한다. / 헤라클레이토스
• 사람이 먼 앞일을 미리 염려하지 않으면 반드시 가까운 날에 근심거리가 생기게 된다. / 공자 「논어」 「위영공」
• 화를 만드는 것이나 복을 만드는 것은 모두 같은 문에서 나오는 것이므로 사람이 제 스스로 부르는 것이다. 또 이(利)와 해(害)는 실은 이는 해를 부르게 되고 해는 이를 부르게 되어 이웃해 있고 안팎에 있는 것이다. / 유안 「회남자」

"석 자 되는 흙 속으로 돌아가지 않고
백 살까지 육신을 보전하기 어렵고,
이미 석 자 되는 흙 속으로 돌아가서는
백 년 동안 무덤을 보전하기 어렵다."

未歸三尺土 難保百年身
已歸三尺土 難保百年墳

• 三尺土(삼척토) : 석 자의 흙, 즉 무덤을 말함
• 墳(분) : 무덤, 봉분

───────────────────────────

• 소나무는 천 년 산다지만 끝내 말라 죽는데, 무궁화는 하루일망정 절로 영화를 누리는구나[松樹千年終是朽 槿花一日自爲榮]. / 백거이
• 하늘과 땅은 영원히 있지만 이 몸은 두 번 얻지 못하고, 인생은 다만 백 년인데 오늘은 가장 빨리 지나간다. / 홍자성 『채근담』

───────────────────────────

『경행록』에서 말했다.
"나무를 잘 기르면 뿌리가 튼튼하고 가지와 잎이 무성해서
기둥과 들보로 쓸 재목이 되고,
물을 잘 관리하면 수원(水源)이 풍부하고 물줄기가 길어져서
관개(灌漑)의 이로움이 널리 베풀어지며,
사람을 잘 키우면 뜻과 기상이 뛰어나고 식견이 밝아져서
충의(忠義)의 선비가 나온다.
어찌 잘 키우지 않을 수 있겠는가."

景行錄 云
木有所養 則根本固而枝葉茂 棟樑之材成
水有所養 則泉源壯而流派長 灌漑之利博
人有所養 則志氣大而識見明 忠義之士出 可不養哉

• 棟樑(동량) : 기둥과 들보, 즉 한 집안이나 나라의 기둥이 될 만한 인물을 말함
• 泉源(천원) : 샘물의 근원
• 可不~哉(가불~재) : ~하지 않을 수 있겠는가

• 인재는 나라의 유익한 그릇이고 학교는 인재를 구워내는 가마다. / 양성지(梁誠之)
• 굵은 나무는 기둥으로, 가는 나무는 서까래로 쓴다. / 한유
• 한 해의 계획으로는 곡식을 심는 일만 한 것이 없고, 십 년 계획으로는 나무를 심는 일만 한 것이 없으며, 평생의 계획으로는 사람을 심는(인재를 양성하는) 일만 한 것이 없다. / 관중『관자』

"스스로를 믿는 사람은 남도 또한 그를 믿어서
오나라와 월나라³ 같이 적국 사이라도 형제와 같이 될 수 있고,
스스로를 믿지 못하는 사람은 남도 또한 그를 믿어주지 않아서
자기 이외에는 모두 적국이 되는 것이다."

自信者 人亦信之 吳越皆兄弟
自疑者 人亦疑之 身外皆敵國

• 身外(신외) : 자기 이외의 사람이나 나라

---

• 스스로를 의심하는 사람은 남을 믿지 못하고, 스스로를 믿는 사람은 남을 의심하지 않는다. / 『소서』
• 자기 자신에 대한 신뢰가 남에 대한 신뢰를 낳는다. / 라 로슈푸코 『잠언과 성찰』
• 나는 인간에 대한 신뢰 이외에 다른 신앙이 필요 없다. / P. S. 벅
• 의심은 행복에 대해서도 미덕에 대해서도 똑같이 적이 된다. / S. 존슨
• 싫어해야 할 적을 만들어라. 결코 경멸해야 할 적을 만들어서는 안 된다. 너는 너의 적에 대해서 긍지를 가질 수 있어야만 한다. / F. 니체 『차라투스트라는 이렇게 말했다』

"의심스러운 사람은 쓰지를 말고,
일단 사람을 썼으면 의심하지 말라."

# 疑人莫用 用人勿疑

- 疑(의) : 의심하다, 믿음이 가지 아니하다, 싫어하다

---

- 사람은 훌륭할수록 남이 부정직하다는 의심을 덜 품는다. / M. T. 키케로
- 믿음성 있는 사람을 나는 믿는다. 그러나 믿음성 없는 사람도 또한 나는 믿는다. 이리하여 믿음이 얻어진대(信者吾信之 不信者吾亦信之 得信). / 노자 「도덕경」 49장
- 믿음을 주지 못하는 사람은 어디에 써야 할지 알 수 없다. / 공자 「논어」 「위정」
- 인재는 제1자원이며 누구나 인재가 될 수 있다는 인재관(人材觀)을 가져야 한다. / 후진타오(胡錦濤)
- 군자가 사람을 부릴 때는 각자의 재능과 기량에 맞게 쓴다. … 소인이 사람을 부릴 때는 한 사람에게 모든 것이 갖추어지기를 바란다. / 공자 「논어」 「자로」
- 훌륭한 리더십은 IT기술을 잘 활용하는 사람보다 필요한 순간에 얼굴을 마주하며 문제를 함께 풀어가는 사람에게서 볼 수 있다. 왜냐하면 리더십은 친밀감과 신뢰를 바탕으로 하기 때문이다. / J. 웰치

---

『풍간(諷諫)』에서 말했다.
"물 밑의 고기와 하늘가의 기러기는
높아도 쏘아 잡고 깊어도 낚아 잡을 수 있지만,
오직 사람의 마음만은 바로 가까이에 있음에도
가까이에 있는 그 마음을 도무지 헤아릴 수 없구나."

諷諫 云
水底魚天邊雁 高可射兮低可釣
惟有人心咫尺間 咫尺人心不可料

- 兮(혜) : 어기(語氣)를 조절하는 어조사로서, 운문 중에 주로 쓰여 '~여', '~인가' 식으로 정지나 완만함을 나타내고 가끔 감정을 터뜨리는 작용을 한다.
- 咫尺(지척) : 가까운 거리. 원래 '咫'는 주대(周代)의 길이의 단위로는 8치[寸]를 말하고, '尺'은 자를 말함. 한 자(약 30.3cm)는 10치임
- 料(료) : 헤아리다

---

- 천 길 물속은 알아도 한 길 사람 속은 모른다. / 한국 속담
- 사람의 마음은 빙산과 같다 / S. 프로이트

---

"호랑이를 그린다고 할 때
그 가죽은 그릴 수 있어도 뼈는 그리기 어렵고,
사람을 안다고 할 때
그 얼굴은 알 수 있지만 마음은 알지 못한다."

## 畵虎畵皮難畵骨 知人知面不知心

• 皮[가죽]와 面[얼굴]은 겉에 있어 보이는 것이고, 骨[뼈]과 心[심]은 속에 있어 보이지 않는 것이다.

---

• 사물의 모양이 서로 다르듯 사람의 마음도 가지각색이다. / 오비디우스

• 얼굴로 사람의 마음속을 알아볼 길은 없다. / W. 셰익스피어

• "저는 그 사람의 모든 것은 인상에 나타난다고 생각합니다(물론 보는 쪽이 정확하게 볼 수 있는 능력을 지니고 있는 경우에). 그러니 인상으로 사람을 판단할 수 있는 능력을 갈고닦는 것도 중요합니다." / 요시모토 바나나 『어른이 된다는 것』

---

"얼굴을 맞대고 서로 이야기는 하지만
마음은 천 개의 산만큼이나 격해 있는 것 같다."

## 對面共話 心隔千山

- 共話(공화) : 함께 이야기하다. 일부 판본에는 '共語'로 되어 있다.
- 隔(격) : 막히다, 사이 뜨다, 멀리하다

- 인생을 살아가며 나는 한 가지 분명한 사실을 알게 되었다. 그것은 열린 마음을
  잃지 않는 것이 무엇보다 중요하다는 것이다. 열린 마음이야말로 사람들에게 가
  장 중요한 재산이다. / M. 부버
- 사람들을 만날 때면 나는 상대방이 '나를 중요하게 봐 주세요'라는, 눈에 보이지
  않는 신호를 보내고 있다고 상상한다. 그렇게 되면 신호에 적극적으로 반응하
  게 되는데, 그러면 항상 놀라운 결과를 낳는다. / M. K. 애쉬 『핑크 리더쉽(Mary Kay
  Way)』
- 말하는 사람의 마음은 한결같지만 듣는 사람들의 귀는 서로 다르다. / 지눌
- 통하면 아프지 않고 통하지 않으면 아프다[通則不痛 不通則痛]. / 허준(許浚) 『동의보
  감』

"바다는 마르면 마침내 그 밑바닥을 볼 수 있지만
사람은 죽고 나서도 그 마음을 알 수 없다."

海枯終見底
人死不知心

- 枯(고) : 마르다
- 終(종) : 마치다, 마침내, 끝
- 底(저) : 밑바닥

---

- 사람의 마음은 극도로 미묘하기 때문에 말로 설명할 수도, 생각으로 깨달을 수도, 침묵으로 통할 수도 없다. / 보우(普愚)
- 우리는 남에게 내 마음속을 보이고 싶지 않다. 인간의 마음이란 결코 아름답게만 보이지 않기 때문이다. / L. 비트겐슈타인

태공이 말했다.
"무릇 사람은 앞날을 내다볼 수 없고,
바닷물은 말[斗]로 될 수 없다."[5]

## 太公曰
## 凡人不可逆相
## 海水不可斗量

- 凡人(범인)을 '평범한 사람'으로 보아도 해석은 되지만, '凡(범)'을 문장 앞에 오는 어조사 '무릇'으로 보는 것이 좀 더 매끄럽다
- 逆相(역상) : 미리 내다보다. '逆'에는 '미리'라는 뜻이 있고, '相'에는 '보다'·'점치다'의 뜻이 있다. 『증광현문(增廣賢文)』에는 '君子不可貌相 海水不可斗量'으로 되어 있는데, '군자는 그 모습을 아무나 알아볼 수 없고, …'로 풀이할 수 있겠다.
- 斗量(두량) : 말로 되다. 비유적으로 '두루 헤아려 일을 처리하다'라는 뜻으로도 쓰인다.

- 미래에 관하여 우리가 해야 할 일은 예견이 아니라 실현이다. / A. M. R. d. 생텍쥐페리
- 위험을 예견하면 이미 절반은 피한 셈이다. / 서양 속담

『경행록』에서 말했다.
"남과 원한을 맺는 것을
'재앙의 씨앗을 뿌리는 짓'이라 하고,
선을 버리고 착한 일을 하지 않는 것을
'스스로를 해치는 짓'이라고 한다."

景行錄 云
結怨於人 謂之種禍
捨善不爲 謂之自賊

• 種禍(종화) : 재앙의 씨앗을 심다
• 自賊(자적) : 자신을 해치다. '賊'에는 '도둑'·'훔치다' 외에 '죽이다'·'해치다'의 뜻이 있다.

---

• 남을 괴롭힘으로써 자기가 행복해지기를 바란다면 원한이 쌓여서 이루어지는 재앙을 맞을 것이다. / 법구『법구경』
• 오늘 하루 이 시간은 그대의 것이다. 하루를 선행으로 장식하라. / F. D. 루스벨트
• 네 원수가 주리거든 먹을 것을 주고 목말라하거든 물을 주어라. 그것은 숯불을 그의 머리에 놓는 셈이다. 주님께서 너에게 그 일을 보상해 주시리라. / 잠언 25:21-22

"만약 한 편 말만 듣는다면 곧 서로 헤어지게 될 것이다."

## 若聽一面説 便見相離別

- 若(약) ~ 便(변) : 만약 ~한다면 바로
- 見(견) : 보다, 보이다, 당하다. '見+동사'는 '~을 당하다', '~하게 되다', '~함을 받다'의 피동형
  을 구성한다.

---

- 안방 가면 시어머니 말이 옳고, 부엌 가면 며느리 말이 옳다. / 한국 속담
- 남의 말을 잘 경청하는 것은 제2의 유산이다. / P. 시루스
- 잘 경청하라. 당신의 귀는 당신을 곤란에 빠뜨리지 않을 것이다. / F. 타이거
- 사람에게 귀가 두 개 있는 것은 양쪽 말을 다 잘 들으라는 뜻이 담겨 있다. / 무명씨
- 충분히 오래 들으면, 상대방은 대개 좋은 해결책을 알려주기 마련이다. / M. K. 애
  쉬
- 말하는 것은 지식의 영역이고 듣는 것은 지혜의 특권이다. / O. W. 홈스
- 자기에 관한 말은 좋게 들리지 않는다. / 서양 속담

---

"배부르고 따뜻하면 음탕한 욕심이 생각나고,
굶주리고 추워야 올바른 마음이 일어난다."

飽煖 思淫慾
飢寒 發道心 [6]

- 煖(난) : 따뜻하다, 덥다
- 飢(기) : 굶주리다, 배고프다(=饑)

---

- 군자는 어려운 처지는 염려하지 않지만 즐겁게 노는 것은 걱정한다. / 홍자성 『채근담』
- 재앙은 위험이 아니라 안일함 속에, 행운은 번영이 아니라 어려움 속에 있다. / 김시습
- 안일에서 생기는 여러 가지 악(惡)은, 열심히 일함으로써 제거된다고 하는 사실만큼 확실한 것은 없다. / L. A. 세네카
- 지나치게 소박한 생활을 했다고 후회한 사람은 아직까지 아무도 없다. / L. 톨스토이

---

소광(疏廣)[7]이 말했다.
"어진 사람이 재물을 많이 가지고 있으면 그의 참뜻이 손상되고,
어리석은 사람이 재물이 많으면 허물이 더 늘어나는 법이다."

疏廣曰
賢人多財 則損其志
愚人多財 則益其過

• 志(지) : 뜻, 마음이 지향하는바, 본심
• 過(과) : 허물, 잘못

---

• 자유롭고 고상한 삶을 막는 것은 무엇보다도 재산 소유에 대한 집착이다. / B. 러셀
• 재물이란 아주 유익한 머슴인가 하면 제일 무서운 주인이기도 하다. / T. 칼라일
• 자선을 행하지 않는 인간은 아무리 굉장한 부자일지라도 맛있는 요리가 즐비한 식탁에 소금이 없는 것과 마찬가지다. / 「탈무드」
• 한 개의 촛불로써 많은 초에 불을 붙여도 처음의 촛불의 빛은 약해지지 않는다. / 「탈무드」

"사람이 가난하면 지혜가 줄어들고,
복이 오면 마음 역시 영명해지는 법이다."

# 人貧智短 福至心靈

• 靈(령) : 영통하다, 영명하다, 거룩하고 슬기롭다

---

• 주머니가 비면 머리도 빈다. / W. C. 윌리엄스
• 입을 것과 먹을 것이 넉넉해야 예절을 안다. / 관중 『관자』
• 위(胃)가 비어 가지고는 어느 누구도 애국자가 될 수 없다. / W. C. 브란
• 재산이 없다면 지위와 용기는 잡초처럼 무가치하다. / 호라티우스
• 행운이 우리를 따라오면 명성도 따라온다. / P. 시루스

---

"한 가지 일을 겪어 보지 않으면
한 가지 지혜가 늘지 않는다."

# 不經一事 不長一智

- 經(경) : 겪다, 경험하다
- 長(장) : 길다, 늘다, 잘하다

---

- 근육화되지 않은 지식은 아무 쓸모가 없다. 아무 소용이 없다. 지식도 근육화되어야 한다. / 파푸아뉴기니 속담
- 나의 발길을 인도하는 등불은 오직 하나, 즉 경험이라는 등불뿐이다. / P. 헨리
- 좋은 경험은 잘 갈아 놓은 토지와 같은 것이다. 이 경험이라는 토지는 필요에 응하여 무한한 힘을 낳고, 그로 인하여 소유자에게 많은 수확을 얻게 한다. / J. 브라키
- 경험을 거치지 않는 한 아무것도 실재하는 것이 아니다. 격언마저도 개인의 삶을 통해 증명되지 않는 한 그에게는 격언이 아닌 것이다. / J. 키츠
- 경험은 누구에게 일어난 일을 말하는 게 아니라, 어떤 일이 일어났을 때 그 사람이 한 행동을 말한다. / A. 헉슬리
- 인간이 현명해지는 것은 경험에 의한 것이 아니고, 그 경험에 대처하는 능력 때문이다. / R. 데카르트

"하루 종일 시비가 있어도
들으려고 하지 않으면 저절로 없어지는 법이다."

## 是非終日有 不聽自然無

- 是非(시비) : 잘잘못, 옳으니 그르니 하고 다투는 일, 이러니저러니 좋지 않게 말하는 일
- 自然(자연) : 사람의 힘이 더해지지 아니하고 세상에 스스로 있는 존재나 상태, 저절로

---

- 중상은 침묵으로 대처하는 것이 최선이다. / B. 존슨
- 중상은 기묘한 규정을 가지고 있는 악덕이다. 그것을 죽이려고 하면 살지만 내버려두면 자연사한다. / T. 페인
- 시비를 가리느라고 개에게 물리느니보다는 개에게 차라리 길을 양보하는 것이 현명하다. 개를 죽여 본들 상처는 치유될 수 없는 법이다. / A. 링컨

---

"찾아와서 옳고 그름을 이야기하는 사람이
바로 시비를 거는 사람이다."

## 來說是非者 便是是非人

- 便是(변시) : 바로(便) ~이다(是). '是'가 이처럼 부사(또는 대명사)에 붙어서 같이 쓰이는 예가
많다(예를 들면 只是: 단지 ~이다, 總是: 모두 ~이다, 都是: 모두 ~이다, 却是: 도리어 ~이다,
還是~~: 도로 ~이다 등).

---

- 트집쟁이는 사사건건 트집을 잡을 것이다. / 영국 속담
- 남의 말이라면 쌍지팡이 짚고 나선다. / 한국 속담
- 자기의 잘못을 인정하는 것처럼 마음이 가벼워지는 일은 없다. 그러나 자기가 옳
다는 것을 인정받으려고 하는 것처럼 마음이 무거운 일은 없다. /『탈무드』

---

『격양시』에서 말했다.

"평생 남에게 눈썹 찌푸릴 일을 하지 않으면
당연히 세상에 이를 갈 사람이 없을 것이다.
크게 난 이름을 어찌 무딘 돌에 새길 것인가.
길가는 사람의 입이 비석보다 낫거늘."

擊壤詩 云
平生不作皺眉事 世上應無切齒人
大名豈有鐫頑石 路上行人口勝碑

- 皺眉(추미) : 눈썹을 찌푸리다
- 應(응) : 응당, 마땅히
- 切齒(절치) : 이를 갈다
- 鐫(전) : 새기다
- 勝(승) : ~보다 낫다

---

- 명성에 대한 애착은 지혜로운 사람마저도 극복하지 못하는 가장 끈질긴 약점이다. / 타키투스
- 미덕보다 명성을 사람들은 한층 더 갈망한다. 미덕에 대한 보상이 없다면 누가 그것을 갖추려고 하겠는가? / 유나벨리스
- 명성은 하루살이에 불과하다고 한다. 그러나 사람들의 가슴 속에 살아 있다는 것은 가치 있는 일이다. / 위다

"사향을 지녔으면 저절로 향기가 날 것이거늘
어찌 꼭 바람을 향해 서서 풍길 필요가 있겠는가."

# 有麝自然香 何必當風立

- 麝(사) : 사향(麝香)을 말함. 사향은 궁노루 수놈의 배꼽과 불두덩을 싸고 있는 향낭(香囊)에서 채취해 건조한 흑갈색의 분말로서 방향이 강해서 예로부터 향료 또는 약제(강심·흥분·진경제 등)로 쓰여 왔다.
- 何必(하필) : 어찌 ~할 필요가 있겠는가
- 當風(당풍) : 바람을 마주하여

---

- 스스로 뽐내는 사람[自伐者]은 공을 차지하지 못하고, 자기를 자랑하는 사람[自矜者]은 우두머리가 되지 못한다. / 노자 『도덕경』 24장
- 덕행은 자화자찬할수록 가치가 더욱 떨어진다. / 볼테르
- 자기의 높은 직함을 여러 사람들에게 광고하려고 하는 사람은 이미 자기의 인격에 상처를 입히고 있다. / 히레르

---

"복(福)이 있다 해도 마구 다 누리지 말라.
복이 다하면 빈궁한 신세가 된다.
권세를 지녔다 해도 함부로 다 부리지 말라.
권세가 다하면 원수와 서로 만나게 된다.
복이 있을 때 늘 스스로 아끼고,
권세를 지닐 때 늘 스스로 공손히 하라.
사람이 살아감에 있어 교만과 사치는
처음에는 있으나 끝에는 없는 법이다."

有福莫享盡 福盡身貧窮 有勢莫使盡 勢盡寃相逢
福兮常自惜 勢兮常自恭 人生驕與侈 有始多無終

- 享盡(향진) : 다 누리다
- 寃(원) : 원통하다, 원통해하는 사람, 원수
- 惜(석) : 아끼다

---

- 절약은 행운을 주고 사치는 재앙을 초래한다는 것이 하늘의 이치다. / 이언적(李彦迪)
- 오만불손한 말은 변명할 여지가 없다. 겸손하지 않다는 것은 사리판단이 흐린 것이므로. / A. 포프
- 우리에게 무엇이 제일 필요하냐고 물으면 첫째도 겸손이요 둘째도 겸손이요 셋째도 겸손이라고 나는 대답하리라. / 아우구스티누스
- 내가 가진 권력이나 재물 등 모든 것은 신불(神佛)이 잠시 내게 맡긴 것이니 나는 이를 잘 이용하였다가 돌려주어야 한다. / 도쿠가와 이에야스

왕참정(王參政)[8]이 「사류명(四留銘)」[9]에서 말했다.
"받은 재능 다 쓰지 않고 남겨 두었다가 조물주에게 돌려드리고,
받은 녹봉 다 쓰지 않고 남겨 두었다가 나라에 돌려주고,
받은 재물 다 쓰지 않고 남겨 두었다가 백성에게 돌려주고,
받은 복 다 쓰지 않고 남겨 두었다가 자손에게 돌려주어라."

王參政 四留銘曰
留有餘不盡之巧 以還造物
留有餘不盡之祿 以還朝廷
留有餘不盡之財 以還百姓
留有餘不盡之福 以還子孫

- 有餘不盡(유여부진) : 나머지를 두고 다 쓰지 아니하다
- 巧(교) : 재주

- 자선이라는 덕성은 이중으로 축복받은 것이요, 주는 자와 받는 자를 두루 축복하는 것이니, 미덕 중에서 최고의 미덕이다. / W. 셰익스피어
- 참으로 마음에서 우러나오는 보시(布施)는 이름이나 칭찬을 바라지 않는다. / 법구 『법구경』
- 가난한 이가 와서 구걸하거든 분수껏 아까워 말고 나눠줘라. 빈손으로 왔다가 빈손으로 가는 삶, 나와 남이 둘이 아닌 한 몸으로 생각하고 보시하라. / 서산대사
- 성공을 거둔 기업가는 부를 사회에 환원하고, 또 세계의 불평등을 개선할 수 있는 길을 찾아야 한다. 이것이 우리의 사회적 책임이다. 나는 죽기 전까지 재산의 95%를 사회에 기부하겠다. 내 인생의 후반은 주로 의미 있게 돈을 쓰는 일에 바칠 것이다. / B. 게이츠

"황금 천 냥이 귀한 것이 아니고
다른 사람에게서 좋은 말 한마디 듣는 것이 천금보다 낫다."

# 黃金千兩 未爲貴
# 得人一語 勝千金

- 兩(냥) : 무게 또는 돈의 단위. '천 냥'은 매우 많은 금이나 돈을 이르는 말임.

- 未爲貴(미위기) : 귀한 것이 아니다. 여기서 '爲'는 '是'에 해당함.

- 得人一語(득인일어) : 남의 좋은 말 한 마디를 얻는 것. '得'은 고어(古語)에서 '德'과 통용되기도 하였다. 주자도 『논어집주(論語集註)』에서 "德之爲言 得也 行道而有得於心也[德이란 말은 얻는다는(得) 뜻이니, 道를 행하여 마음에 얻음이 있는 것이다]"라고 한 바 있다. 그리하여 '得人'을 '德人'으로 보아 '得人一語'를 '덕 있는 사람의 한 마디 말'로 풀이한 판본도 있다.

---

- 좋은 평판에 대한 경멸은 건방진 것이다. / T. 홉스

- 인간에게 있어서 말은 고뇌를 고치는 의사이다. 왜냐하면 말만이 영혼을 고치는 불가사의한 힘을 갖고 있기 때문이다. 따라서 옛 현인들은 말을 '묘약(妙藥)'이라고까지 불렀다. / 메난드로스

---

"재주 있는 사람은 재주 없는 사람의 종이 되고,
괴로움은 즐거움의 어머니가 된다."

巧者 拙之奴
苦者 樂之母

• 巧(교) : 솜씨 있다, 재주
• 拙(졸) : 서툴다, 둔하다, 질박하다

• 재주 있는 사람은 애써 일해도 원망만 받으니, 어찌 재주 없는 사람이 한가롭게 지내면서도 본성을 잘 지키는 것과 같겠는가? / 홍자성 『채근담』
• 성공은 고생에 대한 보상이다. / 소포클레스
• 가시에 찔리지 않고서는 장미꽃을 모을 수가 없다./ 필페이
• 고생 끝에 낙이 온다. / 한국 속담
• 쓴맛을 전혀 맛본 적이 없는 사람은 단맛을 모른다. / 독일 속담
• 미라보 다리 아래 센 강이 흐르고 / 우리들의 사랑도 흘러간다 / 허나 괴로움에 이어서 오는 기쁨을 나는 또한 기억하고 있나니 / (…) / G. 아폴리네르

"작은 배는 무겁게 짐 싣는 것을 감당하기 어렵고,
으슥한 길은 혼자 다니기에 마땅치 않다."

小船難堪重載
深逕不宜獨行

- 難堪(난감) : 견뎌 내기 어렵다
- 深逕(심경) : 으슥한 길. 참고로, 크고 바른 길은 '道'이고, 그보다 작은 길은 '路'이며, 길이라고 여길 수도 없는 샛길은 '逕'이다. 따라서 흔히 道는 군자가 행하여야 할 길이고, 逕은 군자가 걸어서는 안 되는 길이란 의미로 비유적으로 쓰이는 말이기도 하다
- 不宜(불의) : 알맞지 않다, 좋지 않다

- 세상을 개혁하는 유일한 방법은 자기에게 가장 가까운 일은 하고 자기에게 벅차고 거창한 일에는 달려들지 않는 것이다. / C. 킹즐리
- 군자는 생각이 제자리를 벗어나지 않는다. / 증자(曾子)
- 내게 조금이라도 지혜가 있다면 큰길[大道]을 걸을 때 비탈진 샛길로 빠져들지 않을까 두려워할 것이다. / 노자 『도덕경』 53장

"황금이 귀한 것이 아니요,
편안하고 즐거운 것이 보다 더 값진 것이다."

黃金未是貴
安樂値錢多

• 値（치） : 값, 가치, 가격, ~한 가치가 있다, 가격이 ~이다. '値'가 '直'으로 되어 있는 판본도 있
  다. 値錢多（치전다） : 돈 많은 것만큼 가치가 있다, 값어치가 돈보다 많다

• 행복한 삶은 마음의 평온함에 달려 있다. / M. T. 키케로
• 마음의 괴로움은 육체의 고통보다 더 견디기 힘들다. 마음의 목마름은 물을 마셨
  다고 해서 해갈되지 않는다. 마음의 평온함을 얻은 사람은 자기 자신에게나 타인
  에게도 따뜻하고 평화롭다. 마음이 선량하면 모든 것이 좋아진다. / R. 데카르트

"제 집에서 손님을 제대로 맞이할 줄 모르면
밖에 나가 봐야 비로소 반기는 주인이 적음을 알 것이다."

在家 不會邀賓客
出外 方知少主人

• 不會(불회) : ~할 줄 모르다. '會'에는 '모이다' 외에 '능히 하다', '배워서 할 줄 알다'의 뜻이 있다.
• 邀(요) : 맞이하다
• 方(방) : 비로소, 바야흐로. '과거와 현재가 만나는 시점'을 가리킴.

---

• 사람은 주인과 손님 두 종류다. / M. 비어봄
• 소인을 대접함에는 엄하기가 어려운 것이 아니라 미워하지 않기가 어려우며, 군자를 대접함에는 공손하기가 어려운 것이 아니라 예(禮)를 지키기가 어렵다. / 홍자성 『채근담』
• 주인을 위해 건배하지 않는 사람은 나쁜 손님이다. / 영국 속담

---

"가난하면 북적거리는 저잣거리에 살아도
서로 아는 사람이 없고,
부유하면 비록 깊은 산중에 살아도
먼 데서 찾아오는 친지가 있는 법이다."

貧居鬧市無相識
富住深山有遠親

• 鬧市(요시) : 시끄러운 시장
• 相識(상식) : 서로 알다.

---

• 부자는 다른 나라에 가도 도처에 자기 집이 있지만, 가난뱅이는 자기 집에 있어도 낯이 설다. / F. 뤼케르트
• 부귀를 누리면 친척들이 존경하고 두려워하지만 가난하고 지위가 낮아지면 경멸하고 푸대접한다. / 소진(蘇秦)

"사람의 의리는 다 가난한 데서 끊어지고,
세상의 인심은 곧 돈 있는 집으로 쏠리게 마련이다."

人義 盡從貧處斷
世情 便向有錢家

- 盡(진) : 다하다, 마치다, 모두
- 從(종) : 좇다, 따르다, ~에서, ~부터
- 便(변) : 문득, 곧

- 쌀독에서 인심 난다. / 한국 속담
- 세상의 인심은 산보다 더 험하다. / 옹도(雍陶)
- 돕는 사람이 없어지다 보면 끝에 가서는 친척마저 배반하게 되고[寡助之至 親戚畔之], 돕는 사람이 점점 많아지게 되면 결국 천하의 모든 사람이 따르게 된다[多助之至 天下順之]. / 맹자 『맹자』「공손추하」

"차라리 밑 빠진 항아리는 막을지언정
코 밑에 가로 놓인 입은 막기 어렵다."

# 寧塞無底缸 難塞鼻下橫

- 寧(녕) : 차라리
- 缸(항) : 항아리, 한 말 들이 질그릇
- 塞(색) : 막다
- 鼻下橫(비하횡) : 코 밑에 가로 놓인 것, 즉 입을 말함

---

- 목구멍이 포도청 / 한국 속담
- 인간에게는 여섯 개의 소용 있는 부분이 있다. 그 중 세 개는 스스로 제어할 수 없지만, 세 개는 인간의 힘으로 어떻게든 되는 부분이다. 눈·코·귀가 앞의 것이고, 입·손·발이 뒤의 것이다. / 탈무드
- 입이 광주리만 해도 말 못한다. / 한국 속담
- 무언이 명언이다. / 박경혜

---

"사람의 정은 군색해지면 다 멀어지게 되는 법이다."

# 人情 皆爲窘中疎

- 窘(군) : 군색하다, 궁핍하다
- 疎(소) : 소원해지다, 멀어지다

---

- 가난이 슬며시 집안으로 들어오면 거짓 우정은 서둘러 창밖으로 도망간다. / 서양 속담
- 가난은 죄가 아니라고 말하기는 쉽다. 사람이 가난을 부끄러워하지 않을 때는 그 말이 맞다. 그러나 가난한 사람들은 세상 어디서나 경멸당한다. / J. K. 제롬

---

『사기(史記)』[10]에서 말했다.
"하늘에 교제(郊祭)[11]를 지내고 사당에 제례 올림에도
술이 아니면 제향(祭享)하지 못할 것이요,
임금과 신하, 벗과 벗 사이에도
술이 아니면 의가 도타워지지 않을 것이요,
싸우고 나서 서로 화해함에도
술이 아니면 권하지 못할 것이다.
그러므로 술에는 성공도 있고 실패도 있으니
결코 함부로 마셔서는 안 될 것이다."

史記曰
郊天禮廟 非酒不享 君臣朋友 非酒不義
鬪爭相和 非酒不勸 故 酒有成敗而不可泛飮之

• 郊天(교천) : 하늘에 교제(郊祭)를 지내다
• 禮廟(예묘) : 사당에 제례(祭禮)를 올리다
• 享(향) : 제사 올리다
• 泛飮(범음) : 넘치도록 마시다, 함부로 마시다. '泛'은 '뜨다, 가득 차다'의 뜻일 때는 '범'으로 읽고, '엎다, 전복시키다'의 뜻일 때는 '봉'으로 읽는다. 따라서 泛飮을 '엎어지도록 마시다'의 뜻으로 보면 '봉음'이라고 해야 할 것이다.

---

• 술 없는 곳에 사람은 있을 수 없다. / 에우리피데스
• 술은 사람 그 자체다. / 보들레르
• 한 잔의 술은 판사보다 더 빨리 분쟁을 해결해준다. / R. B. 셰리든
• 술은 비와 같다. 비가 내리면 진흙은 진창이 되지만 양질의 토지는 꽃을 피운다. / J. 헤이
• 비난받아야 할 것은 음주가 아니라 과음이다. / J. 셀던

---

공자가 말했다.
"선비로서 도(道)에 뜻을 두고 있으면서도
나쁜 옷과 나쁜 음식을 부끄러이 여긴다면
그런 사람은 함께 도를 논의할 만할 자격이 없다."

## 子曰
## 士志於道而恥惡衣惡食者 未足與議也

- 志於(지어) : ~에 뜻을 두다
- 惡衣惡食(악의악식) : 나쁜 옷과 나쁜 음식
- 與議(여의) : 함께 의논하다

---

- 옷을 자신의 가장 중요한 일부로 삼는 사람은 일반적으로 오로지 그 옷의 가치로
  만 평가될 것이다. / W. 해즐릿
- 연미복이 정말 필요한 사람은 바지에 구멍이 난 사람이다. / J. 테일러
- 보잘것없는 식사로 만족하는 사람 가운데 청렴결백한 사람이 많다. / 홍자성 『채근
  담』

---

순자가 말했다.
"선비에게 시기하는 벗이 있으면
현명한 벗이 그와 가까이하려 하지 않을 것이고,
임금에게 시샘하는 신하가 있으면
현명한 사람이 귀부(歸附)하려 오지 않는 법이다."

荀子曰
士有妬友 則賢交不親
君有妬臣 則賢人不至

• 妬(투) : 샘내다, 시기하다
• 至(지) : 이르다, 도달하다, 오다

---

• 미덕이 없는 사람은 미덕을 갖춘 사람을 시기한다. / F. 베이컨
• 시기는 증오보다 달래기가 더 힘들다. / 라 로슈푸코 『잠언과 성찰』
• 다른 사람이 당신보다 돈을 더 빨리 버는지 관심을 갖는 것은 치명적인 악(惡)들 가운데 하나이다. 질투야말로 가장 어리석은 죄악이다. 왜냐하면 그것은 유일하게 재미를 느낄 수 없기 때문이다. 고통만 많이 줄 뿐 재미는 전혀 없다. / C. 멍거

"하늘은 녹(祿) 없는 사람을 태어나게 하지 않고,
땅은 이름 없는 풀을 자라게 하지 않는다."

天不生無祿之人
地不長無名之草

• 祿(록) : 관리에게 주는 봉급[祿俸]. 여기서는 '먹을 것'을 뜻하고 있다.
• 長(장) : 오래되다, 길다, ~을 기르다

---

• 사람은 모두 자기 먹을 걸 가지고 태어난다. / 한국 속담
• 삶이 그대를 속일지라도 슬퍼하거나 노하지 말라. 슬픈 날엔 참고 견뎌라. 즐거
  운 날이 오고야 말리니. / A. 푸슈킨
• 이름 좋은 하눌타리. / 한국 속담

---

"큰 부자가 되는 것은 하늘에 달려 있고,
작은 부자가 되는 것은 부지런함에 달려 있다."

## 大富由天 小富由勤

- 由(유) : 말미암다, 달려 있다, ~로부터 오다
- 勤(근) : 부지런하다, 힘쓰다, 근무하다

---

- 가난하게 태어난 것은 당신의 잘못이 아니다. 그러나 죽을 때도 가난한 것은 당신의 잘못이다. / B. 게이츠
- 근면은 재산의 오른손이요 절약은 왼손이다. / J. 레이
- 자신의 일을 즐기면 부는 따라온다. / W. 버핏

"집안 일으킬 자식은 거름도 돈처럼 아끼지만,
집안 망칠 자식은 돈 쓰기를 거름같이 한다."

成家之兒 惜糞如金
敗家之兒 用金如糞

- 成家(성가) : 집안을 이루다. 학문이나 기술이 뛰어나서 한 체계를 이루거나 사업으로 성공하여 부자가 되는 것도 '성가'라 한다(예: 自手成家).
- 惜糞(석분) : 거름을 아끼다
- 敗家(패가) : 집안을 망치다

---

- 절약은 다른 모든 미덕을 포용한다. / M. T. 키케로
- 절약 없이는 부자가 될 수 없다. 절약하는데도 가난뱅이가 되는 경우 역시 거의 없다. / S. 존슨
- 가지고 싶은 것을 사지 말라. 꼭 필요한 것을 사라. 작은 지출을 삼가라. 작은 구멍이 거대한 배를 침몰시킨다. / B. 프랭클린

---

강절 소 선생이 말했다.

"한가하고 조용하게 살 때 제발 거리낄 것이 없다고 말하지 말라.

거리낄 것이 없다는 말을 하자마자 바로 걱정거리가 생길 것이다.

입에 맞는 음식이라고 해서 많이 먹으면 병이 생길 것이요,

마음에 드는 일이라고 해서 지나치게 하면

반드시 재앙이 있을 것이다.

병이 난 후에 약을 잘 복용하는 것보다는

병이 나기 전에 스스로 예방할 수 있는 것이 낫다."

康節邵先生曰
閑居愼勿說無妨 纔說無妨便有妨
爽口物多能作疾 快心事過必有殃
與其病後能服藥 不若病前能自防

• 纔(재) : 겨우, 방금, 비로소. '纔~ 便(변)~'은 '~하자마자 ~하다'로 새기는 것이 자연스럽다.
• 爽口(상구) : 입에 산뜻하다, 입에 맞다
• 快心(쾌심) : 마음에 들다, 뜻대로 되어 만족스럽게 여기는 마음
• 與其~ 不若~(여기~ 불약~) : ~보다는 ~하는 것이 낫다

---

• 마음을 즐겁게 하는 일은 모두 몸을 망치고 덕을 잃게 하는 수단이니 중간에 그만
둬야 후회하지 않게 된다. / 홍자성 『채근담』
• 모든 병을 막는 가장 튼튼한 벽은 방어적 미덕인 절제이다. / R. 헤릭
• 자기 통제는 최상의 수행이며 절제는 최상의 미덕이다. / 지광(智光) 『정진』
• 공자는 낚시는 하되 그물질은 안 하고, 주살은 쏘지만 잠든 새는 잡지 않았다[子
釣而不網 弋不射宿]. / 『논어』 『술이(述而)』

---

재동제군(梓潼帝君)[12]이 수훈으로 말했다.

"아무리 신묘한 약이라도 원한 맺혀 생긴 병은 고치기 어렵고,
뜻밖에 생기는 재물도 운이 닿지 않은 사람을 부자 되게 할 수 없다.
일 저지르고 나서 일이 생겼다고 원망하지 말고,
남을 해쳤으면서 남이 나를 해치는 것에 화내지 말라.
온 세상은 자연스레 모든 일에 다 갚음이 있으니,
멀게는 자손에게 있고 가깝게는 자기 몸에 있는 법이다."

梓潼帝君 垂訓曰
妙藥難醫冤債病 橫財不富命窮人
生事事生君莫怨 害人人害汝休嗔
天地自然皆有報 遠在兒孫近在身

- 難醫(난의) : 고치기 어렵다
- 冤債病(원채병) : 원한에 사무쳐 생긴 병
- 橫財(횡재) : 뜻밖에 생긴 재물. 여기의 '橫'은 '거스르다', '도리에 어긋나다', '느닷없는'의 뜻이다.
- 君(군) : '그대'를 의미하는 2인칭대명사
- 休嗔(휴진) : 화내지 말다, 성내지 않다

───────────────────────────────

- 현재는 모든 과거의 필연적 산물이고 모든 미래의 필연적 원인이다. / R. G. 잉거솔
- 벌레를 내는 나무는 갉아 먹히듯이 사람은 자기가 저지른 일로 자기를 해친다. / 유안 『회남자』
- 남의 눈에 눈물 내면 제 눈에는 피가 난다. / 한국 속담

"꽃은 졌다가 피고 피었다가 또 지며,
비단옷과 베옷도 돌려가며 다시 바꿔 입게 마련이다.
부잣집이라고 해서 언제까지나 부귀할 것도 아니요,
가난한 집도 반드시 오랫동안 적막하지는 않을 것이다.
사람을 들어올린다 해도 반드시 푸른 하늘까지 가지는 못할 것이요,
사람을 밀어뜨려도 반드시 깊은 구렁에 처박지는 못할 것이다.
그대에게 권하노니, 모든 일을 하늘에 대고 원망하지 말라.
하늘은 본시 사람에 대하여 이쪽을 후하게 하고
저쪽을 박하게 할 뜻이 전혀 없는 것이다."

花落花開開又落 錦衣布衣更換着
豪家未必常富貴 貧家未必長寂寞
扶人未必上靑霄 推人未必塡溝壑
勸君凡事莫怨天 天意於人無厚薄

- 更換着(갱환착) : 다시 바꿔 입다
- 豪家(호가) : 재산이 많고 힘 있는 집　　• 靑霄(청소) : 푸른 하늘
- 溝壑(구학) : 구렁, 골짜기. 비유적으로 "도탄(塗炭)'의 뜻이 있음. 일부 판본에는 '邱壑'으로 되어
  있다.

---

- 하늘의 도(道)는 사사로이 친함이 없으니, 항상 선한 사람과 함께한다[天道無親
  常與善人]. / 노자『도덕경』79장
- 군자는 불운이 닥쳐도 순리로 받아들이고 편안할 때 위험을 생각하니, 하늘도 또
  한 그 재주를 부릴 수가 없다. / 홍자성『채근담』
- 회오리바람은 한나절을 부는 일이 없고, 소나기는 하루 종일 쏟아지는 법이 없다.
  / 노자『도덕경』23장
- 군자는 하늘을 원망하지 않고 사람을 탓하지도 않는다. 그때는 그때이고 지금은
  지금이다. / 맹자『맹자』「공손추하」

---

"한탄스럽다. 사람의 마음 독하기가 뱀 같구나!

하늘에서 보는 눈[眼]이 수레바퀴처럼 돌아가고 있음을 누가 알고
있으리오.

지난해에 터무니없이 탐내어 동녘 이웃의 물건을 가져왔더니

오늘은 다시 북녘 집으로 되돌아가는구나.

의롭지 않은 돈과 재물은 끓는 물에 뿌려진 눈[雪]과 같고,

뜻밖에 굴러 들어온 전답 역시 물에 떠밀려 갈 모래와 같다.

만약 간교한 속임수로써 생계를 삼는다면

그것은 아침에 피었다가 저녁에 지는 꽃과 같이 되리라."

堪歎人心毒似蛇 誰知天眼轉如車
去年妄取東隣物 今日還歸北舍家
無義錢財湯潑雪 儻來田地水推沙
若將狡譎爲生計 恰似朝開暮落花

- 堪歎(감탄) : 한탄스럽다. 여기에서 '堪'은 '견디다', '감당하다'라기보다는 '~할 만하다'의 뜻으로
  보아야 할 것이다.
- 還(환) : 다시, 또
- 湯潑(탕발) : 끓는 물에 뿌리다
- 儻來(당래) : 뜻밖에 굴러 들어오다
- 將(장) : '이(以)'와 같은 구실을 함. 따라서 '將A爲B'는 'A로써 B를 삼다' 또는 'A로써 B를 만들
  다'의 의미로 보아야 한다.
- 狡譎(교휼) : 간교한 속임수
- 朝開暮落花(조개모락화) : 아침에 피었다가 저녁에 지는 꽃. 일부 판본에는 '開'가 아니고 '雲'으로
  되어 있는데, 아침에 피어오른 구름[朝雲]도 바로 사라져 오래 가지 않는 것이므로 뜻은 통한다.

---

- 엄청난 재산과 만족감은 결코 동거하지 않는다. / T. 풀러
- 속임수로는 결코 번영하지 못한다. / 서양 격언

---

"약이 없어도 재상의 목숨 늘리게 고칠 수 있지만,
돈이 있더라도 자손의 현명함을 사기는 어렵다."

## 無藥可醫卿相壽
## 有錢難買子孫賢

- 無藥可醫(무약가의) : 약이 없어도 고칠 수 있다. '치료할 수 있는 약이 없다'로 풀이한 판본이 많은데, 대칭이 되는 '유전난매(有錢難買)'와 잘 맞아떨어지지 아니한다.
- 卿相(경상) : 재상(宰相). 삼정승(三政丞)과 육판서(六判書)
- 有錢難買(유전난매) : 돈이 있어도 사기 어렵다. 앞의 '無藥…'은 뒤의 '有錢…'을 강조하기 위한 제시에 불과하다. 즉, 전체적으로 "차라리 약이 없어도 (돈이 많은) 재상의 목숨을 구할 수 있을지언정, 돈이 (재상처럼 많이) 있어도 자손의 현명함을 사기는 어렵다."의 뜻이다.

---

- 약은 죽지 않을 운명인 사람만 치료한다. / 서양 속담
- 돈이 없어서 아무것도 하지 못한다고 하는 사람은 돈이 있어도 아무것도 하지 못한다. / 고바야시 이치조(小林一三)

"어느 하루 마음이 맑고 느긋하면

그 하루 나는 신선이 된다."

# 一日淸閑 一日仙

- 閑(한) : 한가하다, 느긋하다. 즉, 헛된 욕심을 끊어 마음이 편안한 상태를 말함.

───────────────────────────

- 나는 한가로울 때가 가장 행복하다. / A. 워드
- 우주 자연의 정묘함과 인성과 천도의 오묘함은 오직 고요하게 바라보는 사람만이 알 수 있고 오직 고요하게 기르는 사람만이 합치할 수 있다. / 여곤(呂坤)『신음어(呻吟語)』
- 높은 곳에 오르면 마음이 밝아지고, 맑은 냇물에 몸을 적시면 속세를 떠난 것 같으며, 눈 오는 밤 독서에 잠기면 기쁨과 즐거움이 가득 찬다. 이런 취미가 곧 인생의 참다운 모습이다. / 홍자성『채근담』

───────────────────────────

# 제11편 주(註)

**1**
## 愛
'愛'를 '사랑하다'로 해석하여 '너무 심하게 사랑하면 반드시 심한 소모가 따르게 되고'로 풀이한 역본도 다수 있으나, '아끼다'로 보는 것이 더 뜻이 명확하기에 그리 풀이하였음.

**2**
## 藏
일부 판본에는 '藏'이 아니라 '臟'으로 되어 있는데, 그렇다면 '지나치게 부정한 재물을 탐하면 반드시 심하게 망할 것이.'로 풀이된다. 비슷한 내용인 노자 『도덕경』 제44장에는 '多藏必厚亡'[많이 쌓아두면 반드시 크게 잃게 된다]로 되어 있다.

**3**
## 오나라와 월나라
적대국가를 말할 때 흔히 원용되는 오(吳)·월(越) 두 나라의 관계를 잘 나타내주는 고사가 바로 '와신상담(臥薪嘗膽)'이다. 이는 땔나무 위에서 잠을 자고 쓸개를 맛본다는 뜻으로 어떤 목적(특히 복수)을 이루기 위해 온갖 고난을 견뎌내는 것을 비유한다.
오나라의 왕 합려(闔閭; BC 515~496)는 월나라의 왕 구천(勾踐; ?~BC 465)과의 싸움에서 손가락에 화살을 맞게 되었는데 결국 패하고 그 상처로 인해 죽음을 맞이했다. 합려는 숨을 거두며 아들 부차(夫差; ?~BC 473)에게 자신의 원수를 갚아달라고 유언을 하였다. 부차는 부왕의 유언을 명심하여 땔나무 위에서 잠을 잤으며 자기 방을 드나드는 신하들에게 방문 앞에서 부왕의 유언을 큰소리로 외치게 하였다. 그로부터 3년이 지나 오나라와 월나라는 다시 싸우게 되었는데 이 싸움에서는 월나라가 크게 패하였고 구천은 겨우 목숨만 건졌다. 그때부터 구천은 항상 쓸개를 곁에 두고 그 쓰디쓴 맛을 보며 패배의 치욕을 떠올리고 복수의 칼날을 갈았다. 그로부터 다시 9년 뒤에 구천은 오나라를 쳐들어가 부차를 죽이고 마침내 오나라를 멸망시켰다.

**4**
## 『풍간(諷諫)』
풍자로써 사람을 깨우치거나 임금에게 간(諫)하는 내용을 모은 책으로 보이나 정확한 것은 알려지지 않고 있다. 중국 전한시대 초(楚)나라 사람 위맹(韋孟)이 왕 유무(劉戊)가 황음무도(荒淫無道)하자 시를 지어 풍간했다가 파직되고 『풍간시(諷諫詩)』를 남겼다고 하는데 그 『풍간시』가 여기의 『풍간』인지는 명확하지 않다. 오히려 백거이의 『백거이시전집』 권4 풍유(諷諭)4 신악부하(新樂府下) 「천가도(天可度)」에 '海底魚兮天上鳥 高可射兮深可釣 喻人心相對時 咫尺之間不能料'란 대목이 보인다.

**5**
## "무릇 사람은 앞날을 내다볼 수 없고, 바닷물은 말[斗]로 될 수 없다."
마치 바닷물을 말로 될 수 없듯이 사람의 지혜의 그릇으로는 앞날을 정확히 점칠 수 없다는 뜻으로 해석된다.

**6**
### 道心(도심)
도덕의식에서 우러나온, 사욕(私慾)에 더럽혀지지 아니한 올바른 마음을 말한다. 일부 판본은 '道'를 '盜'로 표기하여 '배고프고 추우면 도둑질하려는 마음이 생긴다'고 풀이하고 있다. 심채(沈寀)의 『천금기(千金記)』에도 '飽煖 思淫逸 飢寒 起盜心'으로 되어 있는데 어느 쪽이 한 쪽을 패러디한 것이 아닌가 하는 생각도 든다.

**7**
### 소광(疏廣)
중국 전한(前漢) 선제(宣帝) 때의 학자로 태부(太傅)를 지냈다. 자는 중옹(仲翁). 젊어서 학문을 좋아했고, 맹경(孟卿)에게 『춘추』를 배웠다. 5년 동안 황태자를 가르치다 병을 핑계로 사직을 청원해 물러났다. 선제와 태자가 하사한 많은 재물을 친한 사람들에게 나눠주면서 위와 같이 말했다고 한다. 저서에 『소씨춘추(疏氏春秋)』가 있다.

**8**
### 왕참정(王參政)
중국 북송(北宋) 때의 정치가 왕단(王旦; 957~1017)을 말함. '참정(參政)'은 그의 벼슬 이름이고, 자는 자명(字明)이며, 시호는 문정(文正)이다. 송사(宋史) 왕단열전(王旦列傳)에 그의 행적이 전해진다. 남송(南宋) 때 참지정사(參知政事)를 지낸 왕백대(王伯大; ?~1253)를 말한다는 주장도 있다.

**9**
### 「사류명(四留銘)」
'네 가지 남겨둠'에 대한 마음에 새겨두어야 할 경구(警句)를 의미한다.

**10**
### 「사기(史記)」
중국 전한(前漢)의 사마천이 상고시대의 오제(五帝) 때부터 전한의 무제(武帝) 때까지 약 3,000년간의 중국과 그 주변 민족의 역사를 포괄하여 저술한 통사임. 이 책의 가장 큰 특색은 역대 중국 정사의 모범이 된 기전체(紀傳體)의 효시로서, 제왕의 연대기인 본기(本紀) 12편, 제후를 중심으로 한 세가(世家) 30편, 역대 제도·문물의 연혁에 관한 서(書) 8편, 연표인 표(表) 10편, 시대를 상징하는 뛰어난 개인의 활동을 다룬 전기 열전(列傳) 70편 등 총 130편으로 구성되어 있다는 것이다. 정치·경제·군사뿐만 아니라 천문·역법·예악·지리 등 사회상황까지도 상세하게 기술돼 있어 고대 중국 문화를 이해하는 데 가장 중요한 자료가 되고 있다. 문장이 유려하여 문학적 가치도 인정받고 있는데, 중요한 고사성어의 상당 부분이 『사기』 열전에서 유래되고 있다.

**11**
### 교제(郊祭)
교외에서 지내는 제사를 말함. 동지에는 남쪽 교외에서 하늘에 제사를 지내고, 하지에는 북쪽 교외에서 땅에 제사를 지냈다.

### 재동제군(梓潼帝君)

도교에서 공명(功名)과 녹위(祿位)를 주재한다고 여겨 모시는 신을 말함. 그의 이름은 장아자(張亞子)이고 촉(蜀) 땅의 칠곡산(七曲山; 지금의 쓰촨성(四川省) 쯔통시앤(梓潼縣) 북쪽)에 살았다고 한다. 그는 진(晉)나라에서 벼슬살이를 하다가 전사했는데, 후세 사람들이 그를 위해 사당을 세워주었다. 도교에서는 그가 문창부(文昌府)의 일과 인간세상의 벼슬살이를 관장한다고 여겼기 때문에 흔히 '문창제군(文昌帝君)'으로 불렀다.

# 제12편
# 마음을 잘 살피자 (하)
## 〔省心〕

이 편 역시 상편에 이어 자신의 마음을 잘 살펴 자기발전을 이루자는 내용이 실려 있다. 그 인용된 사항들이 상당히 다양하여 취한 뒤에는 더 이상 술을 마시지 말라는 생활덕목에서부터 재산형성과정의 떳떳함, 손님으로서의 올바른 처신, 공직자로서의 바람직한 자세, 더 나아가 성리학·도교·불교 등이 지향하는 사상까지 전해준다.

그러면서 알고 깨달음에 그치지 말고 그 실천이 반드시 따라야 함을 강조하고 있다.

진종(眞宗)[1]황제가 어제(御製)로 말했다.

"위험한 것을 알면 끝내 그물에 걸리는 일이 없을 것이고,
착한 사람과 어진 사람을 천거하면
저절로 몸을 편안히 하는 길이 열릴 것이다.
인애와 덕을 베풀면 곧 대대로 영예롭고 번창할 것이고,
남을 시기하거나 앙갚음을 하면
자손에게 후환을 남기게 될 것이다.
남을 해쳐서 자기를 이롭게 한다면
끝내 세상에 이름을 드러낼 후손이 없을 것이니,
뭇 사람을 해롭게 해서 집안을 일으킨다면
어찌 그 부귀가 오래 가겠는가.
이름을 갈고 생김새까지 다르게 바꿔야 함은
모두 교묘한 말 때문에 생겨나는 것이고,
재앙이 일어나고 몸을 다치게 되는 것은
그 모두가 다 어질지 못한 소치라 할 것이다."

眞宗皇帝 御製曰
知危識險 終無羅網之門 擧善薦賢 自有安身之路
施仁布德 乃世代之榮昌 懷妬報冤 與子孫之爲患
損人利己 終無顯達雲仍 害衆成家 豈有長久富貴
改名異體 皆人巧語而生 禍起傷身 皆是不仁之召

- 御製(어제) : 임금이 몸소 지은 글
- 羅網(나망) : 새나 짐승을 잡는 그물. 함해(陷害)의 위험이 있는 일을 비유적으로 표현함.
- 顯達(현달) : 벼슬이나 명망이 높아서 세상에 드러남. 입신출세(立身出世)
- 雲仍(운잉) : 운손(雲孫; 팔대 손)과 잉손(仍孫; 칠대 손), 즉 대수가 먼 자손을 이르는 말
- 異體(이체) : 몸을 달리함(자신의 정체를 남에게 알리지 않으려고 모습을 바꾸는 것). 수사(殊死 – 목을 베어 죽이는 형벌)에 처해져 몸과 목이 따로 놓이는 상태로 보는 견해도 있다.

---

- 위험은 자기 자신이 무엇을 하는지 모르는 데서 온다. / W. 버핏
- 덕을 아는 것만으로는 충분하지 않다. 우리들은 그것을 가지려고, 또는 그것을 이용하려고, 혹은 우리들을 선하게 만들어줄 어떤 방도를 강구하려고 애쓰지 않으면 안 된다. / 아리스토텔레스
- 혼란은 왜 생겨나는가? 서로 사랑하지 않기 때문이다. / 묵자『묵자』「겸애상(兼愛上)」
- 자신의 한 행위는 달구지의 바퀴와 같다. / 태국 속담
- 사람은 자기가 뿌린 것을 거두는 법입니다. / 갈라티아서 6:7
- 네가 가서 적의 땅을 빼앗으면 적도 와서 너의 땅을 빼앗는다. / 수메르 속담
- 혹독한 재앙은 소홀히 하는 사람으로부터 기인한다. / 홍자성『채근담』

신종(神宗)[2]황제가 어제로 말했다.

"도리에 어긋나는 재물은 멀리하고, 지나친 음주를 삼가라.

거처함에는 반드시 이웃을 가릴 것이며,

사귈 때에는 벗을 가리도록 하라.

남을 시기하는 마음을 일으키지 말고,

남을 헐뜯는 말을 입에 올리지 말라.

친척 중에 가난한 사람을 소홀히 하지 말고,

남들 중에 부유한 자를 후대하지 말라.

자기를 이겨내는 데에는 부지런하고 아껴 쓰는 것이 최우선이고,

사람을 사랑함에는 겸손하고 온화함을 첫째로 삼을 것이다.

언제나 지난날의 잘못들을 생각하고,

늘 앞날의 허물을 염두에 두어라.

만약 짐(朕)의 이 말에 따른다면

나라와 집안이 잘 다스려져 오래갈 수 있을 것이다."

神宗皇帝 御製曰

遠非道之財 戒過度之酒 居必擇隣 交必擇友

嫉妬勿起於心 讒言勿宣於口

骨肉貧者 莫疎 他人富者莫厚

克己以勤儉爲先 愛衆以謙和爲首

常思已往之非 每念未來之咎

若依朕之斯言 治國家而可久

- 讒言(참언) : 헐뜯는 말, 터무니없는 사실로 남을 헐뜯어 윗사람에게 일러바침
- 勿宣於口(물선어구) : 입에 올리지 말라, 입 밖에 내지 말라
- 骨肉(골육) : 뼈와 살, 즉 혈통이 같은 가까운 일가친척을 뜻함
- 咎(구) : 허물
- 朕(짐) : 나, 임금의 자칭(自稱)

- 말이 도리에 어긋나게 나온 것은 또한 도리에 어긋나게 들어오고, 재물이 도리에 어긋나게 들어온 것은 또한 도리에 어긋나게 나가게 된다[言悖而出者 亦悖而入 貨悖而入者 亦悖而出]. / 『대학』
- 술고래가 술을 마신다. 술은 그때서야 비로소 술고래에게 복수한다. / L. 다 빈치
- 선한 사람들을 친구로 삼아라. 그러면 너도 선한 사람이 될 것이다. / M. d. 세르반 테스
- 교육을 받다가 보면 누구나 시기가 곧 무지라는 확신을 얻게 된다. / R. W. 에머슨
- 다른 사람들은 온화하게, 자기 자신은 엄격하게 대하라. / S. 로저스
- 매일 반성하라. 만약 잘못이 있으면 고치고 없으면 더 반성해 보라. / 주자

고종(高宗)[3]황제가 어제로 말했다.

"한 점의 불티도 능히 만 이랑의 섶을 태울 수 있고,
반 마디 그릇된 말이 평생의 덕을 허물어뜨릴 수 있다.
몸에 한 오라기의 실을 걸쳐도
항상 베 짜는 여인의 애씀을 생각하고,
하루 세 끼 밥을 먹거든 매번 농부의 노고를 생각하라.
구차하게 탐내고 시기해서 남에게 손해를 끼친다면
끝내는 10년 동안 편안과 건강도 없을 것이요,
선행을 쌓고 어진 마음을 지키면
반드시 후손들에게 영화가 있게 될 것이다.
복이라는 것은 착한 행실에 연유하는 것이니
그러한 선행을 쌓음으로써 많이 생겨나는 것이고,
성인의 경지에 들어가 평범함을 넘어서는 것은
모두가 진실함에서 얻어지는 것이다."

高宗皇帝 御製曰
一星之火 能燒萬頃之薪 半句非言 誤損平生之德
身被一縷 常思織女之勞 日食三飧 每念農夫之苦
苟貪妬損 終無十載安康 積善存仁 必有榮華後裔
福緣善慶 多因積行而生 入聖超凡 盡是眞實而得

- 一星之火(일성지화) : 한 점의 불티. '星'에는 '별' 이외에 '조금'·'작은 점'이라는 뜻도 있다.
- 頃(경) : 이랑. 중국 고대에서 사용한 전답의 면적 단위로 100무(畝)에 해당함. 일반적으로 '만경'이라고 할 때는 한 없이 너른 땅이나 바다를 말함.
- 薪(신) : 섶, 땔감
- 誤損(오손) : 그르치고 손상하다. 일부 판본에는 '折盡'(모두 꺾어버리다)으로 되어 있다.
- 一縷(일루) : 한 올의 실
- 三殮(삼손) : 세 끼의 밥. '殮'은 원래 저녁밥을 뜻하는 '飧'의 속자(俗字)이나 일반적으로 끼니의 밥을 말하기도 한다. 아침밥은 '饔(옹)'이라고 함.
- 十載(십재) : 10년. '載'에는 '해'·'1년'이라는 뜻도 있다(예: 千載一遇).
- 後裔(후예) : 핏줄을 이은 후손
- 善慶(선경) : 착한 행실, 선행. '慶' 자체에 '선행'이란 뜻이 있다. 『주역』「문언전(文言傳)」에 '선한 일을 많이 한 집안에는 반드시 남는 경사가 있다.'[積善之家 必有餘慶]는 말이 나오고, 이를 줄여 '積善餘慶'이라고 하며 다시 더 줄여 '善慶'이라고 하기도 하는데, 여기서는 '善慶'을 '착한 행실'로 보는 것이 간명하다.

---

- 많은 공덕을 지은 어진 사람은 몸이 무너진 뒤에도 하늘에서 다시 태어나고, 그릇된 마음과 그릇된 말을 쓰며 그릇된 몸을 쓰는 사람은 몸이 무너진 뒤에도 억겁의 세월을 윤회하거나 지옥으로 간다. / 월서 『행복하려면 놓아라』
- 내가 한번은 절에 갔는데 스님이 계율을 지켜 식사 때마다 먼저 세 숟가락을 그냥 맨밥으로 먹는 것을 보았다. 그 첫 숟가락은 밥의 바른 맛을 알기 위함이었고, 둘째 숟가락은 입고 먹는 것이 여기까지 이른 내력을 생각하기 위함이었으며, 셋째 숟가락은 농부의 걱정과 노고를 생각하기 위함이었다. / 서유구(徐有榘) 『임원경제지(林園經濟志)』
- 남의 행복을 몹시 싫어하고 남의 행복 위에 자기의 행복을 세우려는 사람은 결국 그 자신도 행복하게 되지 못한다. / D. H. 로렌스
- 행복은 깊이 느낄 줄 알고, 단순하고 자유롭게 생각할 줄 알고, 삶에 도전할 줄 알고, 남에게 필요한 삶이 될 줄 아는 능력으로부터 나온다. / S. 제임슨
- 선행은 홀로 이루어지는 것이 아니라 사랑으로 다른 사람과 어울릴 때 이루어진다. / S. 벨로
- 노동이야말로 모든 미덕의 원천이다. / J. G. v. 헤르더

왕량(王良)⁴이 말했다.

"그 임금을 알고 싶으면 먼저 그의 신하를 보고,

그 사람을 알고 싶으면 먼저 그의 친구를 보고,

그 아비를 알고 싶으면 먼저 그의 자식을 보라.

임금이 거룩하면 그 신하가 충성스럽고,

아비가 인자하면 자식이 효성스러운 법이다."

王良曰
欲知其君 先視其臣 欲識其人 先視其友
欲知其父 先視其子 君聖臣忠 父慈子孝

---

- 왕이 왕답지 않으면 신하도 신하답지 않고, 아버지가 아버지답지 못하면 자식도 자식답지 않다. / 관중 『관자』
- 신하들의 미움을 받는 자는 왕이라고 할 수 없다. / 스코틀랜드 속담
- 그 아버지에 그 아들이고, 모든 좋은 나무는 좋은 열매를 맺는다. / W. 랭런드

『가어(家語)』[5]에서 말했다.
"물이 너무 맑으면 고기가 없고,
사람이 너무 빈틈없이 깐깐하면 따르는 무리가 없는 법이다."

家語 云
水至淸則無魚 人至察則無徒

- 至(지) : 이르다, 지극하다, 정도를 넘다, 지극히, 너무
- 察(찰) : '살피다'·'밝고 자세하다'·'결백하다' 등의 뜻이 있으나 여기서 빈틈없이 깐깐한 모습을 의미하는 것으로 보는 것이 좋을 듯하다. 사소한 일까지 밝혀 가차없는 모양이나 사정을 봐주지 않고 세밀히 조사하는 모습을 표현할 때 '察察'이라고 한다.
- 徒(도) : 무리, 동아리, 따르는 사람, 문하생(門下生)

- 결점이 없는 친구를 찾는 사람은 친구를 얻지 못한다. / 터키 속담
- 너그러운 사람은 친구의 체면을 지켜주기 위해서라도 결점을 몇 가지 지녀야 한다. / B. 프랭클린
- 완전에는 한 가지 중대한 결함이 있다. 그것은 지루해지기 쉽다는 것이다. / S. 몸
- 청렴하면서도 포용력이 풍부하고, 너그러우면서도 결단을 잘 내리며, 명석하면서도 너무 파헤치지 않고, 정직하면서도 너무 따지지 않는다면, 꿀 바른 음식이 달지 않고 해산물이 짜지 않은 것과 같다고 할 수 있는데, 이것이 훌륭한 덕성이다. / 홍자성『채근담』
- 정치가 무던하면 백성들은 순박해지고, 정치가 까다롭게 따지고 들면 백성들은 이지러진다[其政悶悶 其民淳淳 其政察察 其民缺缺]. / 노자『도덕경』58장

허경종(許敬宗)[6]이 말했다.

"봄비는 땅을 기름지게 하지만
길가는 사람은 그 질퍽거리는 진창을 싫어하고,
가을 달은 높이 떠올라 휘영청 밝지만
도둑놈은 그 밝게 비치는 것을 미워한다."

許敬宗曰
春雨如膏 行人惡其泥濘
秋月揚輝 盜者憎其照鑑

- 膏(고) : 기름, 기름진 땅, 기름지게 하다
- 泥濘(이녕) : 진창, 땅이 질어서 질퍽질퍽하게 된 곳
- 照鑑(조감) : 일반적으로 '대조하여 봄'의 뜻으로 쓰이나, 여기서는 글자 그대로 '거울처럼 비침' 의 뜻으로 쓰였다.

- 사람들은 자기가 좋아하는 것은 신기한 것이고 싫어하는 것은 썩은 것이라고 하 지만, 썩은 것이 신기한 것으로, 신기한 것이 썩은 것으로 변하고 만다. / 장자
- 비듬이 많은 사람은 빗을 싫어한다. / 이탈리아 속담

『경행록』에서 말했다.
"대장부는 밝게 선(善)을 보니
명분과 절의를 태산보다 중히 여기고,
순수하게 마음을 쓰니
죽는 것과 사는 것을 기러기 털보다 가볍게 여긴다."

景行錄 云
大丈夫 見善明 故 重名節於泰山
用心精 故 輕死生於鴻毛

• 名節(명절) : 명분(名分)과 절의(節義)
• 於(어) :보다(비교급을 나타낸다)
• 精(정) : 정성스럽다, 깨끗하다, 순수하다. 일부 판본에는 '精'이 아니라 '剛'으로 되어 있다.
• 鴻毛(홍모) : 기러기의 털, 극히 가벼운 사물을 가리키는 말

---

• 권위는 명예가 있다고 생기지 않고 명예를 누릴 자격이 있어야 생긴다. / 아리스토텔레스
• 명예는 위대한 인물의 목적이 아니라 그의 행동의 결과다. / W. 올스턴
• 온 세상이 다 흐려도 나 홀로 맑고, 모든 사람이 다 취해 있어도 나 홀로 깨어 있다 [擧世皆濁 我獨清 衆人皆醉 我獨醒]. / 굴원(屈原) 「어부사(漁父辭)」
• 죽게 되면 죽을 따름이다. 도리를 어기면서까지 구태여 살려고 할 것은 없지 않은가? / 이순신
• 내가 진실로 너희에게 말한다. 밀알 하나가 땅에 떨어져 죽지 않으면 한 알 그대로 남고, 죽으면 많은 열매를 맺는다. 자기 목숨을 사랑하는 사람은 목숨을 잃을 것이고, 이 세상에서 자기 목숨을 미워하는 사람은 영원한 생명에 이르도록 목숨을 간직할 것이다. / 요한 12:24-25

"남의 불행을 안타깝게 여기고,
남이 잘됨을 함께 즐거워하며,
남의 긴박한 일을 도와주고,
남이 위험할 때 구해주어야 한다."

# 悶人之凶 樂人之善 濟人之急 救人之危

- 悶(민) : 답답하다, 민망하다, 안타까워하다(≒憫)
- 凶(흉) : 흉하다, 잘못되다, 재앙
- 善(선) : 착하다, 길하다, 잘되다

---

- 우리 내면에서 자극하는 신성한 것이 없다면 인간은 가련한 존재다. / F. 베이컨
- 인생의 목적은 남에게 봉사하는 것, 그리고 동정과 남을 도우려는 의지를 보여주는 것이다. / A. 슈바이처
- 낯선 사람은 아무도 없다. 아니, 모두가 낯선 사람일지도 모른다. 마음을 나눈다면 아무도 낯선 사람이 아니다. 만일 마음을 나누지 않는다면 모두가 낯선 사람들이다. / 라즈니쉬

---

"직접 눈으로 본 일도 모두 참이 아닐까 염려되거늘,
하물며 등 뒤에서 하는 말을 어찌 깊이 믿을 수가 있겠는가."

經目之事 恐未皆眞
背後之言 豈足深信

• 經目(경목) : 직접 눈으로 보다
• 恐未(공미) : ~이 아닐까 두렵다
• 足(족) : ~할 수 있다(조동사 구실을 함)
• 深(심) : 깊다, 깊게 하다, 깊이, 매우

• 다른 사람의 말에 신경을 쓰지 말라. 그대가 어찌할 수 있는 일이 아니니까. / 에픽 테토스
• 앞에서 할 수 없는 말이라면 뒤에서도 하지 말라. / 유재석
• 기억하라 등 뒤에서 욕하는 사람이 있다면 그 사람보다 두 걸음 앞서 있다는 뜻이다. / F. 플래그

"자기 집 두레박줄이 짧은 것은 탓하지 않고
남의 집 우물이 깊다고 투정을 한다."

不恨自家汲繩短
只恨他家苦井深

- 恨(한) : 원망하다, 억울해하다, 미워하다
- 汲繩(급승) : 물 긷는 줄, 두레박줄. '蒲繩'(부들을 꼬아 만든 두레박줄) 또는 '麻繩'(삼으로 만든 두레박줄)으로 되어 있는 판본도 있다.
- 苦井(고정) : 나쁜 우물(물 마시려 하는 사람을 애먹이는 우물이라는 함의가 있음)

---

- 너는 어찌하여 형제의 눈 속에 있는 티는 보면서, 네 눈 속에 있는 들보는 깨닫지 못하느냐? / 마태오 7:3
- 잘못된 점만 찾지 말고, 해결책을 찾아라. / H. 포드
- 자기 실패를 남의 탓이라고 한다면 자기 성공은 남의 덕분이라고 해야 한다. / H. W. 뉴턴
- 능숙한 일꾼은 연장을 탓하지 않는다. / 서양 속담

---

"부정한 재물 취하는 사람이 온 세상 가득 넘쳐나도
죄는 복 없는 사람만 얽매는구나."

贓濫滿天下
罪拘薄福人

• 贓(장) : 뇌물을 받다, 부정하게 재물을 취하다. 여기서는 명사적으로 그러한 짓을 하는 사람을 말함
• 拘(구) : 잡다, 얽매다, 단속하다
• 薄福(박복) : 복이 없음, 팔자 사나움

────────────────────────────────────

• 유전무죄 무전유죄(有錢無罪 無錢有罪) / 한국의 속설
• 잘못을 벌할 때는 대신도 피할 수 없고, 선행에 상을 줄 때는 필부도 빠뜨릴 수 없다. / 한비『한비자』
• 법은 귀인이라고 아부하지 않고, 먹줄은 굽음에 따라 휘어지지 않는다. / 한비『한비자』
• 부정한 돈은 오래 머무르지 않는다. 그것은 쉽게 들어왔다가 쉽게 나간다. / T. M. 플라우투스

────────────────────────────────────

"하늘이 만약 상도(常道)를 벗어나게 되면
바람이 불지 않고도 바로 비가 내릴 것이고,
사람이 만약 떳떳한 도리를 어기게 되면
병이 나지 않고도 바로 죽게 되리라."

天若改常 不風卽雨
人若改常 不病卽死

• 改常(개상) : 일정한 법도를 바꾸다, 상도를 어기다
• 卽(즉) : 곧, 바로, 당장. '則'은 앞 문장을 가정으로 해석하거나 일의 선후 관계를 나타낼 때 쓰
  이는 일종의 접속사이고, '卽'은 술어 앞에서 그 뜻을 분명하게 한정하는 일종의 부사임.

• 올바른 길을 좋아하고 방탕을 피하며 항상 마음을 보호하는 것이 코끼리가 함정
  에서 벗어나듯 자기 몸을 괴로움에서 건지는 것이다. / 법구 『법구경』
• 소인은 상도(常道)가 아닌 위험한 책략을 행하고 만일의 요행을 찾는다. / 자사 『중
  용』
• 군자라면 근본을 위해 힘써야 한다. 근본이 서야만 올바른 길이 생긴다[君子務本
  本立而道生]. / 유자(有子)(『논어』「학이」)

『장원시(壯元詩)』[7]에서 말했다.
"나라가 바르면 하늘의 뜻도 순해지고,
공직자가 깨끗하면 온 백성이 저절로 편안해진다.
아내가 현명하면 남편의 재앙이 적어질 것이고,
자식이 효도하면 아버지의 마음이 너그러워진다."

壯元詩 云
國正天心順 官淸民自安
妻賢夫禍小 子孝父心寬

• 天心順(천심순) : 하늘의 뜻이 순하다. 즉 절기에 따라 자연의 운행이 순조로워 농사일도 잘 되고 백성들이 편안히 살게 되는 것을 말함("민심이 곧 천심이다.")

• 수고는 아랫사람이 윗사람을 섬기는 것이고 혜택은 윗사람이 아랫사람을 보살피는 것이니 이 두 가지는 서로 보답하는 것이다. / 정도전
• 복종하는 아내가 남편을 지배한다. / 서양 속담
• 아버지와 아들을 맺어주는 것은 피와 살이 아니라 마음이다. / F. 실러

공자가 말했다.
"나무는 먹줄을 좇으면 곧아지고,
사람은 충고를 받아들이면 거룩하게 된다."

子曰
木從繩則直
人受諫則聖

- 繩(승) : 노끈, 먹줄(나무나 돌에 곧은 줄을 긋는 데 쓰는 도구)
- 諫(간) : 간하다, 간하는 말, 충고. 보통 아랫사람이 윗사람에게 충고할 때 쓰인다.

- 법은 천하의 저울과 되[斗]며 군주의 먹줄이다. / 유안 『회남자』
- 막대기가 곧으면 그림자도 곧고 샘이 흐리면 물줄기도 탁하다. / 이언적
- 곧은 것을 들어 굽은 것 위에 놓으면 굽은 것을 능히 곧게 할 수 있다[擧直錯諸枉 能事枉者直]. / 공자 『논어』 「안연」
- 충고를 받는 사람은 많지만 오로지 현명한 사람만이 그 덕을 본다. / P. 시루스
- 좋은 충고는 너무 늦다는 법이 없다. / 독일 속담

"한 줄기 푸른 산 경치가 그윽하도다.

저 땅은 옛사람이 가꾸던 논밭인데 뒷사람이 차지했구나.

뒷사람은 땅을 차지했다고 기뻐하지 말라.

그 땅을 다시 차지할 또 다른 사람이 뒤쪽에 있느니라."

一派靑山景色幽 前人田土後人收
後人收得莫歡喜 更有收人在後頭

- 一派(일파) : 한 줄기, 일대(一帶)
- 景色(경색) : 경치
- 幽(유) : 그윽하다
- 有(유) : 가지다, 소유하다, 차지하다, 소유물. 유수인(有收人)— 거두어 가질 사람
- 後頭(후두) : 뒤통수. 여기서는 '앞으로 오는 장래'를 말함. 여기의 '頭'를 '머리 두'로 보지 않고 街頭(가두)·念頭(염두)·先頭(선두)·話頭(화두)에서처럼 앞에 붙는 명사를 구체화하거나 그 일부를 가리킬 때 관용적으로 붙이는 접미사로 보기도 한다.

---

- 자유롭고 고상한 삶을 막는 것은 무엇보다도 재산 소유에 대한 집착이다. / B. 러셀
- 하느님은 어떤 종류의 사람들을 골라서 그들에게 재산을 주는지 보여줌으로써 재산에 대한 경멸을 드러낸다. / A. 오말리

---

소동파(蘇東坡)[8]가 말했다.
"까닭 없이 천금을 얻으면 큰 복을 차지한 것이 아니라
틀림없이 큰 재앙이 닥칠 것이다."

蘇東坡曰
無故而得千金 不有大福 必有大禍

• 無故(무고) : 까닭 없이

---

• 고생해서 돈을 벌어야만 돈의 가치를 배울 수 있다. / P. 에리아
• 동전은 하늘에서 떨어지지 않고 여기 지상에서 벌어야만 하는 것이다. / M. 대처

강절 소 선생이 말했다.
"어떤 사람이 찾아와 길흉을 묻는데,
어떤 것이 화(禍)가 되고 어떤 것이 복(福)이 되냐고 한다.
내가 남을 해치면 이것이 화가 되는 것이고,
남이 나를 해치면 이것이 복이 되는 것이다."

康節邵先生曰
有人來問卜 如何是禍福
我虧人是禍 人虧我是福

- 有人(유인) : 어떤 사람. '有'는 불특정한 대상을 지목할 때 붙여주는 관용어이다(예: 有朋自遠方 來 不亦樂乎)
- 問卜(문복) : 점쟁이에게 길흉(吉凶)을 물음
- 虧(휴) : 이지러지다. 사람을 목적어로 받으면 일반적으로 '손해를 끼치다'는 뜻이 된다.

---

- 자기 자신을 아는 자는 남을, 운명을 아는 자는 하늘을 원망하지 않는다. 행운도 불운도 자기 자신에게서 나온다. / 유안 『회남자』
- 사람은 대개 자기의 운명을 스스로 만들어가고 있다. 운명이란 외부에서 오는 것 같지만, 알고 보면 자기 자신의 약한 마음, 게으른 마음, 성급한 버릇, 이런 것들이 결국 운명을 만든다. 어진 마음, 부지런한 습관, 남을 도와주는 마음, 이런 것들이 야말로 좋은 운명을 여는 열쇠이다. 운명은 용기 있는 사람 앞에서는 약하고, 비겁한 사람 앞에서는 강하다. / L. A. 세네카
- 화와 복은 문이 따로 있는 것이 아니라 오직 사람이 불러들이는 것이다. / 좌구명 『춘추좌씨전』

---

"천 칸짜리 큰 집일지라도
밤에 누울 곳은 여덟 자[尺]뿐이요,
만 이랑의 좋은 밭이 있더라도
하루 먹을거리는 두 되[升]면 되느니라."

大廈千間 夜臥八尺
良田萬頃 日食二升

• 大廈(대하) : 큰 집
• 臥(와) : 눕다

---

• 거친 음식에 물을 마시며 팔을 베고 누워 있으니 즐거움이 그 속에 있다. / 공자 『논어』「술이」
• 세상에서 가장 위대한 것은 스스로 만족할 줄 아는 것이다. / 몽테뉴
• 우리는 좀처럼 이미 가진 것에 대하여는 생각하지 않고 언제나 없는 것만 생각한다. / A. 쇼펜하우어
• 사랑하는 것을 손에 넣을 수 없다면, 손닿는 곳에 있는 것을 사랑하라. / 프랑스 속담
• 모든 재물은 똥오줌과 같아서 그것이 쌓여 있을 때에는 냄새를 피우고 뿌려졌을 때에는 땅을 기름지게 한다. / L. 톨스토이

---

"오래 머물러 있으면 업신여김을 받게 되고,
자주 오면 친하던 사이도 멀어지는 법이다.
단지 사흘이나 닷새만 지켜보아라.
서로 보는 것이 처음만 같지 않으리라."

久住令人賤 頻來親也疎
但看三五日 相見不如初

- 令(령) : ～로 하여금 ～하게 하다
- 也(야) : 구(句) 속에 들어 있을 때는 '역시' · '～도'의 의미를 갖거나, 강조 또는 문맥의 흐름을 조절하는 역할을 한다
- 看(간) : 지켜보다. 看을 그 뒷 구절 전부, 즉 '三五～如初'를 받는 것으로 보기도 한다.

- 방문객은 첫째 날에는 손님이고 둘째 날에는 짐이고 셋째 날에는 해충이다. / F. 라블레
- 생선과 손님은 사흘이 지나면 냄새가 난다. / 영국 속담

"목마를 때 마시는 한 방울의 물은 단 이슬과 같고,
취한 후에 술잔을 더하는 것은 없느니만 못하다."

渴時一滴如甘露
醉後添盃不如無

- 滴(적) : 물방울, (물방울이) 떨어지다
- 甘露(감로) : 단 이슬. 옛날에 천하가 태평하면 하늘이 상서로운 징후로 내려주는 것이라 했음. 불교에서는 '부처님의 가르침'을 감로라고 부르기도 함.
- 不如無(불어무) : 없는 것만 같지 못하다, 없는 것이 낫다

---

- 어떤 사람이든 추위 · 더위 · 배고픔 · 목마름을 이기지 못하고, 불쾌한 일을 참고 견디는 힘이 없다면, 그는 결코 인생의 승리자가 될 수 없다. / M. K. 간디
- 머리가 둔해지도록 먹지 말고 만취하도록 마시지 말라. / B. 프랭클린
- 재치든 술 마시는 일이든 간략함이 그 생명이다. / C. 램

"술이 사람을 취하게 하는 것이 아니고
사람이 스스로 취하는 것이요,
색정(色情)이 사람을 홀리는 것이 아니고
사람이 스스로 미혹되는 것이다."

酒不醉人 人自醉
色不迷人 人自迷

• 醉人(취인) : 사람을 취하게 하다
• 迷人(미인) : 사람을 미혹하게 하다, 사람을 홀리다

• 비난받아야 할 것은 음주가 아니라 과음이다. / J. 셀던
• 처음에는 사람이 술을 마시고, 다음에는 술이 술을, 그다음에는 술이 사람을 마신다. / 서양 속담
• 쾌락은 육체의 어느 부분의 행복에 불과하다. 참되고 유일하며 완벽한 행복은 영혼 전체의 평온 속에 있다. / J. 주베르

"공공을 위하는 마음이 만약 개인을 위하는 마음과 같다면
무슨 일인들 해내지 못하겠는가.
도(道)를 구하고자 하는 마음이 만약 감정에 이끌리는 마음과 같다면
부처의 경지에 오른 지 오래됐을 것이다."

公心 若比私心 何事不辦
道念 若同情念 成佛多時

• 比(비) : 견주다, 대등하다, 같다
• 辦(판) : 힘쓰다, 갖추다, 주관하다. 일부 판본에는 '辨'(분별할 변)으로 되어 있다.
• 情念(정념) : 감정에 이끌리는 마음. 정념은 정열·격정·욕정이라고 할 수 있는데, 아리스토텔
레스는 욕정·분노·공포·기쁨·증오심·연민 등의 쾌락이나 고통의 일시적이고 수동적인 감
정을 'pathos'라 일컬었다. 오늘날 'passion'이라고 함은 격심한 일시적인 감정의 고양 상태로
간주되며, 다른 한편으로는 무엇인가에 대한 지속적인 욕정이라는 의미로도 쓰인다.

• 공공의 이익은 개인적 이익보다 더 중요하다. / 로마법
• 근본원리에 대한 성인의 태도는 해를 향하는 해바라기와 같다. / 유안 「회남자」

염계(濂溪)⁹선생이 말했다.
"교자(巧者)는 말을 잘하고, 졸자(拙者)는 말이 없으며,
교자는 바동거리며 애를 쓰나, 졸자는 한가히 여유롭다.
교자는 패악하나 졸자는 덕성스러우며,
교자는 흉하게 되고 졸자는 길하게 된다.
아아! 천하가 졸하면 형벌로 다스림이 없어져서,
윗사람은 편안하고 아랫사람은 온순하며,
풍속이 맑아지고 폐습은 없어질 것이로다."

濂溪先生曰
巧者言 拙者默 巧子勞 拙者逸
巧者賊 拙者德 巧者凶 拙者吉
嗚呼 天下拙 刑政撤 上安下順 風淸弊絕

• 巧者(교자) : 재주 있고 약삭빠른 사람, 즉 여기서는 교활하고 순수성을 벗어나서 재주를 부리는 사람을 뜻함
• 拙者(졸자) : 재주 없고 미욱한 사람, 즉 여기서는 어리석어 보이나 순수성을 지닌 우직한 사람을 뜻함
• 賊(적) : 일반적으로 '도둑'의 뜻으로 쓰이나, 여기서는 '사악한'·'패악스러운'·'해를 끼치는'의 의미임
• 刑政(형정) : 형벌에 의한 다스림, 즉 법치주의를 말하며, 덕치주의에 반대되는 뜻이다.
• 撤(철) - 거두다, 없애다, 폐하다. 일부 판본에는 '徹(통할 철)로 되어 있음.

---

• 교묘하게 남을 기만하는 것은 어설프나마 정성 어린 것보다 못하다[巧詐不如拙誠]. / 한비『한비자』
• 누구나 현명해지기를 바라지만 그럴 수가 없는 사람은 거의 언제나 교활하다. / S. 존슨
• 덕성은 재주의 주인이고 재주는 덕성의 노예다. 재주만 있고 덕성이 없으면 주인은 없고 노예가 일을 처리하는 집과 같다. / 홍자성『채근담』

---

『주역(周易)』[10]에서 말했다.
"덕이 보잘것없으면서 지위만 높고,
지혜가 하찮으면서 큰일을 도모하는 사람치고
재앙을 당하지 않는 경우가 드물다."

易曰
德微而位尊 智小而謀大 無禍者鮮矣

• 尊(존) : 높다, 높이다, 우러러보다
• 謀(모) : 꾀, 계책, 꾀하다, 도모하다

• 덕망이 없으면서도 높은 자리를 차지하는 것은 지혜롭지 못하고, 재능이 있으면서도 지위를 사양하는 것은 어질지 못하다. / 소식(蘇軾)
• 덕망 있는 인물을 고용하면 나라가 편안하다. / 관중 『관자』
• 두레박줄이 짧으면 깊은 우물의 물을 길을 수 없고, 그릇이 작으면 많은 것을 다 담지 못한다. / 유안 『회남자』
• 지혜가 없이는 정의가 불가능하다. / J. A. 프루드
• 어려운 일은 그것이 아직 쉬울 때 처리하고, 큰일은 그것이 아직 미세할 때 해결하라. 세상의 어려운 일은 반드시 쉬운 데서부터 일어나고, 세상의 큰일은 반드시 미세한 데서부터 시작된다. 그런 까닭에 성인(聖人)은 결코 큰 것을 이루려 하지 않는다. 그리하여 능히 큰 것을 이루어 낸다. / 노자 『도덕경』 63장

『설원(說苑)』[11]에서 말했다.

"관리는 벼슬자리에 오르면서부터 게을러지고,

병은 조금 나았다고 생각하는 데서 더 심해지며,

재앙은 긴장을 풀고 게으름을 피우는 데서 비롯되고,

효심은 처자에 쏠리면서 줄어들게 된다.

이 네 가지를 살펴서 부디 끝맺을 때도 처음과 같이 하라."

說苑曰
官怠於宦成 病加於小愈
禍生於懈怠 孝衰於妻子
察此四者 愼終如始

• 宦(환) : 벼슬, 관직
• 懈怠(해태) : 게으르다. 일부 판본에는 '懈惰'로 되어 있다.
• 愼終如始(신종여시) : 부디 끝맺을 때도 처음과 같이 하라. 많은 판본들이 '시작할 때와 같이 끝
  도 신중하게 하라'는 식으로 해석하고 있으나 '愼'을 '부디' 또는 '제발'의 뜻인 부사로, '如'를 동
  사 '같게 하다'로 보는 것이 자연스럽다.

───────────────────────────────

• 군자는 때를 만나 관리가 되어도 정의를 실천한다. / 유안 『회남자』
• 자기가 건강하다고 믿는 환자는 치료할 길이 없다. / H. F. 아미엘
• 게으름뱅이는 악마가 자기를 유혹하도록 유혹한다. / R. 킹스턴
• 하늘의 운행이 굳건한 것처럼 군자는 스스로 힘을 쓰고 몸과 마음을 가다듬어 쉬
  지 않아야 한다[天行健 君子以自强不息]. / 『주역』 「역전」
• 어버이를 공경함은 으뜸가는 자연의 법칙이다. / 발레리우스
• 하늘과 땅 사이의 생물 가운데 사람이 가장 귀중하고, 사람의 행동 가운데 효도가
  가장 중대하다. / 공자
• 사람들이 하는 일을 보면 언제나 거의 완성하게 되었을 때 실패한다. 부디 끝맺을
  때도 처음과 같이 하라[常於幾成而敗之 愼終如始]. / 노자 『도덕경』 64장

───────────────────────────────

"그릇이 가득 차면 넘치고,
사람도 가득 차면 잃는 법이다."

## 器滿則溢 人滿則喪

- 溢(일) : 넘치다
- 滿(만) : 가득 차다. '사람이 가득 차다[人滿]'를 대부분 자만 또는 교만한 것으로 보고 있으나, 욕심으로 가득 차는 것으로 보는 견해도 있다.
- 喪(상) : 잃다. '본성을 잃다' 정도로 이해하면 될 것이다. 일부 판본에는 '虧'(이지러질 휴)로 되어 있다.

---

- 듬성듬성 심으면 창고를 채우고, 촘촘하게 심으면 마당을 채울 뿐이다[疏者充廩密則充場]. / 이익(李瀷) 『성호사설(星湖僿說)』
- 자만은 영혼의 병 중 가운데 가장 심한 불치병이다. / H. W. 비처
- 자만은 훌륭한 기지를 거의 전부 없애 버린다. / R. W. 에머슨
- 못난 사람일수록 잘되면 자만심으로 부풀어 오르고 역경에 처하면 자멸한다. / 에피쿠로스

---

"한 자 되는 벽옥이 보배가 아니라,
한 치의 시간이 보배 같은 것이다."[12]

# 尺璧非寶 寸陰是競

- 寸陰(촌음) : 짧은 세월. 원래 '寸陰'은 '해 그림자가 1치 옮겨가는[日晷移寸] 시간'을 말한다.
- 是競(시경) : 겨룰 만한 것이다, 그와 같다

- 당신이 생명을 사랑한다면 시간을 낭비하지 말라! 시간이야말로 생명을 만드는 재료이다. / B. 프랭클린
- 시간은 인간이 쓸 수 있는 것들 가운데 가장 소중한 것이다. / 디오게네스
- 우리가 진정으로 소유하고 있는 것은 시간뿐이다. 가진 것이 달리 아무것도 없는 이에게도 시간은 있다. / B. 그라시안

"양고기 국이 비록 맛은 좋지만
여러 사람의 입맛에 고루 맞추기는 어려운 법이다."

## 羊羹雖美 衆口難調

- 羊羹(양갱) : 양고기 국
- 美(미) : 맛있다
- 難調(난조) : 맞추기 어렵다

─────────────────────────────

- 한 사람에게 음식이 되는 것이 다른 사람에게는 쓴 독약이 된다. / T. 루크레티우스
- 길가에 집을 지으면서 길 가는 사람과 어떻게 짓는 것이 좋은가 상의하면 그들의
  생각이 일치되지 않아 결국 집을 지을 수 없다[道謨是用]. /『시경』「소민」

『익지서』에서 말했다.

"흰 구슬은 진흙 속에 던지더라도
그 흰빛을 더럽힐 수 없고,
군자는 혼탁한 곳에 갈지라도
그 맑은 마음을 물들여 어지럽힐 수 없다.
그러므로 소나무와 잣나무는 눈과 서리를 견뎌 내고,
밝고 지혜로운 사람은 위태로운 난국을 능히 헤쳐 나가는 것이다."

益智書 云
白玉投於泥塗 不能汚穢其色
君子行於濁地 不能染亂其心
故 松栢可以耐雪霜 明智可以涉危難

• 泥塗(이도) : 진흙
• 汚穢(오예) : 더럽히다. 일부 판본에는 '汚涅', '汚濕', '濁變'으로 되어 있다.
• 染亂(염란) : 나쁘게 물들이고 어지럽히다
• 涉(섭) : 건너다. 극복하다

---

• 옥은 불에 타지 않는다. / 유우석(劉禹錫)
• 자기 마음이 밝아져야 비로소 군자와 소인을 구별할 수 있다. / 조광조
• 날씨가 추워진 뒤에야 소나무와 잣나무가 다른 나무보다 나중에 시듦을 안다[歲寒然後知松栢之後彫也]. / 공자 「논어」 「자한」
• 고통은 사람을 생각하게 만들고, 생각은 사람을 지혜롭게 만들며, 지혜는 인생을 견딜 만한 것으로 만든다. / J. 패트릭
• 고통은 철저하게 경험하는 것에 의해서만 치유된다. / M. 프루스트

---

"산에 들어가 호랑이를 잡는 것이 쉽지,
입을 열어 남에게 고하기는 어렵다."

## 入山擒虎易 開口告人難

- 擒(금) : 사로잡다, 생포하다
- 告(고) : 고하다. 여기서 '고하다'는 '사실을 말하다', '하소연하다', '찾아뵙고 부탁하다', '아쉬운 말을 하다', '충고하다' 등 여러 뜻으로 풀이될 수 있다.

---

- 하소연한다고 해서 문제가 해결되는 것은 아니다. 이것을 깨달아야 어린애의 유치한 단계를 비로소 벗어난다. / C. 파베세
- 충고는 결코 환영받지 못한다. 충고가 가장 절실히 필요한 사람일수록 언제나 그것을 가장 싫어하는 법이다. / P. 체스터필드
- 친구에게 나쁜 점이 있으면 충심으로 일러주어 잘 인도하되 안 되겠으면 그만두어야지 이 일로 인하여 스스로 욕을 당하지 말아라[忠告而善道之 不可則止 無自辱焉]. / 공자 『논어』「안연」
- 들으려 하지 않는 사람에게 말하기를 좋아하는 사람은 없다. 화살은 결코 돌에 꽂히지 않는다. 그것은 때로 그것을 쏜 사람에게로 도로 튀어 간다. / J. K. 제롬

"멀리 있는 물로는 가까이 생긴 불을 끄지 못하고,
먼 곳에 있는 친척은 가까이 있는 이웃만 못하다."

## 遠水不救近火 遠親不如近隣[13]

- 친(親) : 친하다, 친척. '친척(親戚)'이란 혈연과 혼인 등으로 맺어진 사람이나 집단을 의미하는
바, 내척(內戚)·외척(外戚)·인척(姻戚) 등 혈연과 혼인 등으로 맺어진 직·간접적인 모든 인간
관계나 집단을 총칭한다. 비슷한 말로 '친족(親族)'이 있는데, 이는 친척과 거의 같은 의미로 쓰
이나, 법률상의 용어이고, 그 범위가 가까운 관계(8촌 이내의 혈족, 4촌 이내의 인척, 배우자)로
한정되어(민법 제777조) 부양·상속 등 여러 가지 법률상의 권리와 의무를 가지게 된다.
- 隣(린) : 이웃, 벗, 동반자

- 내 웃옷은 내 외투보다 나에게 더 가깝다. / T. M. 플라우투스
- 가까운 남이 먼 일가보다 낫다. / 한국 속담
- 세 닢 주고 집 사고 천 냥 주고 이웃 산다. / 한국 속담

태공이 말했다.
"해와 달이 아무리 밝아도 엎어놓은 단지의 바닥은 비추지 못하고,
칼날이 아무리 날카로워도 죄 없는 사람은 베지 못하고,
나쁜 재앙이나 뜻밖의 횡액도 조심하는 집 문에는 들어가지 못한다."

太公曰
日月雖明 不照覆盆之下
刀刃雖快 不斬無罪之人
非災橫禍 不入愼家之門

- 覆盆(복분) : 엎어놓은 단지
- 刀刃(도인) : 칼날. 일부 판본에는 '刀劍'으로 되어 있다.
- 快(쾌) : 날카롭다
- 非災(비재) : 나쁜 재앙
- 橫禍(횡화) : 뜻밖에 당하는 화

---

- 조심해서 가면 안전하게 멀리 간다. / 이탈리아 속담
- 남의 피해를 보고 조심하는 사람은 행복하다. / R. 포스터

---

태공이 말했다.
"좋은 밭 만 이랑이 작은 기술 하나 몸에 익히는 것만 못하다."

太公曰
良田萬頃 不如薄藝隨身

• 薄藝(박예) : 하찮은 재주, 작은 기술
• 隨身(수신) : 몸에 따르다, 몸에 익히다

• 솜씨 좋은 기술은 막대한 유산보다 낫다. / 웨일스 속담
• 어릿광대의 기술은 우리가 생각하는 것보다 더 의미가 깊다. 그것은 비극의 희극
적 거울이자 희극의 비극적 거울이다. / A. 소레

『성리서』에서 말했다.
"남을 대하는 요체는,
자기가 하고 싶지 않은 것을
남이 하도록 하지 않는 것과,
행하고도 뜻대로 잘 되지 않는 것이 있거든
돌이켜 자기 자신에게서 그 원인을 찾는 것이다."

性理書 云
接物之要
己所不欲 勿施於人
行有不得 反求諸己

- 接物之要(접물지요) : 사물이나 사람을 대하는 요체(要諦), 일을 하는 요령. '物'은 본래 '대상'으로서 우리가 만나는 일[事]·사물·상대 또는 남을 가리키는데, 여기에서 '物'은 '남'이나 '다른 사람'이라고 보는 것이 좋을 듯하다.
- 己所不欲(기소불욕) : 자기가 하고 싶지 않은 것
- 勿施於人(물시어인) : 남에게 하도록 하지 않다.
- 反求諸己(반구저기) : 돌이켜 자기 자신에게서 그 원인을 구하다. 여기서 '諸'는 '제'가 아니라 '저'로 읽으며, '之於' 즉 '~에서' 또는 '~로부터'라는 뜻의 조사임.

─────────────────────────────

- 그러므로 남이 너희에게 해주기를 바라는 그대로 너희도 남에게 해주어라. 이것이 율법과 예언서의 정신이다. / 마태오 7:12
- 다른 사람이 무슨 생각을 하고 있는가에 대하여 무관심하다고 해서 불행해지지는 않는다. 그러나 자신의 마음 속 움직임에 주의를 기울이지 않는 사람은 반드시 불행해진다. / M. 아우렐리우스 『명상록』

"술과 여색과 재물과 혈기, 이 네 가지 울타리에 둘러싸여서,
몇몇 잘난 사람과 어리석은 사람이 그 안 행랑에 앉아 있네.
만약 그 누가 그곳을 뛰어넘어 나올 수 있다면
그것이 곧 신선이 되어 죽지 아니하는 비결이 되리다."

酒色財氣四堵墻 多少賢愚在內廂
若有世人跳得出 便是神仙不死方

- 堵墻(도장) : 담장, 울타리
- 多少(다소) : 분량이나 정도의 많음과 적음, 어느 정도, 몇몇, 여러
- 廂(상) : 행랑
- 방(方) : 방법, 술법, 처방

- 도박과 여자와 술은 왕자를 얼마든지 거지로 만든다. / C. H. 스퍼전
- 우리는 꿀을 다루듯이 쾌락을 다루어야 한다. 쾌락과 꿀은 식상하지 않도록 손가락 끝을 살며시 갖다 대야지 손 전체를 담가서는 안 된다. / F. 베이컨
- 술 가운데서 도를 얻고 꽃 속에서 신선을 만나는 것은 아무리 우아하다 해도 속된 일이다. / 홍자성 『채근담』
- 유능하고 덕이 있는 사람이 고통 많은 생애를 보내며, 무능하고 고약한 사람이 유흥과 오락에 날을 보내는 실례가 세상에는 적지 않다. 이것을 보면 세상에서의 쾌락의 가치를 알 수 있다. / G. W. F. 헤겔

# 제12편 주(註)

**1**

**진종(眞宗)**

중국 북송(北宋)의 제3대 황제(재위; 997~1022)로 이름은 항(恒)이다. 도교를 신봉하는 한편 재정을 충실히 하고 산업과 학문을 장려하였다. 1004년 거란의 성종과 소태후가 침입하자 '찬저우[澶州]의 맹(盟)'으로 일컬어지는 화의를 성립시켰다. 그 결과 북방의 군사관계는 안정되었으나 재정 부담이 가중되었다.

**2**

**신종(神宗)**

중국 북송의 제6대 황제(재위; 1067~1085)로 이름은 욱(頊)이다. 북송은 제4대 인종(仁宗) 때 서하(西夏)와 요(遼)의 압박 밑에서 체제의 위기를 맞기 시작하였다. 제5대의 영종(英宗)이 재위 5년 만에 사망하자 그 뒤를 이어 즉위한 신종은 왕안석(王安石)을 재상으로 등용하고 이른바 '신법(新法)'으로 재정·군사·관제의 개혁을 강력히 추진하여 부국강병책을 시행하도록 하였다. 1076년 왕안석이 퇴관하자 스스로 개혁을 맡아 하였는데, 그의 정치는 급진적이어서 실패한 것도 많았으나 나라의 체제를 바로잡고 국가 권력의 확립에는 기여하였다.

**3**

**고종(高宗)**

중국 남송(南宋)의 초대 황제(재위; 1127~1162)로 이름은 구(構)임. 1126년 금군(金軍)의 침입 시 병마대원수(兵馬大元帥)로서 금군의 남하 방지에 진력했고, 1127년 난징[南京]에서 즉위, 이후 금군의 압박을 받아 각지에 전전하고 1138년 임안(臨安)에 도읍했다. 진회(秦檜) 등 화의론자의 말대로 1141년 금과 굴욕적인 '소흥화의(紹興和議)'를 체결, 신하라 하고 세공(歲貢)을 바쳤다. 이후 원(元)에 멸망되기까지 남송의 군사력은 부진했으며, 반면에 문화는 향상되고 강남의 경제 개발은 현저히 진전되었다. 1162년 양자 효종(孝宗)에게 양위한 뒤 상황(上皇)으로 유유자적한 생활을 즐겼다고 한다. 그 자신 우수한 문화예술인으로서 특히 서기(書技)에 능하여 훌륭한 작품을 남기고 있다.

**4**

**왕량(王良)**

중국 한(漢)나라 사람으로 자는 중자(仲子)임. 한나라를 찬탈한 왕망(王莽)이 벼슬을 주겠다고 여러 차례 그를 불렀으나 응하지 않았고, 후한 광무제 때에야 대사도(大司徒)라는 벼슬에 올랐는데 청렴하여 집안이 몹시 가난했다고 한다. 춘추시대 진(晉)나라 출신으로 말을 잘 끌었던 사람이라거나, 자를 경지(敬止)로 하는 명(明)나라 길수(吉水) 사람이라는 설도 있다.

**5**

**『가어(家語)』**

『공자가어(孔子家語)』로서 공자의 언행 및 공자와 문인(門人)과의 논의를 수록했다는 고서(古書). 『한서(漢書)』「예문지(藝文志)」에 '공자가어 27권'으로 기록되어 있으나 그 내용에 대해서 전해지지 않고 있고, 현재 전하는 것은 위나라의 왕숙(王肅)이 발견하여 주석을 달았다는 위서(僞書)이다. 다만, 그 본문에 대해서는 『춘추좌씨전』·『예기』·『설원』·『사기』 등 출전이 현재까지 전해지는 것이 많기 때문에 별로 가치가 없다고 생각되지만, 기타 현존하는 고서에는 보이지 않는 글귀에 대해서도 일실된 원본『공자가어』에서 추출되었을 가능성이 크고, 위작(僞作)이긴 하지만『논어』에서 볼 수 없는 공자의 관한 일화집으로는 가치가 높다.

### 6 허경종(許敬宗)

중국 당나라 항주(杭州) 사람(592~672)으로 자는 연족(延族)임. 당 건국 초에 진왕부(秦王府) 18학사의 한 사람으로 활동했고, 태종 정관(貞觀) 때 저작랑(著作郞)에서 중서사인(中書舍人)까지 오르고 고명(誥命)을 전담했다. 고종 때 예부상서(禮部尙書)가 되어 이의부(李義府) 등과 함께 고종이 무측천(武則天)을 황후로 세우는 것을 도와 시중(侍中)에 발탁되었다. 고종 3년(658) 칙명에 따라 시문집『문관사림(文館詞林)』을 편찬한 바 있다.

### 7 『장원시(壯元詩)』

과거에서 장원을 한 작품들을 모은 시집이다. 당·송·명·청 등 역대의 장원시가 전해지는데, 이 시가 어느 시대 누구의 작품인지는 정확히 알 수 없다.『명현집(明賢集)』·『증관현문(增廣賢文)』·『유세명언(喩世明言)』등에 같은 취지의 글이 보인다.

### 8 소동파(蘇東坡)

중국 북송 때의 학자·문학가 소식(蘇軾; 1037~1101)을 말함. '동파'는 그의 호이고, 자는 자첨(子瞻), 시호는 문충(文忠)이다. 시·서·화(詩·書·畵)에 모두 능했고, 부친인 소순(蘇洵), 아우인 소철(蘇轍)과 더불어 '삼소(三蘇)'로 불렸고, '당송팔대가(唐宋八大家)'의 한 사람이다.「적벽부(赤壁賦)」는 아직도 많은 사람들의 입에 회자하고 있으며, 저서로『동파지림(東坡志林)』등이 있다.

### 9 염계(濂溪)

북송(北宋)의 저명한 철학가 주돈이(周敦頤; 1017~1073)의 호임. 그는 화남성 사람으로서 과거에 합격하여 관리가 되었으나 가난한 생활을 하면서 학문에 힘을 기울였다. 유가 사상에 음양오행 이론을 융합하여 천리(天理)와 인성(人性)에 대해 설파하는『태극도설(太極圖說)』과『통서(通書)』등을 지음으로써 이학(理學)의 창시자로 일컬어지고 있다. 만년에 여산(廬山) 연화봉(蓮花峰) 아래에 염계서당(濂溪書堂)을 짓고 학생들을 지도하니, 세간에 '염계선생'으로 일컬어졌고, 그 학파를 '염학(濂學)'이라 불렀다. 후에 그의 저서가 남송의 주자에 의해서 세상에 알려지게 되었고, 정호·정이 형제가 그의 학문을 이어 받음으로써 송학(宋學)의 시조가 되었다.

### 10 『주역(周易)』

유교 경전의 하나로서 동양에서 가장 오래된 경전인 동시에 가장 난해한 글로 일컬어진다. 공자가 지중하게 받들고 주자가 '역경(易經)'이라 이름하여 숭상한 이래로『주역』은 오경의 으뜸으로 손꼽게 되었다.『주역』은 상경(上經)·하경(下經) 및 십익(十翼)으로 구성되는데, 십익은 단전(彖傳) 상하, 상전(象傳) 상하, 계사전(繫辭傳) 상하, 문언전(文言傳), 설괘전(說卦傳), 서괘전(序

卦傳), 잡괘전(雜卦傳) 등 10편을 말한다. 『주역』의 작자에 대해서는, 복희씨(伏羲氏)가 팔괘를 만들고 신농씨(神農氏)가 64괘를 나누었으며 문왕(文王)이 괘에 사(辭)를 붙여 『주역』이 이루어진 뒤에 그 아들 주공(周公)이 효사(爻辭)를 지어 완성되었고 이에 공자가 십익(十翼)을 붙였다고 하는 것이 통설이다. 『주역』은 점복(占卜)을 위한 원전과도 같은 것이고, 동시에 어떻게 하면 조금이라도 흉운(凶運)을 물리치고 길운(吉運)을 잡느냐 하는 처세의 지혜이며, 나아가서는 우주론적 철학이기도 하다.

**11**
「**설원(說苑)**」
전한(前漢) 말에 유향(劉向)이 편집한 책으로 「군도(君道)」・「신술(臣術)」 등 20편으로 구성되었다. 고대의 제후나 선현들의 행적이나 일화・우화 등을 수록한 것이며 위정자를 설득하기 위한 훈계독본으로 이용하였다. 어떤 사실에 대해 설명을 달리하는 여러 책의 내용을 발췌해서 정리하면서 시비(是非)를 가리지 않고 양쪽의 설을 모두 수록한 것이 특징이다.

**12**
**"한 치의 시간이 보배만큼 귀한 것이다."**
대부분의 판본들이 '寸陰是競'을 '촌음(짧은 시간)을 다투어라' 식으로 풀이하고 있는데, 결국 뜻하는 바는 그러하다 하더라도 문법적으로 볼 때 '寸陰是競'은 '尺璧非寶'의 대구(對句)로서 '競'은 '寶'에 대하는 명사로 보아 '보배와 견줄 만한 것'으로 해석해야 할 것임. '競寸陰'이 정치법 구문인데 목적어를 술어 앞으로 도치하여 강조시키는 '是'라는 조사를 두어 '寸陰是競'이라는 도치법 구문을 만들었다고 설명하기도 하나, 다소 억지스럽다.

**13**
**遠水不救近火 遠親不如近隣**
노나라의 목공(穆公)이 먼 곳에 있는 강대국인 진(晉)나라와 형(荊)나라의 도움을 얻으려고 했을 때에 신하인 이서(梨鉏)가 그것보다는 이웃에 있는 제(齊)나라에 원조를 청하는 것이 이득이라고 간언하며 비유한 말이다(『한비자』「설림상(說林上)」)

# 제13편
# 가르침을 세우자
## [立敎]

한 개인이나 가정, 사회 그리고 국가에 이르기까지 그 삶이나 조직 운영
을 이끄는 원칙 내지 규범이 있다. 교육을 통하여 이를 정확히 알도록
하고 이에 따라야 개인이나 조직이 올바르게 될 것이다.
또한 어떤 목적을 이루기 위해서는 첫 시작과 계획이 무엇보다도 중요하
므로 하루, 일 년, 일생의 계획을 세워 잘 시작해야 할 것이다.

공자가 말했다.

"입신함에는 의(義)가 있으니 효도가 그 근본이요,

상사에는 예(禮)가 있으니 슬퍼함이 그 근본이요,

싸움터에는 공렬(功烈)이 있으니 용맹이 그 근본이 된다.

정치를 함에는 이치가 있으니 농사가 그 근본이 되고,

나라를 보전함에는 도(道)가 있으니 대 이음[後嗣]이 그 근본이 되며,

재화를 생산함에는 시기(時機)가 있으니 노력이 그 근본이 된다."

子曰
立身有義而孝爲本 喪祀有禮而哀爲本
戰陣有烈而勇爲本 治政有理而農爲本
居國有道而嗣爲本 生財有時而力爲本

- 喪祀(상사) : 사람이 죽어서 초상 치르는 것과 제사 지내는 것. 『공자가어』에는 '喪紀'라고 되어 있음
- 烈(렬) : 맵다, (기세가)대단하다, 굳세다. 여기서는 '공렬'(功烈; 뛰어난 공적)이나 '공덕(功德)'으로 보아야 할 것임. 대부분의 판본에는 '列'로 되어 있으나 인홍재사본에는 '烈'로 되어 있다. '列'이라면 '대열(隊列)' 또는 '위계(位階)'로 풀이될 것이다.
- 居國(거국) : 나라를 있게 하다, 나라를 지키다
- 嗣(사) : 대를 잇다

---

- 겨울에는 따뜻하게 해 드리고, 여름에는 시원히 지내게 해 드리며, 저녁에는 잠자리를 보아 드리고, 새벽에는 심기를 살펴 편안히 해 드린다[冬溫而夏淸 昏定而晨省]. / 『예기』「곡례」
- 완전한 용맹은 앞으로 밀고 나가지 않는다. / 장자
- 농업은 천하의 사람들이 살아가는 큰 근본이다[農者天下之大本]. / 효문제(孝文帝)
- 밭갈이는 기도이고 심는 것은 예언이며 추수는 응답과 성취다. / R. G. 잉거솔
- 대지와 인간에게 있어서 필요한 것은 기도가 아니고 노동이다. / M. 고리키

---

『경행록』에서 말했다.
"정치를 하는 요체는 공정함과 청렴함이요,
가업(家業)을 이루는 길은 검소함과 부지런함이다."

景行錄 云
爲政之要 曰公與清
成家之道 曰儉與勤

• 爲政(위정) : 정치를 함
• 曰(왈) : ~이고, ~라 하고(사물을 열거할 때 붙이는 말)

---

• 공정하면 사심이 없으니, 마음이 맑아 욕심이 없다. 모든 일을 합당하게 하니, 이것을 정직이라고 한다[公則不私 心淸無欲 事出至當 是謂正直]. / 권근(權近)『양촌집(陽村集)』
• 나라를 다스리는 비결은 너그러움과 엄격함의 균형을 잡는 데 있다. / 손명신
• 그대[계강자(季康子)를 지칭함]가 탐욕을 부리지 않는다면 비록 상을 준다고 하더라도 백성들은 도둑질을 하지 않을 것이오. / 공자『논어』「안연」
• 검소하고 사치하지 않은 생활방식이 최상의 것이다. 이것은 육체와 정신을 위해서도 최상의 것이다. / A. 아인슈타인
• 검소하게 살아야 정신이 맑아진다. / I. 캄프라드
• 검소하면 쓰는 것이 넉넉하고, 검소하면 구하는 것이 적으며, 검소하면 집안을 이룰 수 있고, 검소하면 사회적 지위를 얻을 수 있으며, 검소하면 자손에게 그 이룬 것을 물려줄 수 있다. 사치하면 쓰는 것이 넉넉하지 못하고, 사치하면 구하기를 탐하게 되며, 사치하면 집안을 무너뜨리고, 사치하면 사회적으로 몰락하게 되며, 사치하면 자손을 가르칠 수 없다. 이해가 상반됨이 이와 같다. / 서유구『임원경제지』
• 아들에게 근면함을 가르치지 않는 부모는 아들에게 절도를 가르치는 거와 다를 게 없다. /『탈무드』

"독서[공부]를 하는 것은 집안을 일으키는 근본이요,
이치에 따름은 집안을 잘 보전하는 근본이요,
부지런하고 검소함은 집안을 다스리는 근본이요,
화목하고 순종함은 집안을 바르게 하는 근본이다."

讀書起家之本
循理保家之本
勤儉治家之本
和順齊家之本

- 循理(순리) : 도리에 좇다, 이치에 따르다
- 齊家(제가) : 집안을 바로 다스리다

---

- 행복한 가정은 모두가 서로 닮았지만 불행한 가정들은 제각각이다. / L. 톨스토이
- 근면은 행운의 어머니이다. / M. d. 세르반테스
- 집안은 늘 화목해야 한다. 화목하면 자연히 즐거움이 있다. 집안에 잘못이 있으면 반드시 부드러운 말로써 가르쳐라. 현재의 환경에 늘 감사하게 생각하며, 결코 세상이나 누구를 원망해서는 안 된다. 사업과 출세를 위해서는 누구나 땀 흘리며 노력하지만, 실상 자신의 가정의 행복에 대해서는 아무 것도 안 하는 것이 보통이다. 남자들은 대개 집에 돌아올 때는 상당히 피곤해 있다. 그래서 가정에서는 마음을 놓고 나오는 그대로 말하고 행동한다. 그러나 이것은 잘못된 행동이다. 밖에서는 예를 다 갖추고 남을 존중하던 태도가 가정에서는 무시하고 사소한 일에도 참지 못하는 경우가 많다. 가정의 행복을 위해서는 가장 좋은 방법으로 자신을 표현할 필요가 있다. 벌컥 성을 내는 것은 잘못된 자신을 표현하는 것이다. 우리가 좋은 남편이나 좋은 아버지가 되려면 언행이 충분히 다듬어지지 않으면 안 된다. / 알랭
- 자기 가정을 훌륭하게 다스리는 사람은 국가의 일에 대해서도 가치 있는 인물이 된다. / 소포클레스

---

공자가 「삼계도(三計圖)」[1]에서 말했다.
"일생의 계획은 어릴 때에 달려 있고,
일 년의 계획은 봄에 달려 있으며,
하루의 계획은 새벽[寅時][2]에 달려 있다.
어려서 배우지 않으면 늙어서 아는 것이 없게 되고,
봄에 밭을 갈지 않으면 가을에 바랄 것이 없게 되며,
새벽에 일어나지 않으면 그 날 할 일이 없게 된다."

孔子三計圖 云
一生之計在於幼 一年之計在於春 一日之計在於寅
幼而不學老無所知 春若不耕秋無所望 寅若不起日無所辦

• 望(망) : 바라다, 기대하다
• 辦(판) : 힘쓰다, 처리하다, 주관하다

---

• 계획 없는 목표는 한낱 꿈에 불과하다. / A. d. 생텍쥐페리
• 매일 아침 하루 일과를 계획하고 그 계획을 실행하는 사람은, 극도로 바쁜 미로 같은 삶 속에서 그를 안내할 한 올의 실을 지니고 있는 것이다. 그러나 계획이 서 있지 않고 단순히 우발적으로 시간을 사용하게 된다면, 곧 무질서가 삶을 지배할 것이다. / V. 위고
• 생각을 잘하는 것은 현명하고, 계획을 잘하는 것은 더 현명하고, 실행을 잘하는 것은 가장 현명하다. / 페르시아 속담
• 어떻게 당신의 시간을 할애할 것인지 생각해 보고, 자신에게 '왜'라는 질문을 정기적으로 하라. / R. L. 리드

---

『성리서』에서 말했다.
"다섯 가지 가르침[五敎]의 조목³은,
아버지와 자식 사이에는 서로 친애가 있어야 하고,
임금과 신하 사이에는 의리가 있어야 하며,
남편과 아내 사이에는 분별이 있어야 하고,
어른과 어린이 사이에는 차례가 있어야 하며,
친구 사이에는 신의가 있어야 한다는 것이다."

性理書 云
五敎之目
父子有親 君臣有義 夫婦有別
長幼有序 朋友有信

- 目(목) : 조목, 요점
- 義(의) : 올바른 도리, 의리, 법도(法度)

---

- 자녀들에게 객관적 교훈을 주어야 한다면 너 자신이 교훈이 아니라 모범이 돼라. / B. 쇼
- 친구와 이웃에 대해 신의를 지키지 않는 사람이 국민에 대한 신의를 지킨다는 것은 불가능하다. / 버클리 주교

---

"세 가지 벼리[三綱]라는 것은
임금은 신하의 벼리가 되고,
아버지는 자식의 벼리가 되며,
남편은 아내의 벼리가 된다는 것이다."

## 三綱
## 君爲臣綱 父爲子綱 夫爲婦綱

• 강(綱) : 벼리. 고기 잡는 그물의 코를 꿰어 그물을 잡아당길 수 있게 한 줄을 말한다. 한자의
'綱'(벼리 강) 자에서 그 자의(字意)는 모든 인간이 필수적으로 지켜야 할 기본적인 도덕과 규범,
즉 그물이 벼리를 이탈할 수 없듯이 사회질서 유지를 위하여 인간이 이탈할 수 없는 기본적인
도덕과 규범이라는 뜻으로 '본'이라고도 할 수 있다.

---

• 세상의 근본적인 인간관계는 군신, 부자, 부부, 형제, 친구 등 다섯 가지다. 세상에
  서 가장 중요한 미덕은 지혜, 자비, 용기 등 세 가지다. / 자사(子思)
• 임금은 임금다워야 하고, 신하는 신하다워야 하고, 아버지는 아버지다워야 하고,
  아들은 아들다워야 한다[君君 臣臣 父父 子子]. / 공자 『논어』「안연」

---

왕촉(王蠋)"이 말했다.
"충신은 두 임금을 섬기지 않고,
열녀는 두 남편을 바꿔 모시지 않는다."

王蠋曰
忠臣不事二君
烈女不更二夫

- 事(사) : 섬기다
- 烈女(열녀) : 일반적으로 남편을 위하여 정성을 기울여 살아가는 아내를 일컫는 말인바, 열녀와 열부(烈婦)를 통칭하여 쓰기도 함. 『사원(辭苑)』에 의하면, 열녀는 혼인 전에 약혼자가 죽었을 경우 그 뒤를 따라 죽는 여자 및 스스로 목숨을 끊음으로써 강포자(强暴者)에 항거하는 미혼녀를 말하고, 열부는 기혼녀로서 남편의 뒤를 따라 죽는 부인 및 목숨을 끊음으로서 강포자에 항거하는 부인을 말한다고 함.
- 更(경) : 바꾸다, 고치다

- 비록 백번 죽는다 해도 나의 충절은 변함이 없을 것이다. / 정몽주(鄭夢周)
- 우리는 모두 대통령의 사람이다. / H. 키신저
- 기생도 만년에 남편을 따른다면 과거의 화류계 생활을 탓할 것이 없고, 열녀도 머리가 세어 정조를 잃으면 반평생 수절이 허사가 된다. / 홍자성 『채근담』

충자(忠子)⁵가 말했다.
"공무를 수행할 때는 공평함이 으뜸이요,
재물을 대할 때는 청렴함이 으뜸이다."

忠子曰
治官莫若平
臨財莫若廉

• 莫若(약) : ~만한 것이 없다. ~이 으뜸이다
• 臨財(임재) : 재물을 대하다

---

• 관리로 재직할 때 명심할 두 마디 말은 '공정하기만 하면 명확한 판단이 서고, 청렴하기만 하면 위엄이 생긴다.'는 것이다. / 홍자성 『채근담』
• 많은 사람을 통솔하는 길은 위엄과 신뢰뿐이다. 위엄은 청렴함에서 나오고, 신뢰는 정성을 다하는 데서 비롯된다. 정성을 다하면서도 능히 청렴할 수 있어야 여러 사람을 따르게 할 수 있다. / 정약용 『목민심서』
• 재산은 고르기가 물과 같아야 하고, 사람은 곧음이 저울과 같아야 한다[財上平如水 人中直似衡]. / 임상옥(林尙沃)
• 우리의 마음속에 있는 청렴보다 더 신성한 것은 없다. / T. 에디슨

장사숙(張思叔)[6]이 좌우명[7]으로 말했다.

"무릇 말은 진실되고 믿음직해야 하고,

무릇 행실은 반드시 돈독하고 공경스러워야 하며,

음식은 반드시 삼가고 알맞게 먹어야 하고,

글씨는 반드시 반듯하고 똑바로 써야 하며,

용모는 반드시 단정하고 씩씩해야 하고,

옷차림은 반드시 점잖고 바르게 차려야 하며,

걸음걸이는 반드시 안정되고 차분해야 하고,

거처하는 곳은 반드시 바르고 정숙해야 하며,

일을 할 때는 반드시 계획을 세워 시작해야 하고,

말을 할 때는 반드시 그 실행 여부를 생각하고 해야 하며,

평상시에 덕은 반드시 굳게 지켜 실천하고,

일을 허락하는 것은 반드시 신중히 생각해서 응하며,

남의 선행을 보거든 마치 자기가 한 것같이 기뻐하고,

남의 악행을 보거든 마치 자기가 한 것처럼 아파해야 한다.

무릇 이 열네 가지는 모두 내가 아직 깊이 깨닫지 못한 것이다.

이것을 자리 오른쪽에 써 붙여 놓고

아침저녁으로 보고 경계할 것이다."

張思叔 座右銘曰

凡語必忠信 凡行必篤敬 飮食必愼節 字劃必楷正

容貌必端莊 衣冠必整肅 步履必安詳 居處必正精

作事必謀始 出言必顧行 常德必固持 然諾必重應

見善如己出 見惡如己病 凡此十四者 皆我未深省

# 書此當座右 朝夕視爲警

- 楷正(해정) : 반듯하고 바르게
- 端莊(단장) : 단정하고 씩씩하게
- 步履(보리) : 걸음걸이. 일부 판본에는 '步趨'로 되어 있음
- 安詳(안상) : 편안하고 차분하게
- 謀始(모시) : 계획을 세워 시작하다
- 顧行(고행) : 행동을 돌아보다
- 然諾(연낙) : 그렇다고 허락하다
- 重應(중응) : 신중하게 응하다
- 深省(심성) : 깊이 살피다

---

- 말은 진실되게 해야 하지만, 그렇다고 모든 진실을 말할 의무는 없다. / I. 칸트
- 옛날에 사람들이 말을 함부로 하지 않았다. 자신의 행동이 말에 미치지 못함을 부끄러워했기 때문이다. / 공자 『논어』 「이인」
- 경(敬)으로써 안의 마음을 곧게 하고, 의(義)로써 밖으로 드러나는 행동을 반듯하게 한다[敬以直內 義以方外] / 『주역』 「문언전(文言傳)」
- 도덕은 우리가 행복해질 수 있는 원리가 아니라 행복을 얻을 자격이 있게 만드는 원리다. / I. 칸트 『실천이성비판』
- 사람이 사람인 까닭은 특별히 두 발로 걷고 몸에 털이 없기 때문이 아니다. 도덕을 지니고 있기 때문이다. / 순자 『순자』 「비상(非相)」
- 새로운 방향으로 한 발짝 내딛게 되면, 다음의 발짝도 그 뒤를 따를 것이며, 따라서 올바른 방향을 향한다면 그 발걸음은 모든 것을 의미하는 것이다. / E. 프롬 『소유냐 존재냐』
- 실물의 형상이 굽으면 그 그림자도 또한 굽다. 좋은 결과를 얻기를 바란다면 좋은 행위를 해야 한다. / 관중 『관자』
- 법도에 맞는 옷이 아니면 감히 입지 않고, 법도에 맞는 말이 아니면 감히 말하지 않고, 덕행이 아니면 감히 행동으로 옮기지 않는다. 이것이야말로 목숨이 다할 때까지 가슴속에 품고 있어야 할 바다. / 이이 『격몽요결』

범익겸(范益謙)[8]이 좌우명으로 말했다.

"첫째,　조정에서의 이해와 변방의 정세보고와 관직의 인사이동에 대하여 말하지 말 것.

둘째,　지방 관리의 장단점과 득실에 대하여 말하지 말 것.

셋째,　여러 사람이 저지른 잘못과 악행에 대하여 말하지 말 것.

넷째,　벼슬길로 나아가 관직에 오르는 것과 기회를 엿보다 권세에 빌붙는 일에 대하여 말하지 말 것.

다섯째, 재물과 이익의 많고 적음이나 가난을 싫어하고 부자 되기를 원한다고 말하지 말 것.

여섯째, 음란하고 난잡한 농지거리나 여색에 대하여 평하는 말을 하지 말 것.

일곱째, 남의 물건을 탐내고 술과 밥을 얻으려는 말을 하지 말 것.

그리고 남이 부치는 편지를 뜯어보거나 묵혀두어서는 안 되고,
남과 한자리에 앉았을 때 그의 사적인 서류를 엿보아서는 안 되며,
남의 집에 갔을 때 그가 지어놓은 문장을 훔쳐보아서는 안 되고,
남의 물건을 빌렸을 때 이를 훼손하거나 안 돌려줘서는 안 된다.
무릇 음식을 먹음에 있어 가려서 버리거나 취해서는 안 되고,
남과 한자리에 있을 때 자기만 편리하려고 해서는 안 되며,
남의 부귀를 너무 부러워하거나 헐뜯어서는 안 된다.
무릇 이 몇 가지 일을 어기는 사람이 있으면
그 마음 씀이 어리석음을 족히 알 수 있으니
마음을 지키고 몸을 닦는 데 크게 해로울 것이다.
그래서 이 글을 써서 스스로 경계하노라."

范益謙 座右銘曰
一不言朝廷利害邊報差除
二不言州縣官員長短得失
三不言衆人所作過惡之事
四不言仕進官職趨時附勢
五不言財利多少厭貧求富
六不言淫媟戲慢評論女色
七不言求覓人物干索酒食

又人附書信 不可開坼沈滯 與人并座 不可窺人私書
凡入人家 不可看人文字 凡借人物 不可損壞不還
凡喫飮食 不可揀擇去取 與人同處 不可自擇便利
凡人富貴 不可歎羨詆毁
凡此數事 有犯之者 足以見用心之不肖
於存心修身 大有所害 因書以自警

- 邊報(변보) : 변방으로부터의 보고
- 差除(차제) : 관리를 임명하다. 차(差)는 관원으로 임명하기 위하여 인재를 뽑는 차출(差出)을 말하고, 제(除)는 관직에 임명하는 제수(除授)를 뜻함. 제수의 '除'는 옛 직함이고 '授'는 새 직함이다.
- 趨時附勢(추시부세) : 기회를 좇아 권세에 아부하다
- 淫媟戲慢(음설희만) : 음란하게 말하고 희롱하다
- 求覓人物(구멱인물) : 남의 물건을 탐내어 찾다
- 干索(간색) : 구하여 찾다
- 開坼(개탁) : 뜯어 보다
- 窺(규) : 엿보다
- 歎羨詆毁(탄선저훼) : 지나치게 부러워하며 욕하고 헐뜯다
- 不肖(불초) : 못나고 어리석음. 일부 판본에는 '不正'으로 되어 있음
- 存心(존심) : 본심을 잃지 않고 그에 내재하는 도덕성을 기름. 일부 판본에는 '正心'으로 되어 있음.

- 사람이 관직을 탐내며 바라볼 때마다 그의 행동은 부패하기 시작한다. / T. 제퍼슨
- 무엇인가 하고 싶어 하는 사람은 방법을 찾아내고, 아무것도 하고 싶지 않은 사람은 구실을 찾아낸다. / 아랍 격언
- 남의 책을 빌려 볼 때에는 모두 아끼고 소중히 다루어야 한다. 우선 떨어져 나가거나 해진 곳이 있으면 이를 온전하게 만들어라. 이 역시 사대부로서 반드시 실천해야 할 여러 가지 행동 중의 하나인 것이다. / 안지추 『안씨가훈』
- 배우는 사람이 몸의 수양을 하려면 반드시 마음을 바르게 하고 외부 사물의 유혹을 물리쳐야 한다. 그러면 편안한 마음으로 모든 장애를 극복하고 미덕을 쌓을 것이다. / 이이
- 사람은 누구나 착한 일을 향하여 자기 자신을 높이고 발전시키지 않으면 안 된다. 신(神)이 우리에게 충분한 선(善)을 준 것은 아니고 다만 우리가 올바르게 살 수 있는 가능성을 보증하였을 뿐이기 때문에 누구나 자기의 힘으로 자기를 이끌어가기에 노력하지 않으면 안 된다. 그 목적을 달성하는 것이 인생이다. / I. 칸트

무왕(武王)⁹이 태공에게 물었다.
"사람들이 같은 세상을 사는데
어찌하여 귀천과 빈부가 고르지 않을 수 있습니까?
원컨대 그에 대한 설명을 들어서 진실을 알고자 합니다."
태공이 아뢰었다.
"부와 귀는 성인(聖人)의 덕과 같아서
다 천명(天命)에 달려 있습니다.
그러나 부자가 된 사람은 씀씀이에 절제가 있어서이고,
부자가 되지 못한 사람은 집안에 '열 가지 도둑'이 있기 때문입니다."

武王 問太公曰
人居世上 何得貴賤貧富不等 願聞說之 欲知是矣
太公曰
富貴 如聖人之德 皆由天命
富者 用之有節 不富者 家有十盜

• 等(등) : 같다, 고르다

---

• 돈을 버는 방법이든 보존하는 방법이든 한 가지만 알면 부자가 될 수 있다. / L. A.
  세네카

---

무왕이 물었다.

"무엇이 '열 가지 도둑'입니까?"

태공이 대답했다.

"다 익은 곡식을 제때에 거둬들이지 않는 것이 첫째 도둑이요,

거두고도 창고에 쌓는 일을 마무리하지 않는 것이 둘째 도둑이요,

일 없이 등불을 환히 켜놓고 잠자는 것이 셋째 도둑이요,

게을러서 밭갈이를 하지 않는 것이 넷째 도둑이요,

일을 이루기 위해 노력을 하지 않는 것이 다섯째 도둑이요,

오로지 꾀부리고 해로운 일만 행하는 것이 여섯째 도둑이요,

딸자식을 너무 많이 낳아 키우는 것이 일곱째 도둑이요,

낮잠이나 자고 아침에 일어나기를 게을리하는 것이 여덟째 도둑이요,

술 마시기를 탐하고 환락에 빠지는 것이 아홉째 도둑이요,

남을 몹시 시기하는 것이 열째 도둑입니다."

武王曰

何謂十盜

太公曰

時熟不收 爲一盜 收積不了 爲二盜

無事燃燈寢睡 爲三盜 慵懶不耕 爲四盜

不施功力 爲五盜 專行巧害 爲六盜

養女太多 爲七盜 晝眠懶起 爲八盜

貪酒嗜慾 爲九盜 強行嫉妬 爲十盜

- 時熟(시숙) : 제철에 익다
- 寢睡(침수) : 누워서 자다
- 慵懶(용라) : 게으르고 나태하다
- 專行巧害(전행교해) : 오로지 간교하고 해치는 일만 하다, '專行切害'로 되어 있는 판본도 있다.
- 嗜慾(기욕) : 즐기고 좋아하는 욕심(주로 육체적 욕구와 관련된 것을 뜻함)

- 태양이 비추고 있는 동안에 건초를 만들어라. / M. d. 세르반테스
- 게으름이라는 어머니에게는 도둑질이라는 아들과 굶주림이라는 딸이 있다. / V. 위고
- 우리가 어느 날 마주칠 재난은 우리가 소홀히 보낸 어느 시간에 대한 보복이다. / 나폴레옹
- 사사로움은 마음을 갉아먹는 해충이요 모든 악의 근본이다[私者 一心之蟊賊 而萬惡之根本也]. / 이황 『퇴계집』
- 약을 복용하지 않는 환자에게는 약효가 나타나지 않는다. / E. 쿱
- 딸 둘과 뒷문은 세 명의 도둑이다. / 서양 속담
- 술과 미인은 악마가 소유하고 있는 두 개의 그물이다. 아무리 경험이 많은 새라 해도 그 그물에 걸리지 않을 수 없다. / F. 뤼케르트
- 질투심 많은 사람은 적어도 행복의 조건에서 이탈한 사람이다. 질투는 자기가 가진 것에 대해서 즐거움을 찾지 않고 남의 소유물에 대해서 괴로워하는 마음 상태이다. / J. 굴드

무왕이 물었다.

"집안에 '열 가지 도둑'이 없는데도 부자가 되지 못한 것은 어째서요?"

태공이 아뢰었다.

"그런 사람의 집안에는 반드시 '세 가지 축냄'[三耗]이 있을 것입니다."

무왕이 다시 물었다.

"무엇을 '세 가지 축냄'이라고 말합니까?"

태공이 다시 아뢰었다.

"창고가 새어 넘쳐나는데도 지붕을 덮지 않아

쥐와 새들이 마구 먹어대도록 하는 것이 첫째 축냄이요,

거두고 씨 뿌리는 시기를 놓쳐 농사를 망치는 것이 둘째 축냄이요,

쌀이나 곡식을 함부로 땅바닥에 흩어 버려 더럽고 천하게

다루는 것이 셋째 축냄입니다."

武王曰

家無十盜而不富者 何如

太公曰

人家 必有三耗

武王曰

何名三耗

太公曰

倉庫漏濫不蓋 鼠雀亂食 爲一耗

收種失時 爲二耗

抛撒米穀穢賤 爲三耗

- 耗(모) : 축내다. 즉 써 없애거나 손실이 있음에도 그대로 내버려두는 행위. 耗穀(모곡)- 조선시 대에 세미(歲米)를 거둘 때 운반하거나 보관하는 동안 축날 것을 예상하여 미리 한 섬에 몇 되 씩을 더 받는 곡식
- 漏濫不蓋(루람불개) : 비가 새어 넘쳐나도 지붕을 덮지 아니함
- 鼠雀亂食(서작란식) : 쥐와 참새가 어지럽게 먹어 대다
- 收種失時(수종실시) : 거두고 씨 뿌리는 시기를 놓치다
- 抛撒(포철) : 흩어 버리다
- 穢賤(예천) : 더럽고 천하게 여기다

- 행운의 날은 추수의 날과 같다. 곡식이 익었을 때 우리는 바쁘게 움직여야 한다. / J. W. v. 괴테
- 방아를 찧지 않으면 먹을 곡식도 없다. / 서양 속담
- 농사는 하늘이 지어주는 것이 아니라 인간의 지혜와 노력으로서 짓는 것이다. / 박정희(朴正熙)
- 좋은 재료가 예술가가 없어서 방치되는 경우가 많다. / L. A. 세네카
- 우리의 부(富)는, 물질은 물론이지만 지식도 포함되는 것으로서, 그 자체를 얻는 데 있는 것이 아니라 우리 자신이 그것을 얻을 수 있는 독립적인 획득 수단을 갖추 는 데 있는 것이다. / M. K. 간디
- 삶을 발코니에서 관망하지 말라. / 프란치스코 교황

무왕이 물었다.

"집안에 '세 가지 축냄'도 없는데도 부자가 되지 못함은 어찌하여 그 렇습니까?"

태공이 대답했다.

"그런 사람의 집에는 반드시 첫째 '어그러짐'[錯], 둘째 '잘못'[誤], 셋째 '멍청함'[痴], 넷째 '어긋남'[失], 다섯째 '거스름'[逆], 여섯째 '꼴사나움'[不祥], 일곱째 '모자람'[奴], 여덟째 '상스러움'[賤], 아홉째 '못남'[愚], 열째 '뻔뻔함'[强]이 있어서 스스로 그 화를 불러들이는 것이지 하늘이 재앙을 내려서 그런 것이 아닙니다."

武王曰
家無三耗而不富者 何如
太公曰
人家 必有 一錯 二誤 三痴 四失 五逆 六不祥 七奴 八賤
九愚 十强 自招其禍 非天降殃

• 앙(殃) : 재앙, 하늘이 내리는 벌

---

• 나는 내 잘못을 제외하면 모든 사람의 잘못을 용서할 수 있다. / M. P. 카토
• 당연히 고쳐야만 하는 것을 고치지 않는 것은 소리가 틀리는 비파나 거문고를 조율하지 않는 것과 같다. / 대각국사
• 있는 힘을 다해서 살라. 그렇게 하지 않는 것은 잘못이다. / H. 제임스

---

무왕이 말했다.

"그 내용을 자세히 듣고 싶습니다."

태공이 아뢰었다.

"아들을 키우되 가르치고 타이르지 않는 것이 첫째 '어그러짐'이요,

어린아이를 훈계하지 않는 것이 둘째 '잘못'이요,

신부를 맞아들이면서 엄히 가르치지 않는 것이 셋째 '멍청함'이요,

말하기 전에 웃기부터 먼저 하는 것이 넷째 '어긋남'이요,

부모를 봉양하지 않는 것이 다섯째 '거스름'이요,

밤에 알몸으로 일어나 나가는 것이 여섯째 '꼴사나움'이요,

남의 활줄 당기기 좋아하는 것이 일곱째 '모자람'이요,

남의 말타기 좋아하는 것이 여덟째 '상스러움'이요,

남의 술을 마시면서 다른 사람에게 권하는 것이 아홉째 '못남'이요,

남의 밥을 먹으면서 친구에게 먹으라고 하는 것이 열째 '뻔뻔함'이 되는 것입니다."

무왕이 감탄하여 말했다.

"아아, 참으로 훌륭하고 옳은 말씀이도다!"

武王曰 願悉聞之
太公曰 養男不敎訓 爲一錯 嬰孩不訓 爲二誤
初迎新婦不行嚴訓 爲三痴 未語先笑 爲四失
不養父母 爲五逆 夜起赤身 爲六不祥
好挽他弓 爲七奴 愛騎他馬 爲八賤
喫他酒勸他人 爲九愚 喫他飯命朋友 爲十强
武王曰 甚美誠哉 是言也

- 悉(실) : 자세히, 모두, 다
- 嬰孩(영해) : 어린아이
- 赤身(적신) : 벌거벗은 몸
- 挽(만) : 당기다
- 騎(기) : 말을 타다

- 자녀를 가르치지 않은 것은 아버지의 잘못이고 제자를 엄격하게 가르치지 않는 것은 스승의 잘못이다. / 왕응린(王應麟)「삼자경(三字經)」
- 나뭇가지는 여릴 때 휘게 해야 한다. / 영국 속담
- 우는 신부가 웃는 아내가 된다. / 독일 속담
- 시기적절하지 않은 웃음은 위험한 잘못이다. / 메난드로스
- 어리석은 사람은 부끄러운 짓을 할 때마다 그것이 자기 의무라고 주장한다. / B. 쇼
- 수치를 두려워하지 않는 자는 명예도 없다. / 네덜란드 격언
- 수치심은 모든 덕(德)의 근원이다. / T. 칼라일

# 제13편 주(註)

**1**

「삼계도(三計圖)」

「삼계도」가 어떠한 것인지 전해 내려오지 않는다. 아마도 공자가 위의 '세 가지 계획'을 그림을 그려 설명한 것이 아닌가 한다.

**2**

인시(寅時)

새벽 세 시에서 다섯 시 사이를 말하고, 흔히 '새벽'으로 통칭되기도 한다.

**3**

오교지목(五敎之目)

'삼강(三綱)'과 함께 유교의 기본적 덕목을 이루는 '오륜(五倫)'을 말한다. 사람이 세상을 살아가면서 맺게 되는 가장 기본적인 인간관계의 원칙을 제시하고 있다.

**4**

왕촉(王蠋)

중국 전국시대 제(齊)나라 화읍(畵邑) 사람(?~BC 284)임. 연(燕)의 낙의(樂毅)가 처음 제나라를 격파했을 때 왕촉이 어질다는 소문을 듣고는 화읍 주변 30리를 포위해 들어가지 못하도록 하고 예를 갖춰 연나라를 돕도록 청했다. 그러나 그는 끝내 사양하고 나가지 않았는데 결국 나무에 목을 매 자살했다. 여러 지역으로 흩어진 제나라 유민들은 왕촉의 행동에 자극을 받아 심기일전, 태자 전법장(田法章)을 찾아내어 나라를 재건했는데, 그 뒤 왕촉은 충신의 대명사가 되었다.

**5**

충자(忠子)

충자가 누구인지는 사적이 분명하지 않다.

극히 일부 판본에는 문중자(文中子), 즉 수(隋)나라 때 『중설(中說)』을 펴낸 왕통(王通; 584~617)으로 되어 있으나(치가편 8장 참조), 이 역시 근거가 확실하지 않다.

**6**

장사숙(張思叔)

중국 북송 때의 성리학자 정이(程頤; 伊川)의 제자 장역(張繹)을 말함. '사숙'은 그의 자이다.

**7**

좌우명

좌우명은 자리 오른편에 써 두어 항상 스스로를 경계하는 데 도움이 되도록 하는 교훈적인 말이나 문구임.

**8**

범익겸(范益謙)

중국 송대(宋代)의 학자 범충(范冲; 1067~1141)을 말함. '익겸'은 그의 자이고, 한림시독학사(翰林侍讀學士) 등을 역임했다. 성격이 의리를 잘 지키고 선행을 즐겨 사마광(司馬光)의 가속(家屬)들이 모두 그에게 의지했는데, 그 역시 이들을 잘 돌보았다고 한다.

### 9 무왕(武王)

무왕은 중국 주(周)나라의 제1대 왕(?~BC 1043?)이다. 성은 희(姬), 이름은 발(發). 스승인 강태공과 아우인 단(旦)의 도움으로 은(殷)의 폭군 주(紂)를 무너뜨리고 호경(鎬京)에 주 왕조를 창건하였다. 중국 봉건제도를 창설하였으며, 후대에 현군(賢君)으로 평가받았다.

# 제14편
# 정치를 바르게 하자
# [治政]

치(治)는 다스린다는 뜻이고 정(政)은 바로잡는다는 뜻이다. 그러므로 정치는 바로잡아 다스리는 것을 말한다.

이 편에서는 관직에 있는 사람들은 사회의 질서를 유지하고 국민의 삶을 편안하고 행복하게 해준다는 정치의 요체를 항상 마음속에 담고 있어야 한다고 일러준다. 그렇게 하면 국민 위에 군림하지 않고 오히려 국민을 떠받들며, 뇌물을 받지 않는 공평무사(公平無私), 신중한 정책 결정과 집행, 민생(民生)을 챙기는 부지런함을 갖추게 될 것이라고 말이다.

명도(明道)[1] 선생이 말했다.
"처음으로 관직에 오른 사람[2]이라도
진실로 맡은 일을 소중히 한다는 마음을 갖는다면
반드시 다른 사람들에게 도움이 되는 바가 있을 것이다."

明道先生曰
一命之士 苟有存心於愛物 於人必有所濟

- 苟(구) : 진실로
- 物(물) : 물건, 사람, 일. 원래 '物'은 '나 이외의 사물이나 사람'을 의미하나 여기서는 '일' 또는 '사무'를 뜻하는 것으로 보는 것이 자연스럽다.
- 濟(제) : 돕다, 도움이 되다

---

- 공직을 맡은 사람은 자기 자신을 국유재산이라고 여겨야만 한다. / T. 제퍼슨
- 정부 관리는 국민의 하인이지 결코 주인이 아니다. / F. D. 루스벨트
- 양심을 가진 사람에게 관직은 위엄보다도 한층 무거운 짐이다. / 『탈무드』

---

당나라 태종(太宗)[3]이 어제(御製)로 말했다.
"위에는 지휘하는 사람이 있고,
중간에는 이에 의하여 다스리는 관리가 있으며,
그 아래에는 이에 따르는 백성이 있다.
백성이 바친 비단으로 옷 지어 입고,
곳간에 거두어 둔 곡식으로 밥 지어먹으니
그대들의 녹봉(祿俸)은 바로 백성들의 기름을 짜낸 것이다.
아래에 있는 백성을 학대하기는 쉽지만
위에 있는 저 푸른 하늘은 속이기 어려운 법이다."

上有麾之 中有乘之 下有附之
幣帛衣之 倉廩食之 爾俸爾祿 民膏民脂
下民易虐 上蒼難欺

- 麾(휘) : 장병을 지휘할 때 쓰던 대장기(大將旗), 지휘하다
- 乘(승) : 타다, 다스리다
- 附(부) : 따르다
- 幣帛(폐백) : 예물로 받은 비단
- 倉廩(창름) : 창고, 곳간
- 易虐(이학) : 학대하기 쉽다
- 上蒼(상창) : 위에 있는 푸른 하늘
- 難欺(난기) : 속이기 어렵다

- 관리의 옷을 입은 사람은 사사로운 이익을 버려야 한다. / 서양 속담
- 윤리적 기반을 잃은 정치야말로 국가와 국민의 공공선에 해악을 끼치는 가장 무서운 적이다. 따라서 공직자와 정치인의 도덕성은 일반인보다 높아야 한다. / M. 샌델『왜 도덕인가?』
- 관리들이 백성을 착취하는 것은 이리들이 들에서 날뛰는 것과 같다. 그들은 가죽이 없어지면 털이 날 곳이 없다는 것을 모른다. / 조식(曹植)
- 관직에 있으면서 백성을 사랑하지 않는다면 그는 관복을 입은 도둑이다. / 홍자성『채근담』
- 하늘은 백성의 눈으로 모든 것을 보고, 하늘은 백성의 귀로 모든 것을 듣는다. / 맹자『맹자』「만장상(萬章上)」
- 백성이 가장 귀중하고, 사직은 그다음이며, 임금은 가장 가벼운 존재이다. / 맹자『맹자』「진심하(盡心下)」
- 통치자는 백성을 위해서만 있는 것이다[牧爲民有也]. / 정약용「원목(原牧)」

『동몽훈(童蒙訓)』'에서 말했다.
"공직자로서 지켜야 할 법도는 오로지 세 가지가 있으니,
청렴과 신중과 근면이 그것이다.
이 세 가지를 알면 갖춰야 할 몸가짐을 아는 것이다."

童蒙訓曰
當官之法 唯有三事曰淸曰愼曰勤
知此三者 知所以持身矣

• 當官之法(당관지법) : 관직을 맡음에 지켜야 할 법도

───────────────────────────

• 청렴은 목민관의 기본 임무이고, 모든 선의 원천이며, 모든 덕의 근본이다. 청렴하지 않은 마음으로 목민관 노릇을 할 수 있는 사람은 아무도 없다. / 정약용 「목민심서」

• 가장 좋은 것은 신중함이다. 그것은 철학보다 더 귀중하고 모든 미덕은 그것에서 나온다. / 에피쿠로스

• 관리로 일하지 않는 것은 올바르지 못하다. / 자로(子路)

"공직을 맡은 사람은 반드시 크게 화내는 것을 삼가야 한다.
일에 옳지 않음이 있어도
자상하게 살펴서 처리하면 반드시 적절하게 될 것이다.
만약 버럭 화부터 먼저 낸다면
단지 자신만을 해칠 뿐이지 어찌 남을 해칠 수 있겠는가."

當官者 必以暴怒爲戒
事有不可 當詳處之 必無不中
若先暴怒 只能自害 豈能害人

- 暴怒(폭노) : 심히 화를 내다. 갑자기 화를 내다. '暴'을 '포'로 읽어야 한다고 하기도 한다.
- 詳處之(상처지) : 일을 자상히 처리하다
- 不中(부중) : (과녁에) 맞지 아니하다, 적절하지 아니하다. '必無不中'은 '반드시 맞지 아니할 것이 없다', 즉 '틀림없이 적절하게 될 것이다'의 뜻임.

- 화가 나면 행동을 하기 전에, 혹은 말을 하기 전에 속으로 하나에서 열까지 천천히 세어라. 몹시 화가 났을 때에는 하나에서 백까지 세어라. 화가 날 때마다 이 사실을 상기하라. 그러면 나중에는 숫자를 셀 필요조차 없어진다. / L. 톨스토이
- 화내는 사람이 언제나 손해를 본다. 화내는 사람은 자기를 죽이고 남을 죽이며 아무도 가깝게 오지 않아서 늘 외롭고 쓸쓸하다. / 김수환
- 언론이나 일반대중에게 절대로 화를 내지 않는 것은 정치활동의 철칙이다. / C. 팽크허스트
- 부드러운 말로 상대를 설득하지 못하는 사람은 위엄 있는 말로도 설득하지 못한다. / A. 체호프

"임금 섬기기를 어버이 섬기듯이 하고,
관청의 윗사람 모시기를 형님 모시듯이 하라.
동료와 어울리기를 가족같이 하고,
여러 관원 대하기를 자기 집 하인같이 하라.
백성 사랑하기를 처자식같이 하고,
관청의 일 처리하기를 자기 집안일 하듯이 하라.
그리고 난 뒤에야 능히 내 마음을 다했다 할 것이요,
만약 털끝만큼이라도 이에 이르지 못함이 있으면
모두가 내 마음에 아직 극진하지 못한 바가 있기 때문이다."

事君如事親 事長官如事兄
與同僚如家人 待群吏如奴僕
愛百姓如妻子 處官事如家事
然後 能盡吾之心 如有毫末不至 皆吾心有所未盡也

• 事(사) : 섬기다
• 群吏(군리) : 여러 관원
• 奴僕(노복) : 종, 하인
• 毫末(호말) : 털끝. '털끝만큼 작은 것'이나 '극히 적은 것'을 비유하여 이르는 말
• 有所未盡(유소미진) : 다하지 못한 바가 있다

---

• 관직이 없으면 자기 자신을 돌보고 관직을 얻으면 모든 백성을 돌보아야 한다. /
맹자
• 자기에게 성의가 있으면 상대방에게 허위가 있을 리 없고, 자기에게 허위가 있으
면 상대방에게 성의가 있을 리 없다. / T. 만

---

어떤 사람이 물었다.

"부(簿)⁵는 영(令)⁶을 보좌하는 사람입니다. 부가 하고자 하는 바를 영이 혹시 따르지 않는다면 어떻게 해야 합니까?"

이천(伊川)⁷선생이 이렇게 대답했다.

"마땅히 정성어린 마음으로 그를 움직여야 할 것입니다. 오늘날 영과 부가 화목하지 않는 것이 곧 사사로운 생각으로 다투어서 그런 것이니까요. 영은 고을의 우두머리이니 만약 아버지와 형을 섬기는 도리로 섬기면서, 잘못은 자기에게로 돌리고 잘한 일의 공적은 행여 영에게로 돌아가지 않으면 어떡하나 염려하는, 이러한 성의를 쌓아간다면 어찌 사람을 움직여 신임을 얻지 못하겠습니까."

或 問 簿佐令者也 簿欲所爲 令或不從 柰何
伊川先生曰
當以誠意動之 今令與簿不和 便是爭私意
令是邑之長 若能以事父兄之道 事之過則歸己
善則唯恐不歸於令 積此誠意 豈有不動得人

• 柰何(나하) : 어찌하겠는가
• 歸己(귀기) : 자신에게 돌리다
• 得人(득인) : 사람의 사랑을 받다, 사람의 신임을 얻다

• 진실로 사랑한다면 노력하도록 그를 분발시켜주지 않을 수 있겠는가? 충심을 다한다면 그의 잘못을 깨우쳐주지 않을 수 있겠는가? [愛之 能勿勞乎 忠焉 能勿誨乎] / 공자 「논어」 「헌문」
• 충언과 정직한 주장은 신하의 이익이 아니라 나라의 행운이다. / 이언적
• 충고는 눈[雪]과 같은 것이다. 그것은 부드럽게 내리면 오래 남아 있게 된다. 그리고 그것은 마음속 깊은 곳에까지 들어간다. / S. T. 콜리지

유안례(劉安禮)[8]가 백성을 대하는 도리를 물으니,
명도(明道) 선생이 말했다.
"백성으로 하여금 각기 그들의 뜻을 펼 수 있게 해야 한다."
부하 관리를 거느리는 방법 물으니, 대답했다.
"자기 자신을 올바르게 함으로써 남을 바로잡아야 한다."

劉安禮 問臨民 明道先生曰
使民 各得輸其情
問御吏曰
正己以格物

• **輸**(수) : 알리다, 전달하다, 다하다, 펴다.
• **御吏**(어리) : 관원을 거느리다.
• **格物**(격물) : 주자학에서는 '사물의 이치를 끝까지 따지고 파고들어 궁극에 도달하다'라는 뜻으로 쓰이나, 여기서는 '사물의 바르고 지극한 뜻에 이르다', 더 나아가 '나 이외의 사물 또는 사람을 바로잡다'는 뜻으로 보아야 할 것이다. 즉, '物'은 '己'에 대하는 개념으로 남을 가리키는 것으로 보는 것이 상당하다.

---

• 군주는 언론을 맡은 관리들이 자기에게 바른말을 솔직하게 못 하는 것을 두려워해야 한다. / 조광조
• 나는 당신의 말에 찬성하지 않지만 그러한 말을 할 당신의 권리를 목숨을 걸고 보호할 것이다. / 볼테르
• 모범은 다른 사람들에게 영향을 미치는 주요 수단이 아니라 유일한 수단이다. / A. 슈바이처
• 윗사람의 몸가짐이 바르면 명령하지 않아도 행해지고, 몸가짐이 바르지 않으면 명령을 내려도 따르지 않게 된다. / 공자 『논어』 「자로」
• 자기 자신을 싸구려 취급하는 사람은 타인에게서도 역시 싸구려 취급을 받을 것이다. / W. 해즐릿
• 윗물이 맑아야 아랫물이 맑다. / 한국 속담

---

포박자(抱朴子)⁹가 말했다.
"도끼를 맞이해서도 바르게 간(諫)하고¹⁰,
가마솥에 넣어서 죽이려 하더라도 옳은 말을 다하라.
이렇게 하는 사람이 바로 충신이다."

抱朴子曰
迎斧鉞而正諫 據鼎鑊而盡言 此謂忠臣也

- 斧鉞(부월) : 큰 도끼(목 베어 죽이는 형벌 도구로 쓰였음)
- 諫(간) : 간하다(웃어른이나 임금에게 옳지 못하거나 잘못된 일을 고치도록 말하다)
- 據(거) : 넣다, 어떤 자리에 있다
- 鼎鑊(정확) : 가마솥(고대의 형벌로 사람을 삶아 죽이는 데 쓰이는 큰 가마솥)
- 盡言(진언) : 생각했던 바를 다 쏟아 놓는 말

- 선비가 자기 한 몸을 버리지 않으면 충신이 될 수 없으며, 말이 귀에 거슬리지 않으면 간언이 될 수 없다[士不忘身不爲忠 言不逆耳不爲諫]. / 구양수(歐陽修)
- 국왕이 아첨에 굴복할 때 충신은 충언하기를 두려워하지 않는다. 왕이 어리석은 행동을 할 때 명예를 존중하는 신하는 충언을 하지 않을 수 없다. / W. 셰익스피어
- 문관은 충언하다 죽고 무관은 싸우다가 죽는다. / 조설근(曹雪芹)『홍루몽(紅樓夢)』
- 아첨을 잘하는 사람은 충성스럽지 못하고, 바른말 잘하는 사람은 배반하지 않는다. 이를 잘 살피면 잘못이 적을 것이다. / 정약용『목민심서』

# 제14편 주(註)

**1**

**명도(明道)**

명도는 중국 북송(北宋) 중기의 유학자 정호(程顥; 1032~1085)의 호이고, 자는 백순(伯淳)임. 이기일원론(理氣一元論), 성즉이설(性則理說)을 주창하였는데, 그의 사상은 동생 정이(程頤)를 거쳐 주자(朱子)에게 큰 영향을 주어 송나라 새 유학의 기초가 되었고, 정주학(程朱學)의 중핵을 이루었다.

**2**

**처음으로 관직에 오른 사람**

일명지사(一命之士)는 처음으로 관등(官等)을 받고 정식으로 관리가 된 사람을 말함. 옛날에는 벼슬의 품계가 일명(一命)에서 구명(九命)까지 있었다.

**3**

**당태종(唐太宗)**

중국 당나라의 2대 왕인 이세민(李世民; 599~649)을 말함. 천성이 총명하고 사려가 깊으며, 무술·병법에 뛰어난 동시에 결단력과 포용력도 갖추고 있어서 소년시절부터 사람들의 신망이 두터웠다고 한다. 수(隋)나라 양제(煬帝)의 폭정으로 내란의 양상이 짙어지자 수나라 타도의 뜻을 품고 타이위안[太原] 방면 군사령관이었던 아버지 이연(李淵; 초대 왕)을 설득하여 군사를 일으켜 장안을 점령하고 당나라를 세웠다. 28세 되던 626년 아버지의 양위를 받아 즉위하였다(재위 626~649). 제위에 오른 다음 연호를 '정관(貞觀)'으로 고쳤으며, 널리 인재를 고르게 등용하였다. 즉위 2년 황충(蝗蟲)이 작물을 해치자 몸소 피해를 살펴보고서 황충 두어 마리를 잡아다가 "백성들에게 잘못이 있다면 그 책임은 내게 있는 것이니 너희 황충은 의당 나의 심장을 갉아먹을 것이지 백성들은 괴롭히지 말라!"고 하면서 황충을 집어삼킴으로써 백성을 사랑하고 가엾게 여기는 것을 과시한 일화가 전해진다. 이어서 돌궐(突厥)을 비롯한 사방의 이민족을 제압하고 여러 민족의 추장들한테서 천가한(天可汗)의 존호를 받았다. 이로써 당나라는 번·한(蕃·漢)의 양 사회를 포용하는 제국이 되었다. 양제의 실패를 거울삼아 명신 위징(魏徵)과 같은 현명한 관료들의 의견을 받아들여 과감한 개혁 정치를 폈으며, 사심을 누르고 백성을 불쌍히 여기는 지극히 공정한 정치를 하기에 힘썼다. 후대 역사가들은 그의 이 같은 치적을 그때의 연호를 따서 '정관의 치[貞觀之治]'라 부르며 칭송했다.

**4**

**『동몽훈(童蒙訓)』**

중국 북송(北宋) 말기의 강서시파(江西詩派)의 대표 시인이자 학자인 여본중(呂本中; 1084~1145)이 아이들을 가르치기 위하여 엮은 책으로 정론(正論)과 격언이 많이 실려 있다.

**5**

**부(簿)**

부는 주부(主簿)를 말함. 즉, 원래 중국 한나라 때 문서를 다루고 일반 업무를 처리하기 위하여 중앙 및 지방 군현의 관청에 설치했던 관직이다. 위진(魏晉) 시대 이후에는 군사 일까지 맡아 위치가 더욱 중요해졌으며, 기밀을 다루고 일을 총괄하였다. 당·송 이후에 직책이 변했으며, 명·청 때는 일반적으로 현승(縣丞)과 함께 보좌 업무를 맡았다.

## 6
### 영(令)
영은 현령(縣令)을 말함. 즉, 중국에서는 진·한 시대에 군현제를 정비하면서 1만 호 이상의 현을 관장하는 우두머리로 둔 관직이다.

## 7
### 이천(伊川)
중국 북송(北宋) 중기의 유학자 정이(程頤; 1033~1107)를 말함. 이천은 그의 호이고, 이천백(伊川伯)에 봉하여졌으므로 '이천 선생'이라 존칭된다. 형 정호(程顥; 1032~1085, 호 明道)와 함께 주돈이(周敦頤)에게 배웠고, 형과 아울러 '이정자(二程子)'라 불리며(혹은 두 사람을 구별하지 않고 '程子'라고 하기도 한다), 유교에 철학적 기초를 준 사람으로 평가된다. 그는 특히 『역경(易經)』에 대하여 깊이 연구하였고, 다른 학자들처럼 질료(質料)로서의 기(氣)를 인정할 뿐 아니라, 한걸음 더 나가 형상(形相)으로서의 이(理)를 내세워 이기이원론(理氣二元論)의 철학으로 발전시키는 데 큰 공을 세웠다. 그는 이를 우주의 근원이라 하고 여기에 절대선을 부여함으로써 인간성을 이로 보는 새로운 성선설의 싹을 보였다. 이 이론은 주자에게 큰 영향을 주었고 이른바 '정주학(程朱學)'을 형성하였다.

## 8
### 유안례(劉安禮)
중국 북송 때의 성리학자로서 형 유안절(劉安節)과 함께 정호(程顥; 明道)에게 배웠다. 자는 원소(元素).

## 9
### 포박자(抱朴子)
중국 동진(東晉) 때의 문학가이자 도교 이론가·의학가·연단술가(煉丹術家)인 갈홍(葛洪; 283~343?)의 호이자 그의 저서 이름이기도 하다. 현행본 『포박자』는 내외(內外)편으로 구성되어 있는데, 내편에는 고래의 도교사상이 체계적으로 논술되어 있고, 외편에는 유교에 따른 정치 이념이 기술되어 있다. 갈홍은 노장사상을 기초로 하여 신선사상을 도교의 중심에 놓고, 누구나 선인(仙人)이 될 수 있음을 강조하였다.

## 10
### 도끼를 맞이해서도 바르게 간(諫)하고
옛날 선비들은 도끼를 품고 대궐 앞에서 "내 말이 틀리면 나의 목을 쳐주시오!" 하고 임금에게 간(諫)하는 기개를 보이기도 했는데 이를 '지부상소(持斧上訴)'라고 한다.

# 제15편
# 집안을 잘 다스리자
# [治家]

치가(治家)란 가정을 다스리는 것으로, 이 편에서는 가정을 원만히 화목하게 이끄는 도리를 제시해주고 있다.

가정은 개인 생활의 근거지이자 가장 최소 단위의 공동체이다. 화목한 가정생활은 건강한 사회, 훌륭한 국가를 이루는 기본인 것이다. 그러므로 행복한 가정을 이루는 것은 애국의 출발점이라고도 할 수 있다.

앞선 치정 편이 '치국평천하(治國平天下)'에 해당한다면 이 치가 편은 '수신제가(修身齊家)'에 해당한다고 할 수 있다.

사마온공이 말했다.
"무릇 손아랫사람들은 일의 크고 작음에 관계없이
제멋대로 하지 말고 반드시 집안 어른께 여쭤보아야 한다."

司馬溫公曰
凡諸卑幼事無大小 毋得專行 必咨稟於家長

- 卑幼(비유) : 손아래의 어린 사람
- 毋得(무득) : ~해서는 안 된다
- 咨稟(자품) : 윗사람에게 여쭙다

---

- 만약 어떤 일을 잘하고 싶다면 세 노인을 찾아가 물어라[若要好 問三老]. / 중국 속담
- 늙은 말의 지혜는 쓸 만하다. / 한비 『한비자』 「설림상」
- 나이를 먹는다고 하는 것은 사물을 볼 줄 알게 됨을 말한다. / W. v. 에센바흐
- 20대에는 욕망의 지배를 받고, 30대는 이해타산, 40대는 분별력, 그리고 그 나이를 지나면 지혜로운 경험에 지배를 받는다. / B. 그라시안
- 빵을 굽는 데도 우선 밀가루를 반죽하고, 다음에 아궁이에 불을 지피고, 솥을 올려 놓는 등 필연적으로 해나가는 순서가 있다. 이 순서가 틀리든가 속이든가 하면 결코 좋은 빵이 구워질 수 없다. 이와 마찬가지로 인생의 일을 수행하는 데도 일정한 질서를 유지함으로써 비로소 참된, 좋은 생애를 보낼 수 있는 것이다. / L. 톨스토이

"손님 접대는 풍성하게 해야 하고,
집안 살림살이는 검소하게 해야 한다."

待客 不得不豐
治家 不得不儉

• 不得不(부득불) : ~하지 않을 수 없다, ~해야 한다
• 治家(치가) : 집안일을 다스림, 살림살이

---

• 문전 나그네 혼연(渾然) 대접 / 한국 속담
• 손님을 환대하고 마음을 편안하게 하라. 진심으로 그렇게 하면, 나머지는 일사천리다. / B. 홀
• 저녁을 잘 먹고 난 뒤에는 상대방이 누구든 모두 용서해줄 수 있다. / O. 와일드
• 검소한 사람은 스스로 절약을 일삼는 까닭으로 항상 여유가 있어 남을 도와 줄 수 있으나, 사치하는 사람은 씀씀이가 큰 까닭으로 항상 모자라서 남에게 인색하다. / 이덕형(李德馨)

---

태공이 말했다.
"멍청한 사람은 아내를 두려워하고,
현명한 여자는 남편을 공경한다."

太公曰
痴人畏婦 賢女敬夫

* 痴(치) : 어리석다, 멍청하다
* 畏(외) : 두려워하다, 어려워하다
* 敬(경) : 공경하다, 삼가다

───────────────────────────────

* 군자의 도(道)는 부부에서 실마리가 시작된다. / 자사 『중용』
* 남자의 가장 훌륭한 재산은 공감해주는 아내다. / 에우리피데스
* 집안에서 억센 아내 밑에서 단련된 남편들이 밖에서 가장 비굴하고 타협적이 되기 쉽다. / W. 어빙
* 하와는 아담의 머리에서 나온 것이 아니다. 그것은 그녀가 아담을 지배해서는 안 된다는 것을 보여주는 것이다. / A. 링컨

───────────────────────────────

"무릇 하인을 부리면서는
먼저 그들이 배고프고 춥지 않은지 염려해야 한다."

## 凡使奴僕 先念飢寒

- 奴僕(노복) : 종, 하인. '僕'은 사내종, '婢'는 계집종으로 구별한다. '公僕'은 공무원을 뜻하는데, 영어의 'public servant'에서 따온 것이다.
- 飢寒(기한) : 굶주림과 추위

---

- 하인은 나의 수고와 괴로움을 대신하니 위엄은 뒤로 돌리고 은혜를 앞세워 그 마음을 얻어야 하리라. / 이이
- 주인이 하인을 굶기면서 날마다 일을 시킨다면 주인의 재물을 훔치지 않는 하인은 드물 것이다. / 박제가(朴齊家)
- 자기 하인에게는 아무도 영웅이 아니다. / A-M. B. d. 코르뉘엘

"자식이 효도하면 두 분 어버이가 즐겁고,
집안이 화목하면 모든 일이 다 잘 이루어진다."

# 子孝雙親樂 家和萬事成

- 雙(쌍) : 쌍, 두
- 萬事(만사) : 여러 가지 온갖 일, 모든 일

---

- 아름다운 웃음은 가정의 태양이다. / W. M. 새커리
- 가정이 화목하면 반드시 번성한다. / 주세붕(周世鵬)
- 왕이든 평민이든 자기 가정에서 화평을 찾는 사람이 가장 행복하다. / J. W. v. 괴테
- 가족은 자연의 걸작들 가운데 하나이다. / G. 산타야나
- 사람은 자기가 원하는 것을 찾아 세상을 돌아다닌다. 그리고 가정으로 돌아왔을 때 그것을 발견한다. / G. 무어

---

"언제나 불이 나는 것을 막아야 하고,
밤마다 도둑이 드는 것을 방비하여야 한다."

# 時時防火發 夜夜備賊來

- 時時(시시) : 여기서는 '때때로'보다 '때마다'·'언제나'의 뜻으로 보아야 할 것임. 일반적으로 명사를 중첩해서 쓰면 '모든 ~', '~마다'의 뜻이다(예: 家家戶戶)
- 防(방) : 막다
- 備(비) : 갖추다, 준비하다, 방비하다

---

- 작은 불은 밟아서 끌 수 있지만 내버려두면 강물로도 끄지 못한다. / W. 셰익스피어
- 재앙을 예상하여 예방하는 것이 재앙이 닥친 뒤 은덕을 베푸는 것보다 더 낫다. / 정약용
- 질병에 대하여 생각할 때 나는 치료법 대신 예방법을 언제나 궁리한다. / L. 파스퇴르
- 방어의 경우에는 적을 외관보다 과대평가하는 것이 최상의 방책이다. / W. 셰익스피어
- 백 개의 문 가운데 하나만 닫고 있으면 도둑을 막을 수 없다. / 묵자

『경행록』에서 말했다.
"아침과 저녁이 이른지 늦은지를 보면
그 사람 집안이 흥할지 쇠할지 점칠 수 있다."

景行錄 云
觀朝夕之早晏 可以卜人家之興替

- 早晏(조안) : 이르고 늦음
- 卜(복) : 점치다
- 興替(흥체) : 흥하고 망함. '替'는 오늘날 '바꾸다'의 뜻으로 많이 쓰이나, 옛날에는 '쇠하다'·'망하다'의 뜻으로 많이 쓰였다.

---

- 부자가 되려거든 5시에 일어나라. / 서양 속담
- 늦게 일어나서 아침시간을 줄이지 마라. 아침시간은 삶의 본질, 어떤 면에서는 신성한 것으로 생각하라. / A. 쇼펜하우어
- 게으름은 쇠붙이의 녹과 같다. 노동보다도 더 심신을 소모시킨다. / B. 프랭클린

---

문중자(文中子)[1]가 말했다.
"시집가고 장가드는 데 재물을 따지는 것은 오랑캐나 하는 짓이다."[2]

文中子曰
婚娶而論財 夷虜之道也

• 婚娶(혼취) : 시집가고 장가드는 일, 혼인
• 夷虜(이로) : 오랑캐

---

• 부유한 아내를 맞이하는 가난한 남자는 아내가 아니라 지배자를 얻는다. / 알렉산
  드리데스
• 지참금을 받고 결혼하는 남자는 그 돈에 자기를 팔아버리는 것이다. / 에우리피데스
• 집안, 재산, 나이가 비슷해야 가장 행복한 결혼이 이루어진다. / 서양 격언
• 돈만을 위하여 결혼하는 것보다 더 나쁜 것이 없고, 사랑만을 위하여 결혼하는 것
  보다 더 어리석은 일은 없다. / B. 존슨
• 성공적인 결혼은 선물이 아니라 성취다. / A. 랜더스

---

## 제15편 주(註)

1
**문중자(文中子)**
중국 수나라의 사상가 왕통(王通; 584~617)을 말함. 문중자는 그의 제자들이 사적으로 올린 시호이고, 자는 중엄(仲淹)임.「등왕각서」로 문명을 날린 왕발(王勃)의 할아버지다(순명편 4장 참조). 어려서부터 준민(俊敏)하여 시・서・예・역(易)에 통달, 스스로 유자(儒者)임을 자부하고 강학에 힘을 쏟음으로써 문하에서 당의 명신 위징(魏徵)・방현령(房玄齡) 등이 배출되었다. 문제(文帝)에게「태평12책(太平十二策)」을 올렸으나 채택되지 않자 하분(河汾)에 돌아가 후학을 가르쳤고, 다음 양제(煬帝)로부터는 부름을 받았으나 응하지 않았다. 그의 저서「중설(中說)」은 문인(門人)과의 문답을 기록한 것으로「논어」를 본받은 것이다.

2
**"시집가고 장가드는 데 재물을 따지는 것은 오랑캐나 하는 짓이다."**
더러 이 8장이 빠져 있는 판본도 있다.

# 제16편
# 의리를 지키며 살자
# 〔安義〕

의(義)란 인간관계에서 지켜야 할 의리나 도리를 말한다. 사람은 태어나면서부터 부자·형제·친구·사제·부부 등 여러 관계 속에서 살아가게 되는데, 성공적인 삶이 되기 위해서는 이러한 관계를 올바르게 유지하여야 할 것이다.

이 편에서는 인간으로서 지켜야 할 '관계의 윤리'를 일러주고 있다.

안의(安義) – 이러한 의리나 도리가 편안하게 여겨지는 마음의 상태, 우리가 지향해야 할 바가 아닐까.

『안씨가훈(顏氏家訓)』[1]에서 말했다.

"무릇 사람이 있은 뒤에 부부가 있고, 부부가 있은 뒤에 부자가 있으며, 부자가 있은 뒤에 형제가 있다.

한 집안의 친족관계는 이 셋뿐이다.

이로부터 나아가 구족[2]에 이르기까지 모두 이 삼친[3]에 뿌리를 둔다.

그러므로 인륜에 가장 중요한 바탕이니 돈독히 하지 않으면 안 된다."

顏氏家訓曰
夫有人民而後 有夫婦 有夫婦而後 有父子 有父子而後 有兄弟
一家之親 此三者而已矣 自玆以往 至于九族 皆本於三親焉
故於人倫 爲重也 不可不篤

- 夫(부) : 대저, 무릇
- 而已矣(이이의) : ~일 뿐이다, ~일 따름이다(而는 앞글을 뒷글에 이어주는 역할을 하고, 已는 '뿐'·'따름'의 뜻이며, 矣는 단정적으로 말을 마칠 때 쓰는 어조사이다)
- 自玆以往(자자이왕) : 이로부터 나아가
- 不可不篤(불가불독) : 돈독히 하지 않을 수 없다

---

- 부부는 인륜의 시작이고 온갖 복의 근원이다. 비록 지극히 친하고 가까우나 또한 지극히 바르고 삼가야 하는 자리이다. / 이황「손자 안도에게 주다[與安道孫]」
- 친족은 비록 잘못이 있다고 하더라도 친족관계를 끊어버릴 수 없고, 친구 사이는 비록 잘못이 있다고 하더라도 그 우의를 버릴 수는 없는 것이다. /『예기』
- 피는 물보다 진하다. 어려움이 닥치면 친척들의 도움을 구하는 것이 제일 낫다. / 에우리피데스
- 인륜을 모르는 자는 종교도 없다. / 아랍 속담
- 오늘이 지나면 다시 못 볼 사람처럼 가족을 대하라. / 정호승『내 인생에 힘이 되어준 한마디』

---

장자가 말했다.

"형제는 손발과 같고 부부는 옷과 같다.

옷이 찢어졌을 때에는 다시 새롭게 기워 입을 수 있지만

손발이 잘라진 곳은 잇기가 어려운 법이다."[4]

莊子曰

兄弟爲手足 夫婦爲衣服

衣服破時 更得新 手足斷處 難可續

- 爲(위) : 하다, 되다, 이다(≒是)
- 更(갱) : 다시
- 得新(득신) : 새롭게 고칠 수 있다(헤진 곳을 기워서 새롭게 할 수 있다는 뜻. '新'이 동사로
  쓰였다)

---

- 형제란 한줄기에서 갈라져 나간 가지다[同氣連枝]. / 주흥사『천자문』
- 형제는 부모가 주신 몸을 함께 받았으니, 나와는 한 몸과 같다. 형제 보기를 마땅
  히 저와 나의 구분이 없게 하여, 먹을 것과 옷이 있고 없음을 모두 같이해야 한다.
  / 이이『격몽요결』
- 형제는 자연이 준 친구다. / G. 르구베
- 형제애는 모든 선의 최고봉이며 삶의 마지막 별이다. / E. 마컴

---

소동파가 말했다.
"부자에게 가까이하지도 않고 가난하다고 멀리하지 않는 사람이
바로 세상의 대장부라 할 것이요,
부자라면 가까이하고 가난하다면 멀리하는 사람이
바로 세상의 진짜 소인배다."

蘇東坡 云
富不親兮貧不疎 此是人間大丈夫
富則進兮貧則退 此是人間眞小輩

- 不疎(불소) : 멀리하지 않다
- 人間(인간) : 사람이 사는 세상('人生世間'의 줄임말임)
- 輩(배) : 무리, 떼(주로 낮추어 이르는 말임. 예: 不良輩, 暴力輩)

---

- 자기가 배고프면 남에게 달라붙고 배부르면 떠나가며, 세력가에게는 달려가고 그가 세력을 잃으면 저버린다. 이것이 인심의 공통된 결함이다. / 홍자성 『채근담』
- 대장부는 천하의 대도(大道)를 실천하여, 뜻을 이루면 백성과 더불어 일을 하고, 뜻을 이루지 못하면 혼자 자신의 도를 실천한다. / 맹자
- 한 번 붙잡은 것에서 손을 떼라. 그렇게 하는 사람이 대장부다. / 김구

# 제16편 주(註)

**1**

『안씨가훈(顏氏家訓)』

남북조 후기 북제(北齊)의 유학자 안지추(顏之推; 531~591)가 지은 교양서. 안지추는 온건중정(穩健中正)한 사상의 소유자였으며, 그의 학식은 여러 나라의 관료로서의 풍부한 체험이 뒷받침되어 당대 최고였다고 한다. 『안씨가훈』에서는 특히 가족과 가정도덕의 확립을 강조하였으며, 또 노장(老莊)을 극단적으로 물리치고 불교에는 호의를 나타내어 유불(儒佛)의 조화를 주창하였다. 역사학자 안사고(顏師古)는 그의 손자이며, 서예가 안진경(顏眞卿)은 그의 5대손이다.

**2**

구족

구족(九族)은 곧 구대(九代)로서, 자기로부터 위로 4대 아래로 4대, 즉 고조부·증조부·할아버지·아버지·나·아들·손자·증손자·현손자까지의 직계 친족을 중심으로 형제·종형제·재종형제·삼종형제를 포함하는 친족 모두를 가리키는 말이다.

**3**

삼친

삼친(三親)은 부부·부자·형제를 하나로 이르는 말임.

**4**

**"형제는 손발과 같고 부부는 옷과 같다. 옷이 찢어졌을 때는 다시 새롭게 기워 입을 수 있지만 손발이 잘라진 곳은 잇기가 어려운 법이다."**

이 구절은 부계(父系)의 혈통을 중시하고 남존여비(男尊女卑)의 관념이 철저했던 유교적 전통의 소산이라 오늘날에는 거부감을 불러일으킬 수 있다. 그러나 자칫 부부간의 애정에 밀려 '수족지애(手足之愛)'라고 불리는 형제간의 사랑이 소홀해지는 것이 안타까워 형제간의 우의를 특히 강조하면서 비유적으로 표현한 것으로 보아도 될 것이다. 앞의 1장에서는 "부부가 있은 뒤에 부자가 있고, 부자가 있은 뒤에 형제가 있다."고 하여 부부를 관계의 으뜸으로 자리매김하였다.

# 제17편
# 예의를 잘 지키자
## [遵禮]

예(禮)란 사람이 마땅히 지켜야 할 도리를 뜻하는데, 크게는 제도나 법률로부터 작게는 의식(儀式)이나 행동거지에 이르기까지를 포함하는 외형적 규율을 말한다.

이 편에서는 인간에게는 지켜야 할 기본예절이 있다고 강조하고 있는데, 인간 상호 간에 있어서의 예의는 상대의 존재성을 무례히 대하지 않는 것, 즉 서로의 인격을 존중하는 데서부터 시작된다고 하겠다.

공자가 말했다.

"한 집안에 예(禮)가 있으므로 어른과 아이가 변별되고,

안방에 예가 있으므로 삼족(三族)[1]이 서로 화목하며,

조정에 예가 있으므로 관직상의 위계질서가 서고,

사냥[2]하는 데에 예가 있으므로 군사 일이 숙달되며,

군대에 예가 있으므로 무공이 이루어진다."

子曰

居家有禮故 長幼辨 閨門有禮故 三族和

朝廷有禮故 官爵序 田獵有禮故 戎事閑

軍旅有禮故 武功成

- 居家(거가) : 집안, 자기 집에 있음
- 閨門(규문) : 부녀자가 거처하는 방
- 田獵(전렵) : 사냥(활 또는 길들인 매나 올가미 따위로 산이나 들의 짐승을 잡는 일). '畋獵'이라
  고도 쓴다.
- 戎事(융사) : 군사·전쟁에 관한 일
- 閑(한) : 숙달되다. 閑達(한달) – 배워서 그 일에 익숙해짐
- 軍旅(군려) : 군대

---

- 예가 아니면 보지 말고, 예가 아니면 듣지 말며, 예가 아니면 말하지 말고, 예가 아
  니면 움직이지 말라[非禮勿視 非禮勿聽 非禮勿言 非禮勿動]. / 공자 『논어』 「안연」
- 예를 적용함에는 조화를 이루는 것이 가장 중요하다[禮之用 和爲貴]. / 유자(『논어』
  「학이」)
- 사회에서 사람들이 요구하는 것은 지식이나 미덕이 아니라 예의다. / W. M. 새커리
- 바른 행동이라도 예의가 뒷받침해주지 않으면 존경을 받을 수 없다. / B. 그라시안
- 지나치거나 모자람이 없고 도리에 맞아서 사특함이 없는 것이 예의 바탕이다[中正
  無邪 禮之質也]. / 『예기』 「악기(樂記)」

공자가 말했다.
"군자가 용맹만 있고 예(禮)가 없으면 난리를 일으키고,
소인이 용맹만 있고 예가 없으면 도둑질을 하게 된다."

子曰
君子 有勇而無禮 爲亂
小人 有勇而無禮 爲盜

• 君子(군자) : 학식과 덕행이 높은 사람, 벼슬이 높은 사람. 여기서는 후자, 즉 벼슬만 높은 사람을 뜻한다.

• 무릇 예(禮)라고 하는 것은 자기를 낮추고 남을 높이는 것이다[夫禮者 自卑而尊人]. 『예기』「곡례(曲禮)」
• 예를 배우지 아니하면 설 자리가 없고. 예를 알지 못하면 성공할 수 없다[不學禮無以立 不知禮無以立也]. / 공자 『논어』「계씨(季氏)」
• 공손한 태도와 예의는 어떠한 장점이든 재능이든 장식하는 데 절대적으로 필요하다. 그것이 없다면 학자는 사이비 학자고, 철학자는 냉소가이며, 군인은 난폭한 짐승이고, 모든 사람은 불쾌한 자들일 뿐이다. / P. 체스터필드
• 문명은 예의 바른 사람을 만드는 것이다. / J. 러스킨

증자(曾子)[3]가 말했다.
"조정에는 벼슬보다 좋은 것이 없고,
한 고을에는 나이 이상 가는 게 없으며,
세상을 돕고 백성을 다스리는 데에는 덕(德)보다 나은 것이 없다."

曾子曰
朝廷 莫如爵
鄉黨[4] 莫如齒
輔世長民 莫如德

- 爵(작) : 벼슬, 작위(爵位: 고대의 세습하는 신분 계급)
- 齒(치) : 나이를 말함. 爵·齒·德 세 가지를 통틀어 '삼달존(三達尊)'이라고 한다.
- 輔世(보세) : 세상을 돕는 일, 즉 나랏일을 잘하는 것
- 長(장) : 우두머리가 되다, 기르다, 다스리다. '長民'은 우두머리가 되어 백성을 다스리는 일, 즉 백성을 잘살 수 있도록 이끄는 것을 뜻함.

- 덕은 미(美)이며 영혼의 좋은 존재 형식이다. / 플라톤 『국가』
- 덕은 외롭지 않고 반드시 이웃이 있다[德不孤必有隣]. / 공자 『논어』 「이인」

"늙은이와 젊은이, 어른과 아이의 순차는 하늘이 내린 질서이니 이치를 어기고 도(道)를 상하게 해서는 안 된다."

**老少長幼 天分秩序 不可悖理而傷道也**

• 分(분) : 나누어주다, 베풀어주다. 天分은 '天品' 또는 '天性'이라고도 한다.
• 悖理(패리) : 이치에 어긋나다

---

• 올바른 이성과 판단력은 노인들이 지닌다. 노인들이 없었다면 어느 나라도 존재하지 못했을 것이다. / M. T. 키케로
• 부모를 부모답게, 어른을 어른답게 섬기면 온 세상이 평온해진다. / 맹자

"문밖을 나설 때는 마치 큰 손님을 뵈올 듯이 하고,
방으로 들어설 때는 마치 안에 다른 사람이 있는 듯이 하라."

## 出門如見大賓 入室如有人

• 大賓(대빈) : 큰 손님, 높이 공경하고 존중하여 받아들여야 할 손님

---

• 몸가짐은 각자 자기의 모습을 비추는 거울이다. / J. W. v. 괴테
• 예의바른 몸가짐은 그 하나만으로도 사랑을 받는다. / B. 그라시안
• 우리 모두가 작은 예의범절에 조심한다면 우리의 인생은 훨씬 더 살기 쉬워진다.
  / C. 채플린
• 군자는 남이 보지 않는 곳이라도 삼가고, 남이 듣지 않는 곳이지만 두려워해야 한
  다. / 자사 『중용』

---

"만약 남이 나를 존중하기를 바란다면
내가 먼저 남을 존중하는 것보다 더 나은 것이 없다."

# 若要人重我 無過我重人

- 重(중) : 무겁다, 중요하다, 중히 여기다
- 無過(무과) : ~에서 지나는 것이 없다, ~보다 더 나은 것이 없다

- 어진 사람은 남을 사랑하고, 예의가 있는 사람은 남을 공경한다. 남을 사랑하는 사람은 남이 항상 사랑해주고, 남을 공경하는 사람은 남이 항상 공경해준다. / 맹자『맹자』「이루하(離婁下)」
- 남이 나를 알아주지 않는 것을 걱정하지 말고 내가 남을 알지 못하는 것을 걱정하라. / 공자『논어』「학이」
- 네가 남에게 바라는 대우를 남에게 해주는 것이 남을 즐겁게 해주는 가장 확실한 방법이다. / P. 체스터필드
- 가는 말이 고와야 오는 말이 곱다. / 한국 속담
- 자기가 잘할 수 있는 것을 가지고 남이 잘하지 못하는 것을 책망해서는 안 되고, 자기가 뛰어난 것을 가지고 남이 뛰어나지 못한 것을 책망해서는 안 된다. / 소무(蘇武)

"아버지는 자기 자식의 덕행을 자랑하지 말 것이며,
자식은 아버지의 허물을 남에게 말하지 않아야 한다."

# 父不言子之德 子不談父之過

- 언(言)·담(談) : 모두 '말씀'으로 풀이하나, '言'은 혼자 하는 말까지 포함하는 의미이고, '談'은 주로 상대방과 이야기하는 뜻으로 쓰인다.

- 아버지는 자식을 위하여 숨겨주고 자식은 아버지를 위하여 숨겨주니, 정직함이 이 가운데 있다. / 공자 「논어」 「자로」
- 제 부모 나쁘다고 내버리고, 남의 부모 좋다고 내 부모라 할까? / 한국 속담

# 제17편 주(註)

**1**
### 삼족(三族)
삼족은 부부·부자·형제를 말하기도 하고, 일가친척을 셋으로 나누어 아버지 쪽, 어머니 쪽, 처가 쪽 친척을 말하기도 한다.

**2**
### 사냥
고대 중국에서는 새나 짐승을 잡는 사냥을 함으로써 군사훈련을 시켰다. 『춘추좌전』「은공 5년조」에는 "봄에는 수(蒐), 여름에는 묘(苗), 가을에는 선(獮), 겨울에는 수(狩)로 농한기에 군사 일을 익혔다(春狩 夏苗 秋獮 冬狩 隙以講事也)."고 기술되어 있다. 수·묘·선·수는 계절별 사냥 이름이다.

**3**
### 증자(曾子)
중국 춘추시대의 유학자(BC 506?~436?)로서 본명은 삼(參), 자는 자여(子輿)다. 공자의 도(道)를 계승하였으며, 그의 가르침은 공자의 손자 자사(子思)를 거쳐 맹자(孟子)에게 전해져 유교 사상사에서 중요한 위치를 차지한다. 공자·안자(顔子)·자사·맹자와 함께 '동양 5성(五聖)'으로 꼽힌다. 공자가 제자들을 모아 놓고 "나의 도는 하나로써 일관한다[吾道一以貫之]."고 말했을 때 다른 제자들은 그 말의 참뜻을 몰라 생각에 잠겼으나, 증자는 선뜻 '부자(夫子)의 도는 충서(忠恕)뿐'이라고 해설하여 다른 제자들을 놀라게 하였다는 이야기는 유명하다. 『효경(孝經)』의 작자라고 전해지나 확실한 근거는 없다.

**4**
### 향당(鄕黨)
자기가 태어났거나 자란 시골 마을 또는 그 마을 사람들을 뜻함. 고대 중국에서는 지방 구분의 명칭으로 500호를 당(黨), 5당을 주(州), 5주를 향(鄕)이라고 했다.

# 제18편
# 말을 조심해서 하자
## 〔言語〕

말을 언어(言語)라고 한다. 그런데 엄밀히 말하면 '언(言)'과 '어(語)'는 의미상 약간의 차이가 있다. 즉, 언은 자기 스스로 일방적으로 말하는 것이고, 어는 상대방과 더불어 이야기하는 것을 뜻한다.

이 편에서는 자신이 일방적으로 하는 말부터 남과 더불어 이야기하는 것까지 언제나 조심하고 신중히 할 것을 강조하고 있다. 말은 바로 그 사람의 인격이니 사람됨을 갖추기 위해서 우선 말부터 잘 다듬어서 해야 할 것이다.

유회(劉會)[1]가 말했다.

"말이 이치에 맞지 않으면 말하지 아니함만 못하다."

劉會曰
言不中理 不如不言

- 不中(부중) : (과녁에) 맞지 아니하다(↔ 的中), 적절하지 아니하다

---

- 말이 많으면 대개 이치에 궁하게 되니 마음속에 간직해 둠만 못하다[多言數窮 不如守中]. 노자 『도덕경』 5장
- 열 마디 가운데 아홉 마디가 맞아도 신기하다고 칭찬하지 않지만, 한 마디라도 틀리면 즉시 비난의 소리가 몰려온다. / 홍자성 『채근담』
- 우리가 평소 사용하는 말이 우리의 인생을 결정한다. / 이민규 『행복도 선택이다』
- 언어는 존재의 집이다. / M. 하이데거
- 마음이 안정된 사람은 그 말이 무겁고 조용하며, 안정되지 못한 사람은 그 말이 가볍고 빠르다. / 주자 · 여조겸 『근사록』
- 군자는 그의 말이 그의 행동보다 지나침을 부끄러이 여긴다. / 공자 『논어』 「헌문」

"한마디 말이 이치에 맞지 않으면
천마디 말을 해도 다 쓸데없다."

一言不中 千語無用

- 가장 곤란한 것은 모든 사람이 생각하지 않고 나오는 대로 말하는 것이다. / 알랭
- 아는 사람은 말하지 않고, 말하는 사람은 알지 못한다. / 노자 『도덕경』 56장
- 사람은 지혜가 깊으면 깊을수록 더욱더 단순한 말로 자기 생각을 나타낸다. / L. 톨스토이
- 길이 아니면 가지 말고, 말이 아니면 탓하지 말라. / 한국 속담
- 말은 착하고 부드럽게 하라. 악기를 치면 아름다운 소리가 나오듯이 그렇게 하면 몸에 시비가 붙지 않고 세상을 편안히 살다 가리라. / 법구 『법구경』

군평(君平)²이 말했다.
"입과 혀는 재앙과 근심이 드나드는 문이요,
몸을 망치는 도끼와 같은 것이다."

君平曰
口舌者 禍患之門 滅身之斧也

• 者(자) : 사람, ~라는 것
• 斧(부) : 도끼

---

• 말을 삼가기를 옥을 손에 쥐듯, 가득 찬 물그릇을 들듯이 하라. / 이첨(李詹)「동문선
(東文選)」「눌헌명(訥軒銘)」
• 이는 함부로 내뱉는 말을 막는 장벽이다. / A. 겔리우스
• 날카로운 말은 외과의사도 치료할 수 없는 깊은 상처를 준다. / T. 처치야드
• 사람에게 있어 말은 물이나 불과 같다. 사람은 물과 불이 없으면 살아갈 수 없지
만 수재(水災)나 화재(火災)를 당하면 참혹하기 그지없으니, 조심하여 사용해야
폐해가 없다. / 윤기(尹愭)「무명자집(無名子集)」

---

"사람을 이롭게 하는 말은 솜같이 따스하고,
사람을 다치게 하는 말은 가시같이 날카롭다.
한마디 말이 사람을 이롭게 함은 천금의 값어치가 나가고,
한마디 말이 사람을 속상하게 함은
칼로 베어내는 것과 같이 아픈 법이다."

利人之言 煖如綿絮 傷人之語 利如荊棘
一言利人 重値千金 一語傷人 痛如刀割

- 綿絮(면서) : 솜옷
- 利(이) : 날카롭다, 예리하다
- 荊棘(형극) : 가시
- 一言利人(일언이인) : 한마디 말이 사람을 이롭게 하다. 몇몇 판본에는 '一言半句'로 되어 있다.
- 重値千金(중치천금) : 무게가 천금 나가다. 즉 매우 가치가 있다. '値'는 '가치를 지니다', '해당하다'로 풀이된다.

---

- 온정이 깃든 말은 삼동(三冬) 추위도 녹인다. / 중국 속담
- 말 속에는 피를 흘리게 하지 않고도 사람을 죽이는 용이 숨어 있다. / 중국 속담
- 총에 맞은 상처는 치료할 수 있어도 사람의 입 때문에 다친 상처는 결코 아물지 않는 것이다. / 페르시아 속담

---

"입은 사람을 다치게 하는 도끼요
말은 혀를 베는 칼이니,
입을 막고 혀를 깊이 감추면
몸 편안함이 가는 곳마다 확고할 것이다."[3]

口是傷人斧 言是割舌刀
閉口深藏舌 安身處處牢

• 牢(뢰) : 우리, 견고하다, 안온하다

---

• 시기를 잘 포착한 침묵은 지혜다. 그것은 어떤 달변보다 낫다. / 플루타르코스
• 혀를 억제할 줄 모르는 사람은 말을 할 줄도 모른다. / T. 풀러
• 물고기는 언제나 입으로 낚인다. 사람도 역시 입으로 걸려든다. / 『탈무드』
• 사람은 모두 입안에 도끼를 가지고 태어난다. 어리석은 사람은 말을 함부로 하여
  그 도끼로 자신을 찍고 만다. / 법정(法頂)

---

"사람을 만나거든 우선 말은 10분의 3만 하되
한 조각 속마음까지 다 드러내선 안 된다.
호랑이에게 난 세 아가리'가 무서운 것이 아니라
다만 사람이 품은 두 가닥 마음이 두려운 것이다."

逢人且說三分話 未可全抛一片心
不怕虎生三個口 只恐人懷兩樣心

• 且(차) : 또, 우선, 장차, 만일
• 三分話(삼분화) : 10분의 3만 말하다. '分'은 10분의 1을 말함(따라서 '十分'은 '전부', '100%'라는 뜻임).
• 全抛(전포) : 다 던져 버리다.
• 怕(파) : 무섭다, 두렵다
• 懷(회) : 품다, 가슴, 마음, 정. 일부 판본에는 '情'으로 되어 있다.

• 지혜로운 사람에게는 말 한마디로 충분하다. / 플라우투스
• 말을 분명히 하는 것이야말로 올바른 정신을 가졌는지에 대한 가장 확실한 시험이다. 지리멸렬하게 말하는 사람이 똑바로 생각하는 경우는 결코 없다. / D. L. 조지
• 많은 말과 많은 생각은 마음에 가장 해롭다. 일이 없으면 조용하게 앉아서 마음을 가다듬고, 다른 사람과 마주하면 말을 가려서 간략하고 신중하게 해야 한다. 때에 맞게 행동한 후에 말을 하면, 말은 간략하지 않을 수 없다. 말이 간략한 사람이야말로 도리에 가깝다고 하겠다. / 이이『격몽요결』

"나를 알아주는 친구를 만나 마시는 술은 천 잔도 적고,
서로 뜻이 통하지 않는 말은 한 마디도 많은 법이다."

## 酒逢知己千鍾少 話不投機一句多

- 知己(지기) : 자기를 알아주는 친구
- 鍾(종) : 열 말 들이 그릇. 1,000종이라는 것은 굉장히 많은 양을 비유적으로 표현한 것이다.
- 投機(투기) : 때와 기회를 맞춤, 생각과 뜻이 서로 맞음, 기회를 엿보아 불확실한 큰 이익을 보려는 사행적(射倖的) 행위. 여기서는 '서로 동의할 수 있는 말을 하는 것' 정도로 보면 좋을 듯하다.

---

- 더불어 말할 수 있는 사람인데도 말을 하지 않으면 사람을 잃는 것이요, 더불어 말할 만한 사람이 아닌데도 말을 하면 말을 잃는 것이다. 지혜로운 사람은 사람을 잃지 않고 말도 잃지 않는다. / 공자 『논어』 「위영공」
- 의사소통에서 제일 중요한 것은 상대방이 말하지 않은 소리를 듣는 것이다. / P. F. 드러커

---

# 제18편 주(註)

**1**
### 유회(劉會)
중국 전국시대의 유학자라고 하나 그 사적이 분명하지 않다.

**2**
### 군평(君平)
중국 전한(前漢) 시대의 은사(隱士) 엄준(嚴遵; 생몰 연대 미상)을 말함. '군평'은 그의 자이다. 그는 벼슬을 하지 않고 성도(成都)에 은거하면서 점을 쳐서 생계를 유지했는데, 매일 단지 몇 사람의 점을 봐주고 일상생활에 필요한 것을 구입하면 더 이상 다른 사람의 점을 봐주지 않았다고 한다. 노자를 연구하여 저서로『노자지귀(老子指歸)』가 있다. 어떤 사람이 황하(黃河)의 근원을 거슬러 찾다가 한 부인이 비단을 빨래하는 것을 보고 여기가 어디냐고 물었더니 "여기는 천하(天河)다."라고 대답하고 돌 한 개를 주면서 군평에게 물어보라고 했는데, 돌아와서 군평에게 물으니 "이 돌은 직녀(織女)의 베틀을 괴었던 돌[支機石]이다."라고 대답했다는 일화가 전해져 온다.

**3**
### "입은 사람을 다치게 하는 도끼요 말은 혀를 베는 칼이니, 입을 막고 혀를 깊이 감추면 몸 편안함이 가는 곳마다 확고할 것이다."
중국 후당(後唐)의 재상을 지낸 풍도(馮道; 882~954)는 입은 재앙의 문이요 혀는 몸을 자르는 칼이라면서 '口是禍之門 舌是斬身刀 閉口深藏舌 安身處處牢'라고 시를 지어 읊었다(『전당서(全唐書)』「설시(舌詩)」).

**4**
### 세 아가리
실제로 호랑이에게 세 아가리[三個口]가 있는 것이 아니라 앞의 '10분의 3의 말[三分話]'에 맞추어 '三'을 쓴 것이다.

# 제19편
# 친구를 잘 사귀자
## [交友]

친구(親舊)는 오래될수록 좋다. 벗을 사귐에 있어 그 사람됨을 미리 알고 사귀지는 않을 것이나 사람됨에 신뢰가 있으면 그 친교(親交)가 오래 가므로 오래된 친구는 믿을 만하다. 그러나 한편 살아가면서 새로운 친구를 사귀지 않으면 곧 외톨이가 된다. 새뮤얼 존슨의 말대로 우정이란 끊임없이 수리를 해야 하는 것이다.

이 편에서는 자신의 인생을 뒤바꿀 수도 있는 친구 사귀기의 중요성을 일러주고 있다.

공자가 말했다.

"착한 사람과 함께 있으면 지란[1]이 있는 방에 들어간 것 같아서
오래 지나면 그 향내를 맡지 못하니 곧 이에 동화된 것이다.
착하지 않은 사람과 함께 있으면 절인 생선 가게에 들어간 것 같아서
오래 지나면 그 냄새를 맡지 못하니 또한 이에 동화된 것이다.
단사[2]를 지니고 있으면 붉어지고 옻[3]을 지니고 있으면 검어진다.
그러므로 군자는 반드시 그곳에 함께 지낼 사람을 삼가야 한다."

子曰
與善人居 如入芝蘭之室 久而不聞其香 卽與之化矣
與不善人居 如入鮑魚之肆 久而不聞其臭 亦與之化矣
丹之所藏者 赤 漆之所藏者 黑
是以 君子 必愼其所與處者焉

- 聞(문) : 듣다, 깨우치다, (냄새를) 맡다.
- 與之化(여지화) : 그것과 더불어 동화되다.
- 鮑魚之肆(포어지사) : 절인 생선 가게. '鮑'는 절인 생선, '脯'는 말린 생선이나 고기
- 是以(시이) : 이로써, 이런 까닭에, 그러므로

- 향 싼 종이에선 향내 나고, 생선 싼 종이에선 비린내 난다. / 원종성
- 친구에게는 세 가지 종류가 있다. 첫째는 음식과 같은 친구로, 매일같이 빠져서는 안 된다. 둘째는 약(藥)과 같은 친구로, 이따금만 있어야 한다. 셋째는 병(病)과 같은 친구로, 이런 이는 피하지 않으면 안 된다. / 유태 격언
- 나는 많은 사람을 사랑하고 싶지 않다. 나의 일생에 한두 사람과 끊어지지 않는 아름답고 향기로운 인연으로 죽기까지 지속되기를 바란다. / 유안진 「지란지교를 꿈꾸며」

『가어』에서 말했다.
"학문을 좋아하는 사람과 함께 가면
마치 안개 속을 걸어가는 것과 같아서
비록 옷이 흠뻑 젖지는 않더라도 점점 물기가 배어들고,
무식한 사람과 함께 가면 마치 뒷간에 앉은 것 같아서
비록 옷이 더럽혀지지는 않더라도 점점 그 고약한 냄새가 풍겨진다."

家語 云
與好學人同行 如霧中行 雖不濕衣 時時有潤
與無識人同行 如廁中座 雖不汚衣 時時聞臭

- 好學人(호학인) : 배우기를 좋아하는 사람
- 時時(시시) : 시간이 흐름에 따라, 점점
- 潤(윤) : 배어들다, 적시다, 물기
- 廁(측) : 뒷간, 화장실
- 聞臭(문취) : 냄새를 맡다, 냄새를 풍기다

---

- 누구나 자기가 자주 어울리는 친구들과 비슷하다. / 에우리피데스
- 나쁜 친구들과 어울리기보다 혼자 지내는 것이 낫다. / G. 워싱턴
- 네 친구에 대해 들려준다면, 나는 네가 누구인지 말해주겠다. / 아시리아 격언
- 가장 좋은 거울은 오랜 벗이다. / G. 허버트
- 친구를 선택하는 데는 매우 조심하지 않으면 안 된다. 세상에는 전염병 같은 사람이 많은 법이다. 처음에는 상대방이 어떤 사람인지 모르기 때문에 다 같은 인간으로 보인다. 그러나 정신을 차렸을 때는 이미 그의 병독(病毒)이 완전히 내 몸에 옮았을 경우가 흔히 있다. / M. 고리키
- 혼자서 배우고 물어 볼 벗이 없다면, 학식이 고루하고 견문이 적게 된다[獨學而無友 則孤陋而寡聞]. / 『예기』「학기(學記)」

---

공자가 말했다.
"안평중(晏平仲)은 사람 사귀는 것이 훌륭하다.
오래되어도 변함없이 상대를 공경하는구나."

子曰
晏平仲 善與人交 久而敬之

• 善與人交(선여인교) : 남과 더불어 사귀기를 잘하다. 여기서 '善'은 '잘하다', '훌륭하다'의 뜻으로 쓰였다.
• 久而敬之(구이경지) : 오래되어도 상대를 공경하다. '之'는 상대방을 가리키는 지시대명사임

---

• 제일 좋은 친구는 오래된 친구다. / 이집트 속담
• 현자는 친하게 지내면서도 공경하고, 어려워하면서도 사랑한다[賢者 狎而敬之 畏而愛之]. / 『예기』「곡례(曲禮)」
• 친구는 내게 주는 선물이다. / R. L. 스티븐슨
• 시간은 우정을 강하게 만들고 사랑은 약하게 만든다. / J. d. 라 브뤼예르
• 참된 사랑은 모두 존경에 기초를 둔다. / G. 빌리어스
• 사람들이 겉으로 좋다고 하는 것보다는 뒤에서 헐뜯지 않는 것이 차라리 낫다. 서로 일시적인 즐거움을 추구하는 관계보다는 오랫동안 유지되는 경지를 추구하는 것이 더 낫다. / 진계유(陳繼儒)『소창유기(小窗幽記)』

"서로 알고 지내는 사람이야 온 세상에 가득해도
마음을 알아주는 사람은 과연 몇이나 되겠는가."

# 相識滿天下 知心能幾人

• 能幾人(능기인) : 몇 사람이나 되겠는가, 즉 얼마 되지 않는다는 뜻

---

• 친구를 사귈 때 상대방을 알아주는 것보다 더 소중한 것은 없다. / 박지원(朴趾源)

• 만나는 사람마다 아는 척을 할 만큼 많은 벗을 가진 사람은 단 한 사람의 벗도 없
  는 것과 같다. / 아리스토텔레스

• 친구처럼 보이는 사람은 대개 친구가 아니고, 그렇게 보이지 않는 사람이 친구다.
  / 데모크리토스

• 선을 행하도록 권하는 것이 벗 사귐의 도리이다[責善 朋友之道也]. / 맹자 『맹자』 「이
  루하(離婁下)」

• 나를 낳으신 이는 부모님, 그러나 나를 알아준 이는 오직 포숙(鮑叔)뿐이다. / 관중

"서로 술 마시고 음식을 함께 할 때에는
형이니 동생이니 하는 친구는 천 명이나 되지만,
다급하고 어려운 일을 당했을 때에 도와줄 친구는
한 명도 없구나."

酒食兄弟千個有
急難之朋一個無

- 個(개) : 낱개를 세는 중국어의 양사(量詞)로서 여기서는 '명'에 해당함
- 急難之朋(급난지붕) : 위급하고 고난이 닥쳐왔을 때 서로 도울 수 있는 친구

- 번영은 친구들을 만들고 역경은 그들을 시험한다. / P. 시루스
- 불운은 누가 참된 친구가 아닌지 드러낸다. / 아리스토텔레스

"열매를 맺지 않는 꽃은 심지 말고,
의리 없는 친구는 사귀지 말라."

**不結子花 休要種**
**無義之朋 不可交**

- 子(자) : 열매
- 要(요) : 반드시, 꼭. 休要(휴요) – 꼭 ~하지 말라, ~해서는 안 된다

---

- 가시나무를 심는 사람은 장미를 기대해서는 안 된다. / 필페이
- 의리 없는 사람은 피하고 어리석은 사람과 친하지 말라. 현명한 친구를 사귀고 자기보다 나은 사람을 따르라. / 법구 『법구경』
- 친구라는 말은 흔하지만 우정의 신의는 드물다. / 파이드루스
- 사람에게 믿음이 있는 것은 마치 수레에 바퀴가 있는 것과 같다. / 노자

"군자들의 사귐은 담박하기가 물 같고,
소인들의 사귐은 달콤하기가 단술 같다."[5]

**君子之交 淡如水
小人之交 甘若醴**

- 淡(담) : 담담하다, 담박하다
- 醴(례) : 단술

---

- 군자는 남이 자신을 극진히 좋아해줄 것을 기대하지도 않고, 남이 자신을 지극정 성으로 모실 것을 바라지도 않는다. 그럼으로써 사귐을 온전히 한다. / 『예기』 「곡례」
- 친구를 사귀되 품위를 잃어서는 안 되고, 일단 사귄 친구는 쇠테로 마음을 잡아매 두어라. / W. 셰익스피어
- 우리를 칭찬하는 사람이라고 해서 모두 친구인 것은 아니다. / J. 클라크

"길이 멀어야 말의 힘을 알 수 있고,
세월이 오래 지나야 사람의 마음을 알아볼 수 있게 된다."

## 路遙知馬力 日久見人心

- 遙(요) : 멀다
- 見 : '보다', '변별하다'의 뜻으로 새기면 '견'으로 읽어야 하고, '보이다', '드러나다'의 뜻으로 새기면 '현'으로 읽어야 할 것이다.

---

- 친구와 함께 오래 여행하면서 작은 여관에 머물러 보면 그를 알 수 있다. / T. 풀러
- 친구의 성격은 오래된 친구에게만 알려진다. / 나이지리아 속담
- 질풍만이 (바람에) 질긴 풀을 알아보듯이 세월이 흘러야 사람의 마음을 읽을 수 있다. / 당태종

# 제19편 주(註)

**1**
### 지란(芝蘭)
지초와 난초를 아우른 말이며, '지란지교(芝蘭之交)'라 할 때는 지초와 난초와 같은 향기로운 사귐이라는 뜻으로 '벗 사이의 맑고도 높은 사귐'을 이르는 말이다.

**2**
### 단사(丹砂)
광택이 있는 짙은 붉은 빛깔이 나는 광물로서 물감으로 쓰인다.

**3**
### 옻[漆]
옻나무 껍질에 상처를 내어 채취한 검은 색의 수액(樹液)인데 도료(塗料)와 목제품의 접착제로 쓰인다.

**4**
### 안평중(晏平仲)
중국 춘추시대 제(齊)나라의 대부 안영(晏嬰; ?~BC 500)을 말함. 자는 중(仲), 시호는 평(平)으로 보통 '평중(平仲)'이라고도 불리며, '안자(晏子)'라고 존칭되기도 한다. 제나라 영공(靈公)·장공(莊公)·경공(景公) 3대에 걸쳐 재상으로 나라를 바르게 이끌어 관중과 더불어 훌륭한 명재상으로 후대에까지 존경을 받고 있다. 재상에 오른 뒤에도 한 벌의 옷을 30년이나 계속해서 입을 정도로 검소하게 생활하여 백성의 존경을 받아 여기에서 '안영호구(晏嬰狐裘)'라는 고사성어가 비롯되었는데, 이는 고관이 매우 검소하게 생활하는 것을 나타낸다. 그리고 벼슬에 있으면서 어떤 상황에서도 충간(忠諫)과 직언을 하는데 머뭇거리지 않았고 의롭게 행동하였다. 장공이 신하인 최저(崔杼)에게 살해당했을 때에도 두려워하지 않고 신하로서 도리를 다해 곡(哭)을 하며 문상을 하는 용기를 보였다. 때문에 사마천은 『사기』에서 "만일 안자가 아직 살아있어 내가 그를 위해 말채찍을 잡고 그의 수레를 몰 수 있다면 정말로 영광스러운 일이다."라고까지 안영을 칭송했다. 안영은 기억력이 뛰어난 독서가였으며, 합리주의적 경향이 강했다고 평가되는데, 그와 관련된 기록은 『안자춘추(晏子春秋)』로 편찬되어 전해진다.

**5**
### "군자들의 사귐은 담박하기가 물 같고, 소인들의 사귐은 달콤하기가 단술 같다."
『장자』「산목(山木)」 5장에는 다음과 같이 이어진다. "군자는 담박하기 때문에 가까워지고, 소인은 달기 때문에 끊어진다[君子淡以親 小人甘以絶]."

# 제20편
## 행실 바른 여자가 되자
### [婦行]

이 편에서는 유교적 관점에서 여성으로서 지녀야 할 덕목에 대하여 이야기하고 있다.

여성은 아름다워야 한다. 그 아름다움은 외모만을 의미하는 것이 아니라 몸가짐을 바로 하여 정숙함을 곧게 지키는 것도 포함된다고 하겠다. 또한 한 가정의 안주인으로서 마음 씀씀이를 어질게 하여 남편을 귀하게 만들고 집안의 화목을 이루는 부덕(婦德) 또한 갖춰야 할 것이다.

『익지서』에서 말했다.
"여자에게는 네 가지 칭송할 덕목이 있으니,
첫째는 마음씨[婦德]를 말하고,
둘째는 맵시[婦容]를 말하고,
셋째는 말씨[婦言]를 말하며,
넷째는 솜씨[婦工]를 말한다."

益智書 云
女有四德之譽
一曰婦德 二曰婦容 三曰婦言 四曰婦工也

• 譽(예) : 기리다, 명예, 칭찬, 칭찬거리

• 부덕이라는 것은 정조를 맑게 하고 곧게 지키며, 분수를 지키고 몸을 정돈하며, 행동을 얌전하게 하는 것을 말한다. / 장자

"여자의 마음씨[婦德]라는 것은
반드시 재주와 명망이 뛰어나게 훌륭해야 할 필요가 없고,
여자의 맵시[婦容]라는 것은
반드시 얼굴이 아름답고 고움을 말하는 것이 아니며,
여자의 말씨[婦言]라는 것은
반드시 입담이 좋고 매끄럽게 말해야 필요가 없고,
여자의 솜씨[婦工]라는 것은
반드시 손재주가 남보다 뛰어남을 말하는 것이 아니다."

婦德者 不必才名絕異
婦容者 不必顔色美麗
婦言者 不必辯口利詞
婦工者 不必技巧過人也

- 不必(불필) : 꼭 ~할 필요는 없다, 반드시 ~한 것은 아니다(부분 부정)
- 才名(재명) : 재주와 명망, 재주가 있다는 평판
- 絕異(절이) : 아주 훌륭하여 뛰어나게 다름
- 辯口(변구) : 입담이 좋다.
- 利詞(리사) : 매끄럽게 말하다
- 過人(과인) : 남을 능가하다, 남보다 뛰어나다

---

- 탁월한 것은 드물고, 완전한 것은 찾아보기가 가장 어려운 것이다. / M. T. 키케로
- 나는 여성해방 운동가들에 대해 격분한다. 그들이 외치듯 여성이 남성보다 더 우수한 것은 사실이지만, 매우 조용히 덮어두어야만 하는 것이다. 안 그러면 판이 깨진다. / A. 루스

---

"여자의 마음씨라 함은 마음이 맑고 곧아 염치와 절도가 있고, 분수를 지켜 마음을 가지런히 가다듬으며, 행동거지에 수줍음이 있고, 일상생활을 법도에 맞게 하는 것이니, 이것이 부덕(婦德)이 되는 것이다.

여자의 맵시라 함은 먼지와 때를 씻어내고, 옷차림을 산뜻하고 깨끗이 하며, 목욕을 제때에 하여 몸에 더러움이 없게 하는 것이니, 이것이 부용(婦容)이 되는 것이다.

여자의 말씨라 함은 본보기가 되는 말을 가려서 하고, 예의에 어긋나는 이야기는 하지 않으며, 꼭 해야 할 때가 된 뒤에 말을 해서 사람들에게 싫증 나지 않게 하는 것이니, 이것이 부언(婦言)이 되는 것이다.

여자의 솜씨라 함은 오로지 길쌈을 부지런히 하고, 냄새 고약한 채소나 술을 좋아하지 않으며, 맛있는 음식 장만하여 손님을 대접하는 것이니 이것이 부공(婦工)이 되는 것이다."

其婦德者 清貞廉節 守分整齋 行止有恥 動靜有法
此爲婦德也 婦容者 洗浣塵垢 衣服鮮潔 沐浴及時
一身無穢 此爲婦容也 婦言者 擇詞而説 不談非禮
時然後言 人不厭其言 此爲婦言也 婦工者 專勤紡績
勿好葷酒¹ 供具甘旨 以奉賓客 此爲婦工也

- 行止(행지) : 행동거지(行動擧止), 몸을 움직여서 하는 모든 것
- 洗浣(세완) : 씻어내다　　　　　　　　• 塵垢(진구) : 먼지와 때
- 擇詞(택사) : 말을 가리다. 일부 판본에는 '詞'가 아니고 '師'로 되어 있다.
- 甘旨(감지) : 맛있는 음식

---

- 마음과 행동의 순결은 여자의 가장 큰 영광이다. / 스탈 부인
- 말은 망령되이 하지 말아야 한다. 기품을 지키되 사치하지 말고, 지성을 갖추되 자랑하지 말라. / 신사임당(申師任堂)

"이 네 가지 덕목은 여자로서 어느 하나 빠뜨려서는 안 된다.
이를 행하는 것은 매우 쉽고 이를 하도록 힘쓰는 것은 바른 것이니,
이에 따라 행하여 나간다면
그것이 바로 여자로서 갖춰야 할 범절이 되는 것이다."

此四德者 是婦人之所不可缺者
爲之甚易 務之在正
依此而行 是爲婦節

- 不可缺者(불가결자) : 없어서는 안 되는 것. '所不可缺者'가 아니라 '大德也'로 되어 있는 판본도
  있다.
- 爲之甚易(위지심이) : 행하기가 매우 쉽다
- 務之在正(무지재정) : 이에 힘씀이 바른 데 있다. 이를 하도록 힘씀은 바른 것이다

- 착하고 영리한 여자가 돼라. 그리하여 삶과 죽음을 영원히 감미롭고 장엄한 노래
  로 만들어라. / C. 킹즐리

태공이 말했다.

"여자가 지켜야 할 예절로 그 말소리는 반드시 가늘어야 한다."

太公曰
婦人之禮 語必細

• 細(세) : 가늘다, 작다

---

• 여자의 말소리는 담장을 넘어서는 안 된다. / 한국 속담

• 여자에게 있어서 침묵은 패물(佩物)이 된다. / 소포클레스

• 아내가 바가지를 긁을 때는 귀머거리가 되는 것이 제일 좋다. / 린유탕[林語堂]

---

"현명한 아내는 남편을 귀하게 만들고,
못된 부인은 남편을 천하게 만든다."

賢婦 令夫貴
惡婦 令夫賤

• 슈(령) : ~로 하여금 ~하게 하다('슈+A+술어'의 구조). '使'와 기능이 같다.
• 惡婦(악부) : 나쁜 아내, 못된 부인. 일부 판본에는 '惡' 대신 '佞'(아첨할 녕)으로 되어 있다.

---

• 가장 어리석은 여자도 영리한 남자를 조종할 수 있다. 그러나 바보 남자를 조종하려면 여자가 매우 영리해야만 한다. / R. 키플링
• 모든 성공의 뒤에는 자랑스러워하는 아내와 놀라는 장모가 있다. / R. B. 헤이스
• 남자의 최대의 행운 또는 최악의 재앙은 그의 아내이다. / 서양 속담
• 선량한 남편은 양처를 만든다. / R. F. 버튼

---

"집안에 현명한 아내가 있으면
그 남편이 뜻밖의 재앙을 만나지 않는다."

## 家有賢妻 夫不遭橫禍

- 不遭(부조) : 만나지 않다
- 橫禍(횡화) : 뜻밖의 재앙

- 아내는 남편이 젊을 때는 애인이고 중년에는 친구고 늙으면 간호사다. / F. 베이컨
- 낙원에서 남자를 끌어낸 사람이 여자라면, 그곳으로 다시 데리고 들어갈 수 있는
  사람도 역시 여자뿐이다. / E. 허버드
- 악처는 남편이 탄 배를 난파시킨다. / 영국 속담

"현명한 아내는 육친(六親)²을 화목하게 하고,
간사한 부인은 육친의 화목을 깨뜨린다."

賢婦 和六親
佞婦 破六親

• 佞(녕) : 아첨하다, 바르지 못하다, 간사하다

• 좋은 말[馬]은 절지 않고 훌륭한 아내는 불평하지 않는다. / 서양 속담
• 집안이 화합하려면 베개 밑 송사는 듣지 않는다. / 한국 속담

## 제20편 주(註)

<sup></sup>1
### 훈주(葷酒)

마늘·파·부추 따위의 특이한(고약한) 냄새가 나는 채소[葷菜]와 술을 말하는 것으로, 옛사람들
은 여자가 이런 훈채와 술을 식음하는 것을 싫어했고, 백련종(白蓮宗)과 같이 계율이 엄격한 일
부 종교집단에서는 신도들의 훈주육식(葷酒肉食)을 금하고 있다. 대부분의 판본이 '暈酒'로 되
어 있고, '葷酒'로 되어 있는 판본조차도 '훈주'를 '술 빚는 것'으로 풀이했는데, 여성은 훈주(葷
酒)와 같은 자극적인 음식은 삼가야 한다는 뜻으로 새기는 것이 옳을 듯하다.

2
### 육친(六親)

가장 가까운 여섯 친족(親族), 즉 부모·형제·처자를 이르는 말이다.

# 제21편
# 덧붙임
## 〔增補篇〕

원래 명심보감은 부행편으로 끝난다. 이 증보편과 팔반가·효행편 속편·
염의편·권학편은 후대에 명심보감을 펴내는 사람들이 덧붙인 것으로 보
인다.
이 증보편에서는 『주역』의 세계관을 통해 선을 행하고 악을 피하라고 다
시 강조하고, 나쁜 인과의 고리를 만들지 아니할 것을 일러주고 있다.

『주역』에서 말했다.

"선을 쌓지 않으면 명성을 제대로 얻지 못할 것이고,

악을 쌓지 않으면 몸이 망쳐지는 지경까지 이르지는 않는다.

소인은 조그마한 선으로써는

별로 이로울 것이 없다고 여겨 행하지 아니하고,

조그마한 악으로써는

별로 해로울 것이 없다고 여겨 그만두지 아니한다.

그리하여 악은 쌓이고 쌓여 가릴 수가 없게 되고,

죄는 커지고 커져 풀 수 없게 된다."

周易曰
善不積 不足以成名 惡不積 不足以滅身
小人 以小善 爲无益而弗爲也
以小惡 爲无無傷而弗去也
故 惡積而不可掩 罪大而不可解

- 成名(성명) : 이름을 이루다, 명성을 얻다
- 无(무) : '無'의 고자(古字)
- 弗(불) : 아니다, 아니하다, 어기다
- 掩(엄) : 보이지 않게 가리다, 숨기다

───────────────────────────

- 악을 피하라. 그러면 그것이 너를 피할 것이다. / 서양 속담
- 악을 수동적으로 받아들이는 사람은 조장하는 사람과 똑같이 악에 개입되어 있다. / M. L. 킹
- 선을 안다는 것은 악에 대항하는 것이다. 무관심은 선의 결핍을 나타낸다. / M. 맨스

───────────────────────────

"서리를 밟게 되면 머지않아 단단한 얼음이 언다[1]는 말이 있다.
신하가 그 임금을 시해하고 자식이 그 아버지를 살해하는 일은
하루아침이나 하룻저녁에 이루어지는 것이 아니라
오래전부터 그 까닭이 점점 다가왔기 때문이다."

履霜堅冰至
臣弑其君 子弑其父
非一旦一夕之事 其所由來者漸矣[2]

- 弑(시) : 윗사람을 죽이다
- 一旦一夕(일단일석) : 하루아침이나 하룻저녁
- 所由來者(소유래자) : '말미암아 온 것', 즉 어떤 일이 일어난 원인 제공자를 가리킨다

- 이것이 있으므로 저것이 있고, 이것이 생기므로 저것이 생긴다. 이것이 없으므로 저것이 없고, 이것이 사라지므로 저것이 사라진다[此有故彼有 此起故彼起 此無故彼無 此滅故彼滅]. /『잡아함경(雜阿含經)』
- 사건에 앞서서 징조가 먼저 나타난다. / M. T. 키케로

## 제21편 주(註)

**1**
履霜堅冰至(서리를 밟게 되면 머지않아 단단한 얼음이 언다)

서리를 밟을 때가 되면 곧 단단한 얼음이 어는 추운 겨울이 닥친다는 뜻으로 어떤 징후가 있으면 멀지 않아 큰일이 일어난다는 의미의 비유적 표현이다. 이 장은 『주역』「곤괘 문언전(坤卦 文言傳)」에 나오는 구절이다. 이 글 앞에 "선행을 많이 쌓은 집안에는 반드시 자손에까지 경사가 미치고, 악행을 거듭하는 집안에는 자손 대대에 이르기까지 재앙이 오는 법이다[積善之家 必有餘慶 積不善之家 必有餘殃]."라는 구절이 있다.

**2**
其所由來者漸矣

'其所由來者漸矣'가 '其漸久矣'로 된 판본도 있다. '그것은 조금씩 조금씩 오랫동안 쌓여 일어난 것이다'라는 뜻으로 해석이 달라지지는 않는다.

사마천은 50만 자가 넘는 방대한 역사서 『사기』를 끝맺으면서 『주역』을 인용, '失之毫釐 差以千里'[티끌만큼 작은 것을 놓친 잘못이 천 리나 되는 차이를 가져온다], 그리고 뒤이어 '臣弑其君 子弑其父 非一旦一夕之事 其漸久矣'라고 강조하고 있다.

'其所由來者漸矣' '기소유래자점의'

'其漸久矣' '기점구의'

'失之毫釐 差以千里' '실지호리 차이천리'

'臣弑其君 子弑其父 非一旦一夕之事 其漸久矣' '신시기군 자시기부 비일단일석지사 기점구의'

# 제22편
## 상반된 마음 여덟 수의 노래
## [八反歌 八首]

팔반가 - 즉 '상반된 마음에 관한 여덟 수의 노래'는 제 자식은 사랑할 줄 알면서 어버이를 봉양하는 데는 등한한 중간 세대의 잘못된 행태를 여덟 가지 예를 들어가며 꾸짖고 어버이에게 마땅히 가져야 할 효(孝)의 마음가짐을 가르치고 있다.
오늘날의 핵가족 시대에도 꼭 들어맞는 것 같아 음미해 볼 가치가 있다고 본다.

"어린 자식이 혹 나에게 욕을 하더라도 내 마음은 기쁘기만 하지만,
부모님이 나를 꾸짖고 성을 내시면 내 마음은 도리어 언짢아지네.
한 쪽은 기쁘고 한 쪽은 언짢으니
자식을 대하는 마음과 부모님을 대하는 마음이 어쩌면 그렇게도 다
를까.
그대에게 권하노니, 오늘 부모님이 성을 내시거든
또한 부모님도 자기 어린 자식처럼 보아야 하오."

幼兒或詈我 我心覺懽喜 父母嗔怒我 我心反不甘
一懽喜一不甘 待兒待父心何懸
勸君今日逢親怒 也應將親作兒看

- 詈(리) : 꾸짖다, 빗대어 욕하다. 바로 욕하는 것은 '罵(매)'라고 한다.
- 懽喜(환희) : 기쁨
- 反不甘(반불감) : 도리어 달갑지 않다
- 懸(현) : 동떨어지다, 멀다, 다르다
- 也(야) : 또한(亦)
- 將(장) : '以'(~로써, ~을)의 의미로 보면 된다
- 作兒看(작아간) : 아이 보듯 하다, 아이로 삼아 보다. 作+A+看 : (~을) A 보듯 하다

- 아무리 모든 힘을 다하여 부모를 잘 모신다 해도 부모의 깊은 은혜에는 보답이 불
  가능하다. / 『부모은중경(父母恩重經)』
- 부모를 사랑하는 사람은 감히 남을 미워하지 못하고, 부모를 공경하는 사람은 감
  히 남을 업신여기지 못한다. / 공자

"자식들이 천 마디 말을 해도 그대는 들으면서 항상 싫어하지 않고,
부모님이 어쩌다 한번 입을 여시면 바로 쓸데없이 참견이 많다고 쏘
아붙이는구려.
쓸데없이 참견하시는 것이 아니라 걱정이 되어 그리 하시는 것이고,
흰 머리가 되도록 긴 세월에 아시는 것이 많기 때문이라네.
그대에게 권하노니, 노인의 말씀 공경하여 받들고
젖 냄새 나는 입으로 좋으니 나쁘니 따지지 않도록 하시오."

兒曹出千言 君聽常不厭 父母一開口 便道多閑管
非閑管親掛牽 皓首白頭多諳練
勸君敬奉老人言 莫敎乳口爭長短

- 兒曹(아조) : 아이들
- 道(도) : 말하다
- 閑管(한관) : 쓸데없이 남의 일에 간섭하다
- 掛牽(괘견) : 마음에 걸리고 거리껴지다
- 皓首(호수) : 하얀 머리. 노인을 칭함
- 諳練(암련) : 온갖 사물에 환히 정통함, 아주 익숙하게 알고 있음. 일부 판본에는 '암간(諳諫)'으로 되어 있는데 '깨달은 도움말' 정도로 해석할 수 있으나 일반적으로 안 쓰는 단어여서 오식이 아닌가 함.
- 敎(교) : ~로 하여금 ~하게 하다(늑使, 令)
- 乳口(유구) : 젖내 나는 입. 어린애를 칭함

- 나이를 먹는다고 하는 것은 사물을 볼 줄 알게 됨을 말한다. / W. v. 에셴바흐
- 부모님을 섬길 때 부모님이 혹 잘못하시더라도 부드럽게 말려야 한다. 부모님이 자식의 좋은 말을 좇지 않을 뜻을 보이더라도 더욱 공경하여 그 감정을 거스르지 말라. 비록 부모님이 역정을 내시어 괴롭히더라도 원망하지 말라. / 공자「논어」「이인」
- 집안의 노인은 그 집을 위해 좋은 징조이다. / 히브리 격언

"어린 자식 똥오줌은 더러워도 그대 마음에 하나도 싫어하거나 꺼리지 않으면서
늙은 어버이 눈물과 침 떨어지는 건 도리어 미워하고 꺼려하네.
여섯 자 되는 그대의 몸 어디서 왔는고?
아버지의 정기와 어머니의 피로 그 몸이 이루어진 것이라네.
그대에게 권하노니, 늙어가는 어르신을 공경하시오.
젊으실 때 그대를 위하여 힘줄과 뼈가 해지도록 애쓰셨소."

幼兒尿糞穢 君心無厭忌 老親涕唾零 反有憎嫌意
六尺軀來何處 父精母血成汝體
勸君敬待老來人 壯時爲爾筋骨敝

- 厭忌(염기) : 싫어하고 꺼리다
- 涕唾(체타) : 눈물과 침
- 零(령) : 떨어지다.
- 憎嫌(증혐) : 미워하고 싫어하다
- 六尺軀(육척구) : 여섯 자 되는 몸, 즉 사람의 신체를 말함
- 壯時(장시) : 한창 건강할 때
- 敝(폐) : 해지다, 지쳐 쇠약해지다

---

- 근자에는 효를 공양하는 것이라고만 생각한다. 그러나 사람은 개나 말도 집에 두고 기른다. 부모를 존경하지 않으면 이와 무엇이 다르겠는가? / 공자 『논어』 「위정」
- 천하 만물 가운데 가장 소중한 나의 몸은 부모에게서 받은 것이다. / 이이

"그대가 새벽에 시장에 가서 떡을 이것저것 사는 것을 보았네만,
부모님께 드린다는 말 별로 들리지 않고 아이들에게 준다는 말들만
많이 하네.
어버이는 아직 맛도 못 보셨는데 아이들이 먼저 배부르니,
자식으로서의 마음이 부모로서 좋아하는 마음만 못함이로다.
그대에게 권하노니, 떡 살 돈 많이 내어서
늙으신 부모님 잘 받들어 음식을 올리시오, 세월은 길지 않으니."

看君晨入市 買餠又買餻 少聞供父母 多説供兒曹
親未啖兒先飽 子心不比親心好
勸君多出買餠錢 供養白頭光陰少

- 餠(병) : 밀가루 떡, 餻(고) – 쌀떡. '병고(餠餻)'는 모든 떡의 총칭임
- 啖(담) : 씹다
- 光陰(광음) : 세월, 시간

---

- 자오반포(慈烏反哺) - 까마귀는 어릴 때 먹여주던 어미 까마귀가 늙어서 제 구실
  을 못하게 되면 자식 까마귀가 먹을 것을 물어 제 어미에게 먹인다고 함[이밀(李
  密)의 「진정표(陳情表)」에서 유래]. 이러한 효도를 '반포지효(反哺之孝)'라고 함.

"시장 길목 약 파는 가게에 아이를 살찌게 하는 환약만 있고
어버이 보하는 약은 아직 없으니 이 두 가지를 어떻게 보아야 하는고.
아이도 병들고 어버이도 병들었을 때
아이의 병 치료와 어버이의 병 치료가 같지 않네.
제 넓적다리의 살을 베어 드려도 그것은 역시 어버이의 살이로다.
그대에게 권하노니, 서둘러 두 어버이의 목숨 보전해 드리시오."

市間賣藥肆 惟有肥兒丸 未有壯親者 何故兩般看
兒亦病親亦病 醫兒不比醫親症 割股還是親的肉
勸君亟保雙親命

- 賣藥肆(매약사) : 약 파는 가게
- 壯親(장친) : 부모의 혈기 왕성하게 함
- 兩般(양반) : 두 가지
- 還是(환시) : 역시
- 亟(극) : 빨리

- 아이들은 대개 과도하게 잘 입고 잘 먹는데 그것이 그들의 모든 병의 원인이다. / W. 캐도건
- 약은 오로지 늙은이들에게만 필요하다. / 나폴레옹

"부유하고 지체 높으면 부모님 모시기 쉬우나
부모님은 항상 마음이 편치 않으시네.
가난하고 천하면 자식 기르기 어려우나
그래도 자식은 굶거나 춥게 지내지는 않네.
한 가지 마음에 길은 두 갈래로 나 있구나.
자식 위하는 마음 끝내 부모님 위함과 같을쏘냐.
그대에게 권하노니, 부모님 모시기를 자식 기르듯이 하고,
모든 일을 집이 넉넉하지 못해서라고 핑계대지 마시오."

富貴養親易 親常有未安 貧賤養兒難 兒不受饑寒
一條心兩條路 爲兒終不如爲父
勸君養親如養兒 凡事莫推家不富

• 饑寒(기한) : 배고프고 추운 것
• 條(조) : 갈래
• 推(추) : 미루다, 핑계 대다

---

• 아버지의 자리에 자식이 앉으면 안 된다. / 『탈무드』
• "미루고 미루다가는 진짜로 효도하려는 순간에 부모님은 곁에 안 계십니다." / 빗
  방울(카페 '공부자극' 회원)

"부모님 모시기는 단지 두 분뿐인데
형과 동생이 서로 못 모시겠다고 늘 다투네.
자식 키우기는 비록 열 명이더라도 모두 자기 혼자 떠맡으려 하네.
자식이 배부르고 따뜻하게 지내는지는 늘 물어보지만,
부모님이 끼니 거르시거나 춥게 지내시는지는 마음에 두지 아니하네.
그대에게 권하노니, 모름지기 부모님 모시기에 힘을 다하시오.
당초에 입는 것 먹는 것을 그대에게 빼앗겼던 것이오."

養親只有二人 常與兄弟爭 養兒雖十人 君皆獨自任
兒飽煖親常問 父母饑寒不在心
勸君養親須竭力 當初衣食被君侵

• 飽煖(포난) : 배부르고 따스함
• 竭力(갈력) : 힘을 다하다

---

• 부모님이 우리의 어린 시절을 아름답게 꾸며주셨으니 우리는 부모님의 여생을 아름답게 꾸며 드려야 한다. / A. M. R. d. 생텍쥐페리
• 아버지의 품 안에는 아홉 자식이 있을 곳이 있지만 아홉 자식의 어느 집에도 아버지가 있을 곳은 없다. / 에스토니아 격언
• 다섯 가지 불효는 게으름 때문에, 도박과 술 때문에, 재산과 처자에 대한 애착 때문에 부모를 돌보지 않는 것, 쾌락과 방탕으로 부모를 욕되게 하는 것, 싸움을 일삼아 부모를 불안하게 만드는 것이다. / 맹자

"부모님은 그대를 극진히 사랑하시는데도
그대는 그 은혜를 생각지 아니하고,
자식이 한 푼어치 효도라도 하면
그대는 곧 그 이름을 자랑하려 하네.
부모님 모시는 것은 어둡고 자식 대하는 것은 밝으니,
누가 부모님의 자식 키우는 마음을 알 것인고.
그대에게 권하노니, 자식들의 효도를 믿어 봐야 부질없는 일이요.
그대가 바로 자식의 어버이요 어버이의 자식이라네."

親有十分慈 君不念其恩 兒有一分孝 君就揚其名
待親暗待兒明 誰識高堂養子心
勸君漫信兒曹孝 兒曹親子在君身

- 待親暗(대친암) : 어버이를 대하는 것이 어둡다, 즉 부모에게 극진하지 못함을 이르는 말
- 高堂(고당) : 자기나 남의 부모를 높여 이르는 말
- 漫信(만신) : 부질없이 믿다. '漫'에는 '아주 작게 여기다', '대강 지나치다'의 뜻이 있음

---

- 우리는 우리가 부모가 되기 전에는 우리에 대한 부모의 사랑을 결코 모른다. / H. W. 비처
- 내리사랑은 있어도 치사랑은 없다. / 한국 속담

---

# 제23편
# 효도를 하자 속편
# [孝行續篇]

앞서 나온 효행편의 속편에 해당하는 이 편에서는 어머니를 위해서 어린 자식을 땅에 묻으려 했던 손순, 넓적다리 살을 베어 어머니를 봉양한 상덕, 하늘도 효에 감동하여 때아닌 홍시를 내려준 도씨 이야기 등 우리나라의 구체적 일화가 실려 있다.

손순(孫順)[1]은 집이 가난하여 그의 아내와 더불어 남의 집 머슴살이를 하여 그 어머니를 봉양하였다. 이들에게 아이가 하나 있었는데 늘 어머니가 잡수시는 것을 빼앗아 먹었다.

순이 아내에게 말했다.

"애가 어머니 드실 것을 빼앗아 먹으니 아이는 또 낳을 수 있지만 어머니는 다시 구하기 어렵지 않소."

마침내 아이를 업고 귀취산 북쪽 기슭으로 가서 아이를 묻으려고 땅을 팠다. 그러자 뜻밖에 아주 이상한 돌종[石鐘]이 나왔다. 너무도 놀랍고 이상해서 시험 삼아 두드려 보니 울리는 소리가 은은하게 듣기 좋았다.

아내가 말했다.

"이 기이한 물건을 얻은 것은 마땅히 아이의 복일 겁니다. 그러니 이 아이를 땅에 묻어서는 안 됩니다."

순도 그렇게 생각해서 아이를 데리고 종도 함께 가지고 집으로 돌아와 이를 대들보에 달고 두드려 보았다.

임금이 그 맑은 종소리가 멀리서 들려오는 것을 이상하게 여겨 그 자초지종을 자세히 물어서 알게 된 뒤 말했다.

"옛날에 곽거(郭巨)[2]가 아들을 묻었을 때엔 하늘이 금솥을 주시더니 이번엔 손순이 아들을 묻으려 하자 땅에서 돌종이 나왔다. 옛날의 일과 지금의 일이 서로 꼭 맞는구나."

그리고는 집 한 채를 하사하고 또 해마다 쌀 오십 석을 내려주었다.

孫順 家貧 與其妻 傭作人家以養母 有兒每奪母食
順 謂妻曰 兒奪母食 兒可得 母難再求
乃負兒 往歸醉山北郊 欲埋堀地 忽有甚奇石鐘
驚恠試撞之 舂容可愛 妻曰 得此奇物 殆兒之福 埋之不可
順以爲然 將兒與鐘還家 縣於樑撞之
王聞鐘聲淸遠異常 而覈聞其實曰
昔郭巨埋子 天賜金釜 今孫順埋兒 地出石鐘 前後符同
賜家一區 歲給米五十石

- 傭作(용작) : 품팔이하다
- 驚恠(경괴) : 놀랍고 괴이하다. 恠는 怪(괴)의 속자(俗字)
- 舂容(용용) : ① 종 따위를 침, 당격(撞擊)하는 일, ② 느긋하고 침착함. 여기서는 '은은하게 멀리 퍼지는' 것을 뜻하는 의성어로 보는 것이 좋을 듯함.
- 殆(태) : 거의, 마땅히
- 以爲然(이위연) : 그렇게 여기다
- 將(장) : 거느리다, 동반하다, ~과 함께
- 縣於樑(현어량) : 대들보에 달아놓다
- 覈聞其實(핵문기실) : 그 사실을 조사토록 하여 듣다
- 符同(부동) : 부절(符節)을 맞춘 것처럼 서로 일치함
- 一區(일구) : 한 채

---

- 먼저 가까운 가족부터 사랑하고, 그 사랑하는 마음으로 백성까지 널리 사랑하며, 또 백성을 먼저 사랑하고 그 마음으로 세상에 있는 모든 것을 사랑한다[親親而仁民 仁民而愛物]. / 『맹자』「진심상」
- 자식은 부모님의 연세를 알아두어야 한다. 그 연세에 건강하게 사시니 장수를 기뻐하고, 다른 한편으로는 앞날이 멀지 않으실까 근심하면서 하루를 아껴 효도하여야 한다. / 공자
- 효는 모든 덕행의 근본이며 또한 교화의 근원이다. / 공자
- 효자의 도리는 천성에서 나오는 것으로, 모든 선의 으뜸이 된다. / 이황

상덕(尙德)³은 흉년과 전염병이 유행하는 때를 만나서 그의 부모님이 굶주리고 병들어 죽게 될 지경이 되자 낮이나 밤이나 옷도 벗지 않고 정성을 다하여 간호하였다.

봉양할 것이 없어서 자신의 넓적다리 살을 베어 잡수시도록 하기도 했고, 어머니께서 종기가 나자 입으로 빨아서 곧 낫게 해 드렸다.

임금이 이를 가상히 여겨 재물을 매우 후하게 내려주고 그 집 문 앞에 정문(旌門)⁴과 비석을 세워 이 사실을 기록하게 하였다.

尚德 值年荒癘疫 父母飢病濱死 尚德 日夜不解衣
盡誠安慰 無以爲養 則刲髀肉食之 母發癰 吮之卽瘳
王嘉之 賜賚甚厚 命旌其門 立石紀事

- 値(치) : 만나다, 어떤 일을 겪다
- 年荒(연황) : 흉년                    • 癘疫(여역) : 전염병
- 濱死(빈사) : 거의 죽게 된 상태
- 無以(무이) : ~하지 못하다, ~할 방법이 없다
- 刲髀肉(규비육) : 넓적다리 살을 베다.
- 食(사) : ~에게 먹게 하다, ~에게 먹이다
- 發癰(발옹) : 종기가 나다
- 吮(연) : 입으로 빨다
- 嘉(가) : 아름답다, 칭찬하다, 갸륵히 여기다
- 賜賚(사뢰) : 임금이 은사를 내려주다

---

- 부모를 섬길 때에는 마땅히 온 힘을 다하여야 한다[孝當竭力]. / 주흥사『천자문』
- 부모의 병에 약을 달여 드림은 효도이겠으나, 자기의 팔·다리를 훼손해서 드림이 효라는 말은 듣지 못했다. 이런 짓이 만일 의로운 일이라면 어찌 성현들이 앞장서서 하지 않았겠는가. 이런 일을 하다가 불행히도 자기가 죽기라도 한다면, 몸을 훼손하고 후손을 못 갖는 죄가 돌아오는 것이 된다. 어찌 이런 일에 국가가 그 가문을 표창해서 나타나게 할 수 있으리오. / 한유(韓愈)

---

도씨(都氏)[5]는 집안이 가난했지만 효성이 지극하였다. 숯을 팔아 고기를 사다가 하루도 빠짐없이 어머니의 반찬으로 올렸다.

하루는 장터에서 늦게 서둘러 돌아오는데 솔개가 고기를 확 채어 가버렸다. 도씨가 슬피 울며 집에 돌아와서 보니 솔개가 벌써 고기를 집안 뜰에 던져 놓았던 것이었다.

어느 날 어머니가 병이 나서 때아닌 홍시를 찾으시기에 도씨가 감나무 숲 속을 헤매며 날이 저무는 것도 모르고 있었는데 갑자기 호랑이가 나타나 자꾸만 앞길을 가로막으며 등에 올라타라는 시늉을 했다. 도씨가 호랑이 등에 타고 백여 리 떨어진 산골마을에 이르러 인가를 찾아 묵게 되었다. 얼마 안 되어서 주인이 제삿밥을 차려 내오기에 보니 홍시가 있었다. 도씨가 기뻐하며 감의 내력을 묻고 또 자기가 홍시를 찾아 헤맨 뜻을 말했다.

집주인이 대답했다.

"돌아가신 아버님께서 감을 즐기시므로 해마다 가을에 감을 이백 개정도 골라 모두 굴 안에 저장해 둔답니다. 오월에 되면 온전한 것이 일고여덟 개밖에 안 되었는데 이번에는 상하지 않은 것을 쉰 개나 얻었지요. 그래서 마음속으로 '이상한 일이네' 하고 있었는데 이것은 곧 하늘이 당신의 효성에 감복하셔서 그런 것이군요."

이렇게 말하고는 홍시 스무 개를 내어 주었다.

도씨가 고맙다고 인사를 하고 문밖에 나오니 호랑이는 아직도 엎드려 그를 기다리고 있었다.

호랑이를 타고 집에 돌아오니 막 새벽닭이 울었다.

그 후 어머니가 천명을 다하고 돌아가셨으며, 도씨는 피눈물을 흘리며 슬퍼하였다.

都氏家貧至孝 賣炭買肉 無闕母饌
一日 於市 晚而忙歸 鳶忽攫肉 都悲號至家 鳶旣投肉於庭
一日 母病索非時之紅柿 都彷徨柿林 不覺日昏
有虎屢遮前路 以示乘意 都乘至百餘里山村 訪人家投宿
俄而主人 饋祭飯而有紅柿 都喜問柿之來歷 且述己意
答曰 亡父嗜柿故 每秋擇柿二百個 藏諸窟中
而至此五月 則完者不過七八 今得五十個完者
故 心異之 是天感君孝 遺以二十顆
都謝出門外 虎尙俟伏 乘至家 曉鷄喔喔
後 母以天命終 都有血淚

- 鳶(연) : 솔개
- 攫(확) : 낚아채다
- 索(색) : 찾다
- 以示乘意(이시승의) : 타라는 뜻을 보이다
- 俄而(아이) : 얼마 후
- 饋(궤) : 대접하다
- 諸(저) : 문장 가운데에서 '之於'의 뜻으로 쓰일 때는 '저'로 읽음
- 異(이) : 이상히 여기다
- 顆(과) : 낱개, 낱알
- 俟伏(사복) : 엎드려 기다리다
- 喔喔(악악) : 닭 우는 소리

---

- 효자는 부모를 위하여 어떤 고생을 하더라도 부모를 탓하거나 원망하지 않는다. / 공자
- 하늘과 땅 사이의 생물 가운데 사람이 가장 귀중하고, 사람의 행동 가운데 효도만 큼 큰 것이 없다[天地之性 人爲貴 人之行 莫大於孝]. / 공자 (『효경』)

---

# 제23편 주(註)

**1**
## 손순(孫順)
신라 때 모량리(牟梁里) 사람임. 무산(茂山) 대수촌장(大樹村長)인 구례마(俱禮馬)의 후손으로, 가세는 기울었으나 육두품 귀족 출신이다. 본문과 같이 홍덕왕 12년(835)에 '신라 삼기(三器)'의 하나인 석종을 얻은 이름난 효자인데, 뒤에 그는 옛집을 희사하여 절을 삼아 홍효사(弘孝寺)라 하고 석종을 안치하였다고 한다. 그의 설화가 『삼국유사(三國遺事)』, 『동국통감(東國通鑑)』 등에 실려 전해지고, 현재 경주시 현곡면 소현리에 손순유허(孫順遺墟; 경상북도 기념물 제115호)가 있다.

**2**
## 곽거(郭巨)
중국 후한(後漢) 때 하서(河西) 융려(隆慮) 사람으로 '24효(孝)' 가운데 한 명이다. 아내와 함께 품팔이를 하여 늙은 홀어머니를 봉양하는데, 어머니가 늘 밥을 덜어 그의 아들에게 주는지라 아이 때문에 어머니 모시는 것이 미진할까 걱정이 되었다. 그래서 아들을 묻어버리려고 땅을 파다가 금솥을 발견하였는데, 거기에는 붉은 글씨로 '효자 곽거에게 준다.'라고 씌어 있었다고 한다.

**3**
## 상덕(尙德)
사서(史書)에서는 '向德'으로 표기하고 있다. '向'을 성(姓)으로 쓸 때는 '상'으로 읽는다(다만 신라 경덕왕 치하인 당시 성이 보편화되지 않았으므로 '向'을 성으로 보기 어려운 점도 있다). 상덕은 웅천주(熊川州; 현재의 공주 땅) 판적향(板積鄕) 사람으로 아버지의 이름은 선(善)이다. 품성이 온순하고 선량하여 향리에서 그의 품행을 높이 칭송하였다고 한다. 『삼국사기(三國史記)』 「열전(列傳)」에 본문과 같은 그의 효행이 기술되어 있는데 천보(天寶) 14년(755)의 일이라고 한다. 1741년(영조 17년) 충청관찰사 조영국(趙榮國)이 세운 정려비(『新羅孝子向德旌閭碑』)가 현재 공주시 소학동에 남아 있다.

**4**
## 정문(旌門)
충신이나 효자, 열녀 등을 표창하기 위하여 그가 사는 집 앞에 세우던 붉은 문을 말한다.

**5**
## 도씨(都氏)
조선 철종(哲宗) 때 경북 예천(醴泉)에 살았던 사람으로 이름은 시복(始復; 1817~1890)이다. 현재 경북 예천군 상리면 용두리에 그의 생가가 효공원(孝公園)으로 조성되어 있고, 상주시 선유봉에는 그의 묘소가 있는데 비문은 '孝子也溪星州都公始復之墓'라고 되어 있다.

# 제24편
# 염치를 차리고 의리를 지키자
## 〔廉義〕

염치를 차리고 올바르게 사는 길을 일러주기 위하여 이 편에서는 우둔 하리만치 정직하기만 한 인관과 서조, 청렴에 감동한 도둑이 오히려 돈 을 놓고 간 홍기섭, 아버지가 말을 한 약속을 지키기 위하여 바보 온달 을 찾아간 평강공주 등 우리나라의 설화들을 들고 있다.

인관(印觀)[1]이 시장에서 솜[2]을 파는데 서조(署調)[3]라는 사람이 곡식을 주고 솜을 사 갔다. 돌아가는 길에 갑자기 솔개가 그 솜을 확 낚아채 가지고 인관의 집에 떨어뜨렸다.

인관이 솜을 서조에게 되돌려주면서 말하기를,

"솔개가 당신의 솜을 내 집에 떨어뜨렸기에 당신에게 돌려보냅니다."

서조가 말했다.

"솔개가 솜을 낚아채서 당신에게 갖다 준 것은 하늘이 하신 일입니다. 제가 어찌 받을 수 있겠습니까?"

인관이 "그렇다면 당신의 곡식을 되돌려드리겠습니다."라고 하자 서조가 말했다.

"제가 당신에게 주고서 벌써 장이 두 번이나 섰으니 곡식은 이미 당신 소유에 속한 것입니다."

두 사람이 서로 사양하다가 솜과 곡식 둘 다 시장바닥에 놓아두고 가 버렸다.

시장을 맡아 다스리는 관리가 이 사실을 임금께 보고해 올리자 임금은 이 두 사람에게 다 같이 벼슬을 내려주었다.

印觀 賣綿於市
有署調者以穀買之而還 有鳶攫其綿墮印觀家
印觀歸于署調曰 鳶墮汝綿於吾家 故 還汝
署調曰 鳶 攫綿與汝 天也 吾何爲受
印觀曰 然則還汝穀 署調 吾與汝者市二日 穀已屬汝矣
二人相讓 并棄[+]於市 掌市官 以聞王 竝賜爵

- 歸(귀) : 돌려보내다
- 還汝(환여) : 그대에게 돌려주다
- 何爲(하위) : 어찌하여, 무슨 연유로. 일부 판본에는 '吾何受爲'로 되어 있다.
- 掌市官(장시관) : 시장을 관장하는 관리
- 棄(기) : 버리다, 떠나다

- 사람이 살아가는 힘은 정직이다. 그것이 없이 살아가는 것은 요행히 죽음을 면한 것이다[人之生也直 罔之生也幸而免]. / 공자 『논어』 「옹야(雍也)」
- 정직하지 않으면 도(道)가 드러나지 않는다[不直 則道不見]. / 맹자 『맹자』 「등문공하」
- 정직한 사람은 하느님이 창조한 가장 기품이 높은 작품이다. / P. 포르
- 정직을 잃은 자는 더 이상 잃을 것이 없다. / J. 릴리
- 나는 비열한 부자보다는 정직한 가난뱅이를 사위로 선택하겠다. / 테미스토클레스
- 지나치게 정직해서 피해를 본 사람은 없다. / J. 클라크
- 평생 남에게 길을 양보했지만 백 걸음도 손해 보지 않았고, 평생 남에게 밭두둑을 양보했지만 한 단보(段步)도 잃지 않았노라. / 주인궤(朱仁軌)

홍기섭(洪耆燮)³은 젊었을 때 헤아릴 수 없이 가난하였다.

어느 날 아침 어린 계집종이 기뻐 날뛰며 돈 일곱 냥을 바치고는 말했다. "이것이 솥 안에 있었습니다. 이 돈이면 쌀이 몇 가마고 땔나무가 몇 바리입니까? 참으로 하늘이 내려주신 것입니다."

공이 놀라서 말했다. "이것이 어찌된 돈인고?"

그리고는 곧 '돈 잃은 사람은 와서 찾아가시오'라는 글을 써서 대문 상인방에다 붙이고 기다렸다.

이윽고 얼마 아니 되어 성이 유(劉)라는 사람이 찾아와 대문에 붙인 글의 뜻을 물었다. 이에 공은 돈의 내력을 자세히 설명해주었다.

유 씨가 말했다. "남의 솥 안에 돈을 잃을 사람이 있을 리가 없습니다. 그 돈은 참으로 하늘이 주신 것인데 왜 갖지 않으시는 겁니까?"

공이 말했다. "제 물건이 아닌데 어찌 가지겠습니까?"

그러자 유 씨가 꿇어 엎드리며 말했다.

"사실은 소인이 어젯밤 솥을 훔치러 왔습니다. 그런데 공의 집안을 보니 살림이 너무 쓸쓸하여 마음이 안되어 이것을 놓고 돌아갔습니다. 지금 저는 공의 성정이 탐심이 없이 깨끗함을 보고 탄복되어 양심이 움직입니다. 다시는 도둑질을 하지 않을 것을 맹세하옵고, 앞으로 늘 곁에서 모시고 싶습니다. 이 돈은 걱정 마시고 받아주십시오."

공이 돈을 되돌려주면서 "당신이 좋은 사람이 된 것은 참으로 잘된 일이오. 그래도 이 돈은 받을 수 없습니다."라고 말하며 끝끝내 받지 않았다.

훗날 공은 판서가 되었고 그의 아들 재룡(在龍)이 헌종(憲宗)의 장인이 되었다. 유 씨 또한 신임을 얻어서 자신과 그 집안이 크게 번창하였다.

洪夔燮 少貧甚無料 一日早 婢兒踊躍獻七兩錢 曰
此在鼎中 米可數石 柴可數駄 天賜天賜
公驚曰 是何金 卽書失金人推去等字付之門楣而待
俄而姓劉者 來問書意 公悉言之
劉曰 理無失金於人之鼎內 果天賜也 盍取之
公曰 非吾物 何
劉俯伏曰 小的 昨夜 爲窃鼎來 還憐家勢蕭條而施之
今感公之廉价 良心自發 誓不更盜 願欲常侍 勿慮取之
公卽還金 曰 汝之爲良則善矣 金不可取 終不受
後 公 爲判書 其子在龍 爲憲宗國舅 劉亦見信 身家大昌

- 無料(무료) : 헤아릴 수 없다, 측량할 수 없다. 일부 판본에는 '無聊'로 되어 있다.
- 婢兒(비아) : 계집종　　　　　　　　• 踊躍(용약) : 깡충깡충 뛰다
- 駄(태) : 바리(마소에 잔뜩 실은 짐을 세는 단위), 짐, 싣다
- 推去(추거) : 찾아서 가져가다
- 楣(미) : 인방(기둥과 기둥 사이에 건너지르는 가로재)
- 悉(실) : 모두, 다, 남김없이
- 小的(소적) : 소인, 저, '小底'의 음이 전화(轉化)된 것으로, 노비가 주인에 대하여, 평민이 관청에 대하여 자신을 낮춰 일컫는 말
- 果(과) : 정말로, 과연　　　　　　　• 盍(합) : 어찌 ~ 아니하는가
- 蕭條(소조) : 고요하고 쓸쓸하다(여기서는 살림살이가 없어 지극히 가난한 모양을 말함)
- 廉价(염개) : 청렴하고 착하다　　　　• 國舅(국구) : 임금의 장인
- 見信(견신) : 신임을 받다. '見'은 '받다', '당하다'의 의미이다.

- 양심은 하늘이 준 작은 불꽃이다. 그것이 우리의 가슴에서 계속 타오르도록 노력하자. / G. 워싱턴
- 선과 사랑만이 하느님 앞에 선 당신의 증인이 된다. 깨끗한 양심만이 당신의 죽음을 두려움 없는 것으로 만든다. / C. F. 젤레르트

고구려 평원왕(平原王)⁴의 딸이 어렸을 때 하도 잘 울기에
왕이 놀리면서 말했다.

"너를 나중에 바보 온달⁵에게 시집보내야겠구나."

그 딸이 자라자 임금은 그녀를 상부⁶ 고 씨에게 시집을 보내려 하였다.
그러자 딸이 "임금님께서는 식언(食言)을 하실 수 없습니다."라고 하
며 한사코 사양했고, 끝내는 온달의 아내가 되었다.

일찍이 온달은 어찌나 집이 가난한지 밥을 빌어다가 어머니를 봉양
하였는데,

그 때 사람들이 그를 보고 '바보 온달'이라고 놀려댔다.

하루는 온달이 산 속에서 느릅나무 껍질을 짊어지고 돌아오니 공주
가 찾아와서 말했다.

"제가 바로 당신의 아내입니다."

그리고는 비녀 등 자신의 머리장신구를 팔아 밭과 집과 여러 살림살
이를 사들여 매우 윤택해졌다. 또 말을 많이 길러서 온달을 뒷바라지
해주어 마침내 이름을 날리고 영예롭게 되었다.

高句麗平原王之女 幼時好啼 王戲日
以汝 將歸愚溫達 及長 欲下嫁于上部高氏
女以王不可食言 固辭 終爲溫達之妻
蓋溫達 家貧 行乞養母 時人 目爲愚溫達也
一日 溫達自山中 負楡皮而來 王女訪見 日
吾乃子之匹也 乃賣首飾 而買田宅器物 頗富
多養馬以資溫達 終爲顯榮

- 好啼(호제) : 울기를 잘하다
- 戲(희) : 놀리다
- 歸(귀) : 의탁하다, 시집가다, 시집보내다
- 下嫁(하가) : 신하에게 낮춰 시집가는 것
- 食言(식언) : 한번 입 밖에 낸 말을 도로 입속에 넣는다는 뜻으로, 약속한 말대로 지키지 아니함을 이르는 말
- 固辭(고사) : 굳이 사양하다
- 蓋(개) : 문맥이 바뀔 때 쓰는 어조사로서 '대개', '일반적으로'의 뜻으로 쓰이나, 추측으로'아마 ~였던 것 같다' 정도로 쓰이기도 한다.
- 目爲(목위) : 지목하여 ~로 여기다, 지칭하여 ~라고 하다
- 子(자) : 당신
- 匹(필) : 짝, 배필
- 首飾(수식) : 머리를 꾸미는 장신구
- 頗(파) : 매우, 아주
- 資(자) : 도움을 주다, 뒷바라지하다
- 顯榮(현영) : 높은 지위에 올라 영화롭게 되다

- 이익이 되는 것을 보게 되면 먼저 의로움을 생각하고, 위태로운 것을 보면 기꺼이 목숨을 바치며, 오래전의 약속도 평생의 말로 여겨 잊지 않고 지킨다면, 역시 완성된 사람이 될 수 있을 것이다. / 공자 『논어』 「헌문」
- 약속은 갚아야 할 빚이다. / R. W. 서비스
- 네가 약속을 어기거나 자존심을 잃게 만드는 것은 결코 유익한 것이라고 여기지 말라. / M. 아우렐리우스
- 아무리 보잘것없는 것이라 하더라도 한번 약속한 일은 상대방이 감탄할 정도로 정확하게 지켜야 한다. 신용과 체면도 중요하지만 약속을 어기면 그만큼 서로의 믿음이 약해진다. 그러므로 약속은 꼭 지켜야 한다. / D. 카네기

# 제24편 주(註)

**1**

**인관(印觀) · 서조(署調)**

인관이나 서조(모두 역사서에 신라 때 사람으로 나오는데 설화 속의 인물로 자세한 사적은 알수 없다.『동국통감』,『동사강목』,『삼국사절요』 등에 의하면 위 본문의 일이 있었던 것은 신라 유례왕(儒禮王) 15년(298)이라고 한다.

**2**

**면(綿)**

일반적으로 목화에서 딴 솜을 말하는 것인바, 목화는 고려 말 문익점이 원나라로부터 들여왔으므로 여기에서 '면'은 잘못 인용된 것인지, 그 당시 목화 솜이 수입되어 시판되고 있었는지 명확하지 않다.

**3**

**홍기섭(洪夔燮)**

조선 후기의 문신(1781~1866)으로 본관은 남양(南陽)이고 자는 수경(壽卿)임. 사서에는 '洪耆燮'으로 되어 있다. 대호군 · 공조판서 · 형조판서 · 판의금부사 · 상호군 등 여러 관직을 지냈고, 헌종의 국구(國舅)인 익풍부원군 홍재룡(洪在龍)이 그의 아들이다.

**4**

**평원왕(平原王)**

고구려 제25대 임금(재위 559~590)으로 이름은 양성(陽成)『수당서(隋唐書)』에는 '탕(湯)'으로 되어 있음)이며, '평강왕(平岡王)'이라고도 부른다. 그는 담력이 크고 말 타기와 활쏘기를 잘했는데, 즉위 후 백성들의 재난을 구휼하기 위해 왕의 음식을 줄이고 백성을 위로하며 농상(農桑)을 장려했다고 한다.

**5**

**온달**

고구려의 장수(?~590)임. 평민 출신으로 평원왕의 사위가 되어 577년 북주(北周)의 무제(武帝)가 고구려를 침략했을 때 이를 무찔러 큰 공을 세웠다. 영양왕 때인 590년 신라에 빼앗긴 영토를 되찾기 위해 군사를 이끌고 남하하였으나 아단성(阿旦城)에서 화살에 맞아 전사하였다.

**6**

**상부(上部)**

고구려의 5부(部)의 하나인 동부(東部)의 별칭이다. 고구려는 원래 소노부 · 절노부 · 순노부 · 관노부 · 계루부의 다섯 부족이 연합한 연맹 왕국으로 출발했는데, 제9대 왕인 고국천왕은 이러한 5부의 부족 명을 없애고 동 · 서 · 남 · 북 · 내부로 명칭을 바꾸었다. 이는 부족의 독립성을 제거하고 왕권을 강화하려는 조치였다. 이들 다섯 부족의 연합은 지방 행정에도 반영되어 고구려는 전국을 역시 동 · 서 · 남 · 북 · 내부의 5부로 나누어 통치했다.

# 제25편
# 배움을 권함
## 〔勸學〕

이 편에서는 다시 한 번 학문의 중요성을 강조하면서 세월을 놓치지 말고 끊임없이 배움의 길로 정진할 것을 권유하고 있다. 정말이지 후회 없는 삶이 되기 위해서는 특히 젊을 때 시간을 낭비하지 말고 가장 보람된 일에 써야 할 것인데 그것은 바로 학문의 길일 것이다.

주자가 말했다.

"오늘 배우지 않고서 내일이 있다고 말하지 말라.
올해에 배우지 않고서 내년이 있다고 말하지 말라.
날과 달은 빨리 흘러가니 세월은 나를 위해 더디 가지 않는다.
아아, 늙었구나, 이것이 누구의 허물인고!"

朱子曰
勿謂今日不學而有來日
勿謂今年不學而有來年
日月逝矣 歲不我延
嗚呼老矣 是誰之愆

- 日月(일월) : 해와 달, 세월, 시간
- 逝(서) : 가다
- 延(연) : 늘이다, 미루다, 끌다, 지체하다
- 愆(건) : 허물, 잘못하다, 어기다

────────────────────────

- 오늘을 붙들어라! 되도록 내일에 의지하지 말라! 그날그날이 일 년 중에서 최선의 날이다. / R. W. 에머슨
- 배움은 깨달음이다. 깨달음은 그릇된 것을 아는 것이다. 그릇된 것을 어떻게 깨달을 것인가? 평소 사용하는 말에서부터 그릇됨을 깨달아야 한다. 그릇된 것들을 하나하나 바로잡아 나아가야 한다. 그릇된 것들이 제거된 마음가짐이 우리에게 무엇보다 필요한 것이다. / 정약용
- 모르는 것이 있는 한, 죽을 때까지 계속 배워야만 한다. / L. A. 세네카
- 모르던 것을 날마다 알게 되고 잘하는 것을 달이 가도 잊지 않는다면 배우기를 좋아하는 것이다. / 자하(子夏)
- 세월은 사람을 기다리지 않는다(Time and tide wait for no man). / 서양 속담

────────────────────────

"소년은 늙기 쉽고 학문은 이루기 어려우니,
짧은 시간이라도 가벼이 여기지 말라.
연못가의 봄풀 아직 꿈에서 깨어나지도 못했는데,
섬돌 앞 오동나무 잎은 벌써 가을 소리를 내는구나."

少年易老學難成 一寸光陰不可輕
未覺池塘春草夢 階前梧葉已秋聲

- 光陰(광음) : 세월, 시간('光'은 해[日], '陰'은 달[月])
- 覺(교) : (잠 또는 꿈을) 깨다. 만약 '覺'을 '느낄 각'으로 새긴다면 '(우리가) 연못가의 봄풀이 꿈 같음을 아직 느끼지도 못하는 사이에'로 풀이할 수 있다.
- 池塘(지당) : 조그맣게 만들어 놓은 연못, 못의 둑[池堤]

---

- 학문의 방법에는 끝이 있지만 학문 자체는 잠시도 버려서는 안 된다. 학문을 계속 하면 사람이고 학문을 버리면 짐승이다. / 순자
- 사람의 일생이란 아침 이슬처럼 사라진다. 지나간 세월은 다시 오지 않고 꽃은 다시 피지 못한다. / 육기(陸機)
- 시간은 가장 희소가치가 있는 부족한 자원이다. / P. 드러커
- 인간은 항상 시간이 모자란다고 불평을 하면서 마치 시간이 무한정 있는 것처럼 행동한다. / L. A. 세네카

도연명(陶淵明)[1]의 시에서 말했다.
"젊은 시절은 거듭 오지 아니하고,
하루에 새벽도 두 번 있기 어렵다네.
해야 할 때에 마땅히 학문에 힘써라.
세월은 사람을 기다리지 않는다네."

陶淵明 詩 云
盛年不重來
一日難再晨
及時當勉勵
歲月不待人

• 盛年(성년) : 혈기 왕성한 젊은 나이
• 不重來(부중래) : 거듭 오지 않는다
• 晨(신) : 새벽, 새벽을 알리다, 날이 새다
• 及時(급시) : 때맞춰
• 勉勵(면려) : 힘써 함, 남을 고무하여 힘쓰도록 함

• 하루는 다른 하루에 밀려서 사라지고 초승달은 자기 죽음을 향해 달려간다. / 호라티우스
• 미루는 것은 시간 도둑이다. / E. 영
• 세월은 날마다 무엇인가를 훔쳐가고 드디어 우리로부터 우리 자신마저도 훔쳐간다. / 호라티우스

순자가 말했다.

"발걸음을 꾸준히 내딛지 않으면 천 리에 이를 방도가 없고,
작은 물줄기를 모으지 않으면 강하(江河)를 이룰 길이 없다."

荀子曰
不積蹞步 無以至千里
不積小流 無以成江河

- 蹞(규) : 반걸음(蹕), 짧은 거리
- 無以(무이)~ : ~할 방법이 없다, ~할 길이 없다

- 끊임없이 떨어지는 물방울은 돌에 구멍을 낸다. / T. 루크레티우스
- 승리는 가장 끈기 있게 노력하는 사람에게 간다. / 나폴레옹
- 배움은 우연히 얻어지는 것이 아니라 열성을 다해 갈구하고 부지런히 집중해야 얻을 수 있는 것이다. / A. 애덤스
- 사람을 강하게 만드는 것은 그가 하는 일이 아니라 하고자 하는 노력이다. / E. 헤밍웨이

# 제25편 주(註)

1

### 도연명(陶淵明)

도연명(365~427)은 중국 동진(東晉) 말기부터 남조(南朝)의 송대(宋代) 초기에 걸쳐 생존한 중
국의 대표적 시인임. 이름은 잠(潛), '연명'은 그의 자이다. 문 앞에 버드나무 5그루를 심어 놓고
스스로 '오류(五柳) 선생'이라 칭하기도 하였다. 기교를 부리지 않고, 평담(平淡)한 시풍이었기
때문에 당시의 사람들로부터는 경시를 받았지만, 나중에는 6조(六朝) 최고의 시인으로 평가받
았다. 그의 시풍은 당대의 맹호연(孟浩然)·왕유(王維)·저광희(儲光羲) 등 많은 시인들에게 영향
을 주었고, 주요 작품으로 『오류선생전』·『도화원기(桃花源記)』 등이 있다. 항상 전원생활에 대한
사모의 정을 달래지 못한 그가 41세 때에 펑쩌현[彭澤縣]의 현령(縣令) 직을 사임하면서 쓴 것이
그 유명한 『귀거래사(歸去來辭)』이다.

與善人居 如入芝蘭之室 久而不聞其香 卽與之化矣 與不善人居 如入鮑魚之肆 久而不聞其臭 亦與之化矣 334

女有四德之譽 一曰婦德 二曰婦容 三曰婦言 四曰婦工也 344

與好學人同行 如霧中行 雖不濕衣 時時有潤 與無識人同行 如厠中座 雖不汚衣 時時聞臭 335

憐兒 多與棒 憎兒 多與食 156

念念要如臨戰日 心心常似過橋時 107

榮輕辱淺 利重害深 165

寧無事而家貧 莫有事而家富 114

迎斧鉞而正諫 據鼎鑊而盡言 294

寧塞無底缸 難塞鼻下橫 201

令是邑之長 若能以事父兄之道 事之過則歸己 善則唯恐不歸於令 積此誠意 豈有不動得人 292

玉不琢 不成器 人不學 不知道 138

欲責他人 先須自責 傷人之語 還是自傷 含血噴人 先汚其口 75

欲知未來 先察已然 168

欲知其君 先視其臣 欲識其人 先視其友 欲知其父 先視其子 226

愚濁生嗔怒 皆因理不通 休添心上火 只作耳邊風 127

遠非道之財 戒過度之酒 居必擇隣 交必擇友 222

遠水不救近火 遠親不如近隣 253

爲善者 天報之以福 爲不善者 天報之以禍 14

爲政之要 曰公與淸 成家之道 曰儉與勤 263

有福莫享盡 福盡身貧窮 192

有麝自然香 何必當風立 191

幼兒尿糞穢 君心無厭忌 老親涕唾零 反有憎嫌意 360

幼兒或詈我 我心覺懽喜 父母嗔怒我 我心反不甘 358

留有餘不盡之巧 以還造物 留有餘不盡之祿 以還朝廷 193

有人來問卜 如何是禍福 我虧人是禍 人虧我是福 239

恩義廣施 人生何處不相逢 讐怨莫結 路逢狹處難回避 20

六尺軀來何處 父精母血成汝體 360

疑人莫用 用人勿疑 176

爾謀不臧 悔之何及 爾見不長 敎之何益 119

耳不聞人之非 目不視人之短 口不言人之過 庶幾君子 80

履霜堅冰至 臣弑其君 子弑其父 非一旦一夕之事 其所由來者漸矣 355

以愛妻子之心 事親 則曲盡其孝 118

利人之言 煖如綿絮 傷人之語 利如荊棘 一言利人 重値千金 一語傷人 痛如刀割 327

人間私語 天聽若雷 暗室欺心 神目如電 30

人皆愛珠玉 我愛子孫賢 157

人無百歲人 枉作千年計 111

人不通古今 馬牛而襟裾 140

人貧智短 福至心靈 186

人生不學 如冥冥夜行 139

원저 추적 | 편역 추호경 | **발행인** 김윤태 | **발행처** 도서출판 선 | **편집·교정** 김창현 | **북디자인** 디자인이즈
**등록번호** 제15-201 | **등록일자** 1995년 3월 27일 | **초판 1쇄 발행** 2016년 5월 25일 **초판 2쇄 발행** 2016년 10월 10일
**주소** 서울시 종로구 삼일대로 30길 21 종로오피스텔 1218호 | **전화** 02-762-3335 | **전송** 02-762-3371

**값** 16,800원
ISBN 978-89-6312-556-5 03140